プリント形式のリアル過去問で本番の臨場感！

愛知県

至学館高等学校

2025年春受験用 解答集

本書は，実物をなるべくそのままに，プリント形式で年度ごとに収録しています。
問題用紙を教科別に分けて使うことができるので，本番さながらの演習ができます。

■ 収録内容

・解答集(この冊子です)

書籍ＩＤ番号，この問題集の使い方，最新年度実物データ，リアル過去問の活用，
解答例と解説，ご使用にあたってのお願い・ご注意，お問い合わせ

・2024(令和６)年度 ～ 2020(令和２)年度　学力検査問題

○は収録あり　年度	'24	'23	'22	'21	'20	
■ 問題(一般入試)	○	○	○	○	○	
■ 解答用紙						
■ 配点						

全教科に解説があります

各学科・コースに対応
注)問題文等非掲載:2022年度英語の8

資料の非掲載につきまして

著作権上の都合により，本書に収録している過去入試問題の資料の一部を掲載しておりません。ご不便をおかけし，誠に申し訳ございません。

JN132057

教英出版

■　書籍ＩＤ番号

入試に役立つダウンロード付録や学校情報などを随時更新して掲載しています。
教英出版ウェブサイトの「ご購入者様のページ」画面で，書籍ＩＤ番号を入力してご利用ください。

書籍ＩＤ番号　111521

（有効期限：2025年9月30日まで）

【入試に役立つダウンロード付録】
「ラストチェックテスト（標準／ハイレベル）」
「高校合格への道」

■　この問題集の使い方

年度ごとにプリント形式で収録しています。針を外して教科ごとに分けて使用します。①片側，②中央のどちらかでとじてありますので，下図を参考に，問題用紙と解答用紙に分けて準備をしましょう（解答用紙がない場合もあります）。

針を外すときは，けがをしないように十分注意してください。また，針を外すと紛失しやすくなりますので気をつけましょう。

① 片側でとじてあるもの

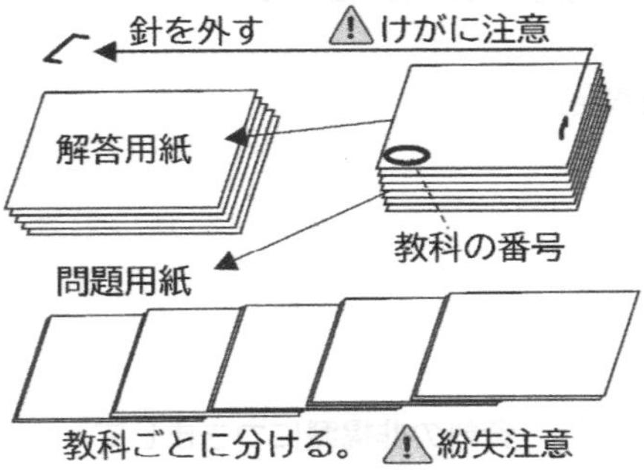

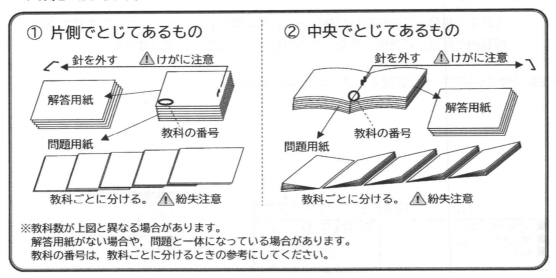

② 中央でとじてあるもの

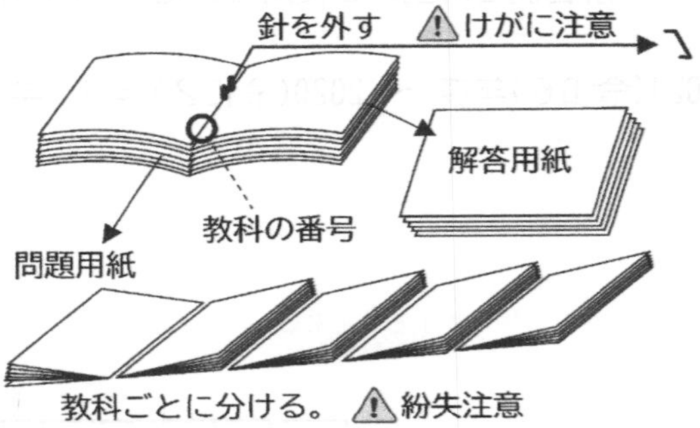

※教科数が上図と異なる場合があります。
解答用紙がない場合や，問題と一体になっている場合があります。
教科の番号は，教科ごとに分けるときの参考にしてください。

■　最新年度 実物データ

実物をなるべくそのままに編集していますが，収録の都合上，実際の試験問題とは異なる場合があります。実物のサイズ，様式は右表で確認してください。

問題用紙	Ｂ４両面プリント
解答用紙	非公表

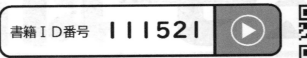

リアル過去問の活用

～リアル過去問なら入試本番で力を発揮することができる～

本番を体験しよう！

問題用紙の形式（縦向き / 横向き），問題の配置や余白など，実物に近い紙面構成なので本番の臨場感が味わえます。まずはパラパラとめくって眺めてみてください。「これが志望校の入試問題なんだ！」と思えば入試に向けて気持ちが高まることでしょう。

入試を知ろう！

同じ教科の過去数年分の問題紙面を並べて，見比べてみましょう。

①　問題の量

毎年同じ大問数か，年によって違うのか，また全体の問題量はどのくらいか知っておきましょう。どのくらいのスピードで解けば時間内に終わるのか，大問ひとつにかけられる時間を計算してみましょう。

②　出題分野

よく出題されている分野とそうでない分野を見つけましょう。同じような問題が過去にも出題されていることに気がつくはずです。

③　出題順序

得意な分野が毎年同じ大問番号で出題されていると分かれば，本番で取りこぼさないように先回りして解答することができるでしょう。

④　解答方法

記述式か選択式か（マークシートか），見ておきましょう。記述式なら，単位まで書く必要があるかどうか，文字数はどのくらいかなど，細かいところまでチェックしておきましょう。計算過程を書く必要があるかどうかも重要です。

⑤　問題の難易度

必ず正解したい基本問題，条件や指示の読み間違いといったケアレスミスに気をつけたい問題，後回しにしたほうがいい問題などをチェックしておきましょう。

問題を解こう！

志望校の入試傾向をつかんだら，問題を何度も解いていきましょう。ほかにも問題文の独特な言いまわしや，その学校独自の答え方を発見できることもあるでしょう。オリンピックや環境問題など，話題になった出来事を毎年出題する学校だと分かれば，日頃のニュースの見かたも変わってきます。

こうして志望校の入試傾向を知り対策を立てることこそが，過去問を解く最大の理由なのです。

実力を知ろう！

過去問を解くにあたって，得点はそれほど重要ではありません。大切なのは，志望校の過去問演習を通して，苦手な教科，苦手な分野を知ることです。苦手な教科，分野が分かったら，教科書や参考書に戻って重点的に学習する時間をつくりましょう。今の自分の実力を知れば，入試本番までの勉強の道すじが見えてきます。

試験に慣れよう！

入試では時間配分も重要です。本番で時間が足りなくなってあわてないように，リアル過去問で実戦演習をして，時間配分や出題パターンに慣れておきましょう。教科ごとに気持ちを切り替える練習もしておきましょう。

心を整えよう！

入試は誰でも緊張するものです。入試前日になったら，演習をやり尽くしたリアル過去問の表紙を眺めてみましょう。問題の内容を見る必要はもうありません。どんな形式だったかな？受験番号や氏名はどこに書くのかな？…ほんの少し見ておくだけでも，志望校の入試に向けて心の準備が整うことでしょう。

そして入試本番では，見慣れた問題紙面が緊張した心を落ち着かせてくれるはずです。

※まれに入試形式を変更する学校もありますが，条件はほかの受験生も同じです。心を整えてあせらずに問題に取りかかりましょう。

2024 解答例

令和6年度

至学館高等学校

《国　語》

一　問一．㋐④　㋑②　㋒①　㋓③　㋔④　問二．③　問三．Ⅰ．③　Ⅱ．①　問四．②　問五．④

問六．②　問七．④　問八．④　問九．③

二　問一．㋐④　㋑①　㋒②　㋓⑤　問二．X．②　Y．①　Z．④　問三．④　問四．①

問五．③，⑤　問六．⑤，⑥

三　問一．a．②　b．③　問二．③　問三．Ⅰ．②　Ⅱ．③　問四．④　問五．②

《数　学》

1　(1)ア．③　イ．⑨　ウ．④　エ．⓪　(2)オ．③　(3)カ．⊖　キ．⑧　ク．①　ケ．⑤

(4)コ．⑤　サ．⑨　シ．⓪　(5)ス．⊖　セ．②　ソ．③　(6)タ．③　チ．②

(7)ツ．⊖　テ．②　ト．⑤　ナ．⑥　(8)ニ．②

2　(1)ア．③　(2)イ．⑥　(3)ウ．⑦　エ．①　オ．⑧　(4)カ．②　キ．⓪　ク．⓪　(5)ケ．③

(6)コ．①　サ．⓪　シ．⑧　(7)ス．③　セ．②　ソ．②　(8)タ．②　チ．④

(9)ツ．③　テ．②　ト．③　ナ．④

《英　語》

A　(1)②　(2)⑥　(3)④　(4)①　(5)⑤　(6)③

B　(1)③　(2)④　(3)①　(4)③　(5)②　(6)④

C　(1)③　(2)①　(3)③　(4)③　(5)③　(6)①

D　(1)②　(2)②　(3)②　(4)②　(5)③　(6)③

E　［3番目／5番目］　(1)［①／②］　(2)［③／⑤］　(3)［⑤／①］　(4)［⑤／④］　(5)［①／②］

F　(1)②　(2)③　(3)④　(4)③　(5)④　(6)③

G　(1)③　(2)②　(3)③　(4)③　(5)①　(6)④　(7)②　(8)④

《理　科》

1　問1．2　問2．②　問3．③　問4．①　問5．①　問6．②　問7．①　問8．④

2　問1．①　問2．④　問3．A．③　B．②　問4．②

3　問1．②　問2．①

4　問1．①　問2．④　問3．①　問4．②　問5．②

《社　会》

1　問1．②　問2．②　問3．③　問4．②　問5．②　問6．①　問7．④　問8．③

問9．⑤　問10．④　問11．②　問12．■…②　♯…④　問13．a．②　b．④　c．③　d．①　e．⑤

問14．⑤　問15．③　問16．①　問17．⑤　問18．①　問19．③　問20．④

2　問1．①　問2．②　問3．④　問4．③　問5．③　問6．①　問7．④　問8．④

3　問1．②　問2．①　問3．②　問4．④　問5．②　問6．②　問7．①　問8．②

問9．④　問10．④　問11．③　問12．④　問13．(1)①　(2)②　問14．②　問15．③　問16．④

《2024 国語 解説》

一 **問四** 「二度ずつ跳ぶ」は、スキップしているということ。スキップは、幸せで楽しい気持ちが表れた行動である。――Aの直前に書かれている、新しい母と初めて「二人だけで口をきいた」ことを喜んでいるのだと読みとれる。よって、②が適する。

問五 ――Bは、落ち着かず、その場にとどまっていられないような気持ちになったということ。――Cの直後に「母に対して気の毒な気がした」とあることから、④のような理由がうかがえる。

問六・問七 X の直後(――C)に「空々《そらぞら》しく」とあるので、 X という言葉に真実味がないと感じたのだと読みとれる。「私」は何を聴いて真実味がないと感じたのか。「私の幼年時代には父は主に釜山《ぶさん》と金沢に行っていた。私は祖父母と母の手で育てられた～父はもう愛を与える余地を私の中にどこにも見いだすことができなかったに相違ない」という状況だった(父としての愛情を示されたことがなかった)のに、このときの父は「『子宝といって子ほどの宝はないものだ。』こんなことを繰り返し繰り返し言い出した」ので、「私」は、うそっぽい、わざとらしいと感じたのである。

問八 ――Dの前行で、新しい母が受け入れられ、実母の死が「純然たる過去に送り込まれてしまった」(完全に過去のことになった)と語られている。そのうえで、「祖母も死んだ母のことを決して言わなくなった。私も決して～口に出さなかった。祖母と二人だけになってもその話は決してしなくなった」と書かれている。ここから、死んだ母のことにふれてはいけない空気だったということが読みとれるので、④が適する。

問九 過去の出来事を「た」「だ」で言い切る表現の効果なので、③の「思い出を克明に描く」が適する。

二 **問三** ――Aの直後の段落で「『私』の考えや感覚と言葉の間には、そもそも対応関係などはありません～ただ、その場そのときのルールに拠ると～と言うことが適切だから、『私』は～と言うのです」、その後の段落で「その場のルールに基づいて、そのときそのときにもっとも適した言葉を選んで話しています～その言葉に対応する何かが私たちのなかにあるからではなく、そのときにはそう言うのが最善だから、そういうふうに私たちのコミュニケーションのルールが決まっているからにほかなりません」と述べていることに、④が適する。

問四 ――Bについては、直後の２段落で具体例を用いて説明している。「ある状況では『痛い』と言うのに、別の状況では『痛い』と言わない」理由が、「言語ゲームの理論に従えば、簡単に説明できます」と述べられている。よって、①が適する。

問五 ①は、本文最後の段落から読みとれる。②は、 X のある段落から読みとれる。④は、 X の直前の段落から読みとれる。③と⑤のようなことは、本文中で述べていない。

問六 この文章の前半では、ウィトゲンシュタインの「革命的な答え」「対応関係がそもそもない！これはびっくり仰天な発想」である「言語ゲーム」の理論について、「たんすの角に足の小指をぶつけたとき」の「痛い！」という具体例を用いて、さまざまな状況を示しながらわかりやすく説明している。よって、⑤が適する。文章の後半(――Cのある段落以降)では、「言語ゲーム」の理論をふまえて、Twitter 上で起こる「不適切だ」とされてトラブルになる原因を考察している。よって、⑥が適する。

三 **問三Ⅰ** 「女」が「つまもこもれり我もこもれり」と詠んでいるので、ここでの「つま」は、相手の「男」を指すと判断できる。古語では、妻から夫を呼ぶときに用いる「夫《つま》」、夫から妻を呼ぶときに用いる「妻《つま》」ともに「つま」である。よって、②が適する。　Ⅱ 妻から夫を呼ぶときに用いる「つま」と表現していることから、「男」に対する愛情がうかがえる。よって、③が適する。

問四　和歌の「な焼きそ」の「な～そ」は禁止の表現。つまり「焼かないでください」という意味である。「夫も隠れていますし私も隠れていますから」「焼かないでください」と言っていることから、④の「男の命を助けたいという思い」が読みとれる。本文１行目の「人のむすめを盗みて」(人の娘を盗んで)は、「女」(むすめ)の親の目を盗んで、心を通い合わせている「女」を誘い出し、連れ出したという意味。よって、「無理矢理連れ去られた」「強引に連れてこられた」ということではない。

【古文の内容】

昔、男がいた。人の娘を盗んで、武蔵野《むさしの》へ連れて行ったところ、盗人だということで、国を治める国司に捕らえられた。(その際、男は)女を草むらの中に置いて、逃げてしまった。国司の配下の追っ手の者が、「この野には盗人がいるそうだ。」と言って、(野に)火をつけようとする。女は、困り果てて、

　武蔵野は今日は焼かないでください。夫も隠れていますし私も隠れていますから

と歌を詠んだのを聞いて、(追っ手の者は)女をつかまえて、(捕らえた男と)一緒に連れていった。

《2024　数学　解説》

1

(1)　与式$=\frac{30}{40}-\frac{16}{40}+\frac{25}{40}=\mathbf{\frac{39}{40}}$

(2)　与式$=-36\times\frac{1}{4}+\frac{75}{100}\div\frac{1}{16}=-9+\frac{3}{4}\times16=-9+12=\mathbf{3}$

(3)　与式$=\frac{3(3x+y)-5(2x-y)}{15}=\frac{9x+3y-10x+5y}{15}=\mathbf{\frac{-x+8y}{15}}$

(4)　与式$=(34.5+24.5)(34.5-24.5)=59\times10=\mathbf{590}$

(5)　$\frac{x}{4}+\frac{y}{3}=\frac{1}{2}$の両辺に12をかけて，$3x+4y=6$…①とする。$2x+3y=5$…②とする。

①×３－②×４でyを消去すると，$9x-8x=18-20$　　$\mathbf{x=-2}$

①に$x=-2$を代入すると，$-6+4y=6$　　$4y=12$　　$\mathbf{y=3}$

(6)　与式$=x^2+(3y-2y)x+3y\times(-2y)=\mathbf{(x+3y)(x-2y)}$

(7)　(6)より，$x^2+xy-6y^2=(x+3y)(x-2y)$　　ここで$x=2\sqrt{3}-3\sqrt{2}$，$y=\sqrt{2}+\sqrt{3}$を代入すると，

$\{(2\sqrt{3}-3\sqrt{2})+3(\sqrt{2}+\sqrt{3})\}\{(2\sqrt{3}-3\sqrt{2})-2(\sqrt{2}+\sqrt{3})\}=$

$(2\sqrt{3}-3\sqrt{2}+3\sqrt{2}+3\sqrt{3})(2\sqrt{3}-3\sqrt{2}-2\sqrt{2}-2\sqrt{3})=5\sqrt{3}\times(-5\sqrt{2})=\mathbf{-25\sqrt{6}}$

(8)　**【解き方】$\sqrt{9}<\sqrt{13}<\sqrt{16}$より$3<\sqrt{13}<4$だから，$\sqrt{13}$の整数部分は３である。$\sqrt{25}<\sqrt{29}<\sqrt{36}$より$5<\sqrt{29}<6$だから，$\sqrt{29}$の整数部分は５である。**

$\sqrt{13}<x<\sqrt{29}$を満たす整数xは，４以上５以下の整数だから，４と５の**２**個ある。

2

(1)　**【解き方】最小値・最大値→中央値→第１四分位数・第３四分位数の順に値を求めやすいので，この順に箱ひげ図と比べていく。**

最小値は1，最大値は26であり，①～④すべて条件にあう。中央値は，９÷２＝４余り１より，小さい方から５番目の９であり，①と③が条件に合う。①と③は第３四分位数が同じで第１四分位数が異なるので，次に第１四分位数を求める。４÷２＝２より，第１四分位数は小さい方から２番目と３番目の値の平均だから，(５＋７)÷２＝６である。①と③のうち第１四分位数が６なのは③である。よって，正しい箱ひげ図は**③**である。

(2)　**【解き方】千の位が２，３，４だと，必ず2024より大きい整数ができる。したがって，千の位が１の整数が何通りできるかを求める。**

千の位が１のとき，百の位，十の位，一の位の順に数を決めると，百の位は残り３枚だから３通り，十の位は残り

２枚だから２通り，一の位は残り１枚だから１通りの決め方がある。よって，2024より小さい整数は全部で，
３×２×１＝**６**(通り)

⑶　**【解き方】サイコロを２つ使う問題では，右のような表にまとめて考えるとよい。**
２つのサイコロの目の出方は全部で６×６＝36(通り)ある。そのうち条件にあう出方は表の○印の14通りだから，求める確率は，$\frac{14}{36}=\mathbf{\frac{7}{18}}$

		b					
		1	2	3	4	5	6
a	1	○	○	○	○	○	○
	2		○		○		○
	3			○			○
	4				○		
	5					○	
	6						○

⑷　**【解き方】Ａの速さを分速ａｍ，Ｂの速さを分速ｂｍとし，連立方程式を立てる。**
４km＝(４×1000)ｍ＝4000ｍである。同じ場所から反対方向に進むと，８分進んだときに２人が進んだ道のりの和が公園１周分の4000ｍになるから，
８ａ＋８ｂ＝4000より，ａ＋ｂ＝500…①
同じ場所から同じ方向に進むとき，ＡがＢに初めて追いつくのは，右図のようにＡの進んだ道のりがＢの進んだ道のりより，公園１周分の長さだけ長くなるときである。
したがって，40ａ－40ｂ＝4000より，ａ－ｂ＝100…②
①，②を連立方程式として解くと，ａ＝300，ｂ＝200となる。
よって，Ｂの速さは分速**200ｍ**である。

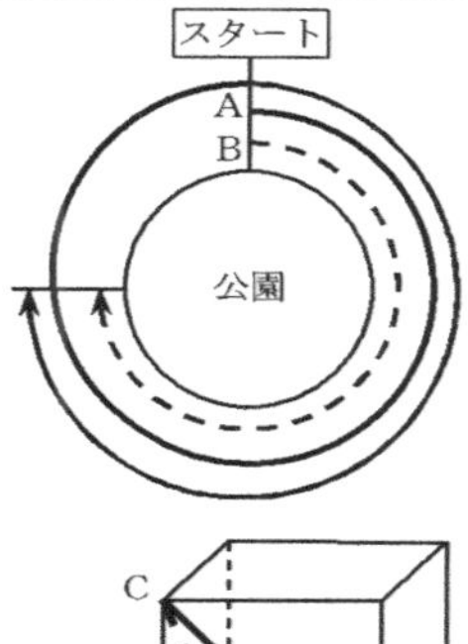

⑸　展開図を谷折りで組み立てると右図のようになる。点Ａ，Ｂ，Ｃを通る切断面は，太線の**正三角形**である。

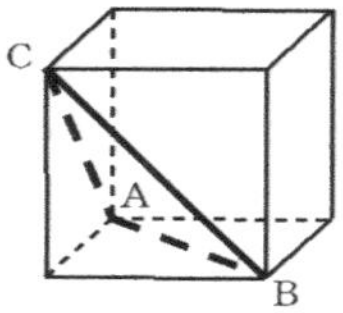

⑹　**【解き方】円周角の大きさは弧の長さに比例することを利用する。**
右図のようにＢとＣを結ぶ。$\overset{\frown}{AC}$に対する中心角は，$360°\times\frac{2}{10}=72°$
円周角は，同じ弧に対する中心角の半分の大きさだから，$\angle ABC=72°\times\frac{1}{2}=36°$
$\angle ABC:\angle BCD=\overset{\frown}{AC}:\overset{\frown}{BD}=2:4=1:2$だから，
$\angle BCD=2\angle ABC=2\times36°=72°$
三角形の１つの外角は，これととなり合わない２つの内角の和に等しいから，
$\angle BED=\angle EBC+\angle BCE=72°+36°=$**108°**

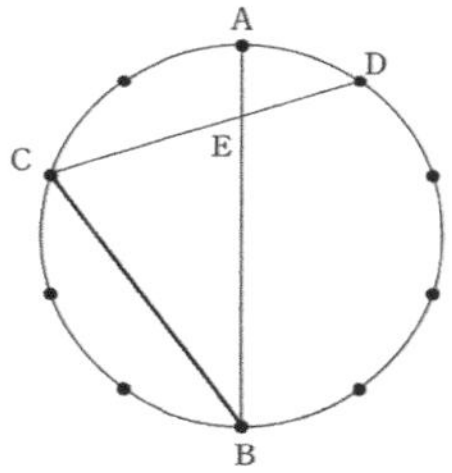

⑺　**【解き方】斜線部分の一部は，面積を変えずに右図のように移動できる。**
求める面積は，△ＡＢＣの面積からおうぎ形ＣＩＦの面積を引いた値に等しい。
$CF=8\times\frac{1}{2}=4$，$\angle FCI=45°$だから，求める面積は，
$\frac{1}{2}\times8\times8-4^2\pi\times\frac{45}{360}=$**32－２π**

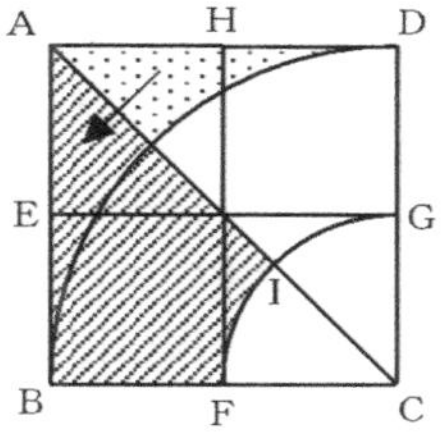

⑻　**【解き方】長方形ＡＢＣＤの面積をＳとし，△ＢＡＤ→△ＢＥＤ→△ＢＧＪ→△ＢＨＩ→四角形ＧＨＩＪの順に面積をＳの式で表していく。**
長方形の面積は１本の対角線で２等分されるから，$\triangle BAD=\frac{1}{2}S$
△ＢＥＤと△ＢＡＤは，底辺をそれぞれＥＤ，ＡＤとしたときの高さが等しいから，面積比はＥＤ：ＡＤ＝１：２なので，
$\triangle BED=\frac{1}{2}\triangle BAD=\frac{1}{2}\times\frac{1}{2}S=\frac{1}{4}S$
この先は，右の「１つの角を共有する三角形の面積」を利用する。
ＡＤ//ＢＣより，△ＢＣＧ∽△ＥＡＧだから，
ＢＧ：ＥＧ＝ＢＣ：ＥＡ＝２：１なので，

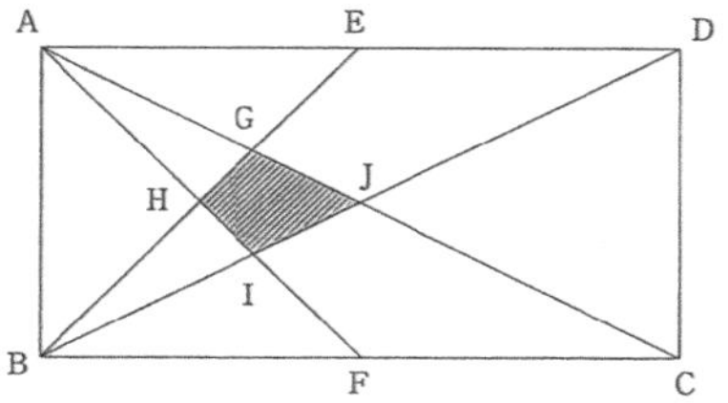

１つの角を共有する三角形の面積
右図のように△ＰＱＲと△ＰＳＴが１つの角を共有するとき，△ＰＳＴの面積は，
$\triangle PST=\triangle PQR\times\frac{PS}{PQ}\times\frac{PT}{PR}$
で求められる。

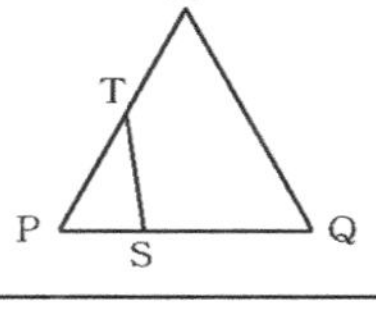

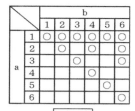

BG：BE＝2：(2＋1)＝2：3

長方形の2本の対角線は互いの中点で交わるから，BJ：BD＝1：2

$\triangle BGJ=\triangle BED\times\frac{BG}{BE}\times\frac{BJ}{BD}=\frac{1}{4}S\times\frac{2}{3}\times\frac{1}{2}=\frac{1}{12}S$

△BFH∽△EAHだから，BH：EH＝BF：EA＝1：1なので，BH：BE＝1：(1＋1)＝1：2

△BFI∽△DAIだから，BI：DI＝BF：DA＝1：2なので，BI：BD＝1：(1＋2)＝1：3

$\triangle BHI=\triangle BED\times\frac{BH}{BE}\times\frac{BI}{BD}=\frac{1}{4}S\times\frac{1}{2}\times\frac{1}{3}=\frac{1}{24}S$

よって，四角形GHIJの面積は，$\triangle BGJ-\triangle BHI=\frac{1}{12}S-\frac{1}{24}S=\frac{1}{24}S$だから，

長方形ABCDの面積は四角形GHIJの面積の，$S\div\frac{1}{24}S=$**24**(倍)である。

(9)　**【解き方】四角形ABCDが平行四辺形だから，AとBの位置関係はDとCの位置関係と同じであることを利用する。**

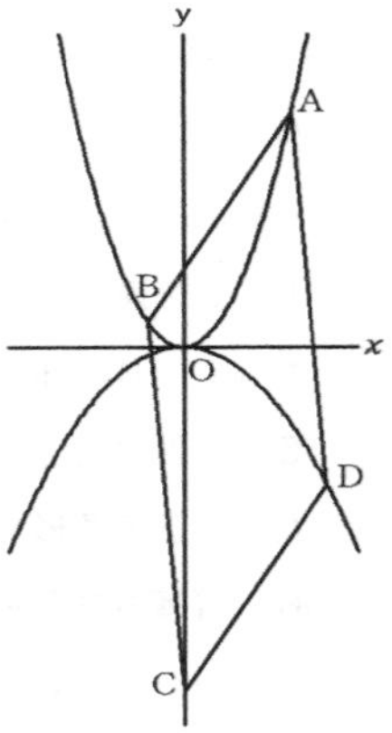

$y=-\frac{1}{4}x^2$にDのx座標の$x=4$を代入すると，$y=-\frac{1}{4}\times4^2=-4$となるから，

D(4，−4)である。C(0，−10)だから，DはCから右に4−0＝4，上に

−4−(−10)＝6進んだ位置にある。したがって，直線CDの傾きは，

$\frac{(y\text{の増加量})}{(x\text{の増加量})}=\frac{6}{4}=\frac{3}{2}$

$y=ax^2$にBのx座標の$x=-1$を代入すると，$y=a\times(-1)^2=a$となるから，

B(−1，a)と表せる。AとBの位置関係はDとCの位置関係と同じだから，

AはBから右に4，上に6進んだ位置にあるので，Aのx座標は−1＋4＝3，

y座標はa＋6と表せる。このAの座標を$y=ax^2$に代入すると，

$a+6=a\times3^2$より，$a=$**$\frac{3}{4}$**

《2024　英語　解説》

A　(1)「特に緊急事態や災害の間，危険な場所から安全な場所へ人々を動かす方法」＝②evacuation「避難」

(2)「人々が楽しんだり，健康でいたりするためにするゲームや活動」＝⑥sports「スポーツ」

(3)「地下の動きが原因で突然起こる地面の揺れ」＝④earthquake「地震」

(4)「学校といった，グループにいる誰もが同じように見えるために着る特別な衣服」＝①uniform「制服」

(5)「立ったり，歩いたりする身体の部分」＝⑤feet「足」

(6)「歯のケアをしたり，口腔を健康に保つ手助けをする医師」＝③dentist「歯医者」

B　(1)　A「私の鍵がどこにあるか知っている？」→B「上着のポケットは確認した？7③多分，そこにあるよ」→A「ああ，そうだね，あったよ。ありがとう」の流れ。

(2)　A「至学館サッカーチームはその大会に勝つよね？」→B「8④その可能性はあるよ。彼らは本当に熱心に練習しているからね」→A「今度の週末に彼らの試合を見に行こう」の流れ。

(3)　A「何かお手伝いしましょうか？」→B「ええ，お願いします。Tシャツを探しています」→A「これはいかがですか？」→B「色は気に入りました。9①でも，私には小さすぎます」→A「大きいものをお出ししましょうか？」の流れ。

(4)　A「今度の日曜日にバスケットボールをしない？」→B「残念だけど，できないよ。10③することがたくさんあるんだ。だから一緒に行けないよ」→A「わかった。家で宿題でもするよ」の流れ。

(5)　A「もう宿題は終わったの？」→B「11②まだだよ」→A「本当？どうして今，本を読んでいるの？」→B「宿題をするためにこの本を読む必要があるんだよ」の流れ。

(6)　A「もっと料理を頼みたい？」→B「12④いいや，結構だよ。お腹いっぱいだ」→A「わかった。水はどう？」の流れ。

C ⑴ I was late for school today（③ so ）my teacher got angry.：（　　）の後の文が前の文の結果を表すから，接続詞 so「それで」が適切。　文意「私は学校に遅刻したので，担任の先生が怒った」　・be late for ～「～に遅れる」

⑵ （① Could ）you open the window?－Sure.：相手に何かを丁寧に頼む表現，Could you ～?「～していただけませんか？」が適切。　文意「窓を開けていただけませんか？」「いいですよ」

⑶ Listen to me carefully,（③ or ）you will miss important information.：〈命令文, or＋ネガティブな内容〉「～しなさい。さもないと～」の文。　文意「私の話を注意して聞きなさい，さもないと重要な情報を聞き逃します」

⑷ Thank you very much（③ for ）your present.：Thank you for ～.「～をありがとう」の文。　文意「プレゼントをどうもありがとう」

⑸ Would you（③ like ）some cookies?　No, thanks.：相手に何かを勧めるときの表現，Would you like ～?「～はいかがですか？」が適切。　文意「クッキーはいかがですか？」「いいえ，結構です」

⑹ I haven't eaten lunch（① yet ）.　I am so busy.：，現在完了“完了”の否定文〈haven't/hasn't＋過去分詞＋yet〉「まだ~していない」。　文意「私はまだ昼食を食べていません。私はとても忙しいです」

D ⑴ （　　）の直後の than より，比較級の文。famous「有名な」の比較級は，②more famous が適切。

⑵ worth に続く動詞は ing 形にするから，②visiting が適切。　・be worth ~ing「～する価値がある」

⑶ If とコンマの直後の she would ～より，〈If＋主語＋動詞の過去形，主語＋would ~.〉「もし（主語）が…だったら，～だろう」の仮定法の文だから，②knew が適切。

⑷ finish に続く動詞は ing 形にするから，②writing が適切。　・finish ~ing「～することを終える」

⑸ 〈過去進行形の文＋when＋過去形の文〉「～したとき，…していた」の文にするから，③studying が適切。

⑹ 「これは彼の車で，あれが私のものです」という文にする。所有代名詞の③mine が適切。

E ⑴ It is important for us to save the environment.：〈It is … for＋人＋to ～〉「(人)にとって～することは…だ」の文。

⑵ My father often helps me do my homework.：〈help＋人＋動詞の原形〉「(人）が～するのを助ける／手伝う」の文。often のような副詞は，一般動詞（ここでは helps）の前に置く。

⑶ I bought some books to read in summer vacation.：〈to＋動詞の原形〉の文。

⑷ Stars can be seen at night in this area.：can《助動詞》を用いた受け身〈be 動詞＋過去分詞〉の文。

⑸ Can you tell me where your house is?：文中に疑問詞（ここでは where）がある間接疑問文。where に続く文は〈主語＋動詞〉の語順になる。

F 【本文の要約】参照。

⑴ 質問「彼らの母親の誕生日はいつですか？」…ユミの最初の発言より，母親の誕生日は次の水曜日。表の January 30th(Tue)「1月 30 日火曜日」より，②「1月 31 日」が適切。

⑵ 質問「“Neither do I”とはどういう意味ですか？」…ユミの No idea...「わからない」という否定文の後に続くから，③「彼も何のアイデアも思いつかない」が適切。　・neither＋動詞＋主語《倒置》「(主語）もまた～ない」

⑶ 質問「ケンはシガクカンマーケットでいくら使いますか？」…買う必要がある材料は，バター，生クリーム（＝fresh cream)，卵とイチゴ。これらのうち卵は，ユミの５回目の発言より，ユミが火曜日の午前中に買うから除外。また，ケンの５回目の発言と表より，ケンはアプリをダウンロードするのでイチゴ１パックは無料になるから除外。したがってケンが買うのはバターと生クリーム２個（生クリームは 400ml 必要だから)。表の「1月 30 日（火）の４時から，全食品が 50 円割引」より，ケンは割引をねらって１月 30 日（火）の５時頃にスーパーへ行く予定。よって，ケンがスーパーで使う金額は 400《バター》＋ 300《生クリーム》 ×２－（ 50《1個あたりの割引き額》 ×３）＝850（円）　④が適切。

⑷ 質問「なぜケンがスーパーに行くことにしましたか？」…ケンの５回目の発言より，ケンは割引をねらって１月 30 日（火）の５時頃にスーパーへ行こうとしているから，③「彼は火曜日の夕方，そこへ行けるから」が適切。

⑸ 質問「ケンは今回，そのスーパーに行ってシガクカンカードで支払います。そのため，次回はクーポンを使え

ます。彼が翌日９時にそこへ行くと，彼はバターと卵１パックにいくら支払うでしょうか？」…表より，シガクカンカードで支払うと，次回に使える 100 円クーポンがもらえる。また，翌日（母親の誕生日の翌日＝木曜日）の９時にいくなら，卵１パックは 200 円で買える。よって，400《バター》＋200《卵》－ 100《クーポン》 ＝500（円）　④が適切。

⑹　質問「オンラインショッピングはどのように行うことができますか」…表のウェブサイトのアドレスを訪問すればよいから，③「そのウェブサイトを訪れることによって」が適切。

【本文の要約】

状況：ユミは兄のケンと話をしています。

ユミ：来週の水曜日はママの誕生日だね。何をあげようか？

ケン：去年はカバンをあげたよね。ママが今年欲しいものを知っている？

ユミ：わからない…

ケン：僕もだ。

ユミ：プレゼントを買う代わりに，何か作ってあげた方がいいんじゃないかな。

ケン：バースデーケーキを焼くのはどう？

ユミ：いいアイデアだね！ママもきっと喜んでくれるよ！！

ケン：このレシピを見て，簡単に作れそうだよ。これらがバースデーケーキを作るのに必要な材料だよ。

ユミ：砂糖，小麦粉，ハチミツは家にあるよね。私は，来週の火曜日の午前中，空いているから，シガクカンマーケットに行って，他のものを買うよ。この広告に，卵１パックが 200 円で買えると書いてあるよ。

ケン：⑷③僕は，放課後の午後５時くらいにそこへ行けるよ。割引も受けられるし。それにアプリをダウンロードすることにしよう。ずい分，安くなるよ！

ユミ：ありがとう！ママは平日，夜遅くまで働いているよ。ママが帰ってくる前にケーキを焼いちゃおうよ。

ケン：そうしよう！内緒にして，ママを驚かせよう！

G　【本文の要約】参照。

⑴　第１段落４行目より，③「暑さと服の色の関係」が適切。

⑵　第１段落２行目より，黒だけでなく他の色でも暑さが増すから，②が適切。

⑶　第１段落４～６行目より，黒のように③「反射率が低いほど熱エネルギーが保持される」が適切。

⑷　第２段落２～３行目より，シャツの色と表面温度の実験で，色によって違いが出たのだから，③が適切。

⑸　第２段落５～６行目より，黒に最も近い関係がある色は①「緑」が適切。

⑹　第３段落１～２行目より，反射率が高い④「白，黄色」が適切。

⑺　第１段落５～６行目「低い反射率の黒い服」より，②「黒い服には高い反射率がある」が不一致。
①「最近では，気温がますます上がっている」，③「ある科学者によると，黒と緑は同じグループに属する」，④「夏の日中に外出するときは白い服を着るべきだ」は一致。

⑻　④「熱と服の色との関係」が適切。①「服の着方」，②「服のサイズの選択」，③「世界的沸騰」は不適切。

【本文の要約】

夏の気温は世界中でますます高くなっています。しばしば言われていることとして，黒い服を着ると暑さが増します。しかしながら，⑵②最近では，他の色でも同じ影響があることが明らかになっています。では，夏の服に適しているのは何色なのでしょうか？「黒と密接に関係する色があるんです」と，国立環境研究所の一ノ瀬俊明研究員は説明しました。⑴③彼は熱さと服の色の関係を研究しています。⑶③地球は太陽から「放射エネルギー」を受けています。物体は色に基づいて放射ネルギーの反射率が異なり，反射しないエネルギーは吸収されて熱に変わります。その結果，反射率が低い黒い服は熱をより多く保持し，一方，反射率の高い白い服は熱をあまり保持しません。

2019年，一ノ瀬研究チームは，9色のシャツを約5分間日光に当て，サーモグラフィーカメラを使って温度を測定しました。⑷③その結果，表面温度が低いものから高いものの順に，白→黄色→灰色→赤→紫→青→緑→濃い緑→黒となりました。白と黄色のシャツの表面温度は30℃前後でした。一方，黒と濃い緑のシャツは45℃を超えていました。一ノ瀬氏は「結果は服の染料に基づいて異なる可能性があるが，見えない光も含めるまでテストを広げると，⑸①緑は黒と同類だとわかりました。この2色は1つのグループに入れることができます」と説明する。

では，暑い季節を涼しく過ごすには，何色の服を着ればいいのでしょうか？⑹④特に太陽の下で長時間過ごすときには，白，黄色，灰色，赤の服がより適しています。一方，黒，濃い緑，緑，青，紫の衣服は避けることをお勧めします。

《2024　理科　解説》

1　問1　コイルを流れる電流の向きに図 i の右手をあてはめると，磁界の向きがわかる。

図 i

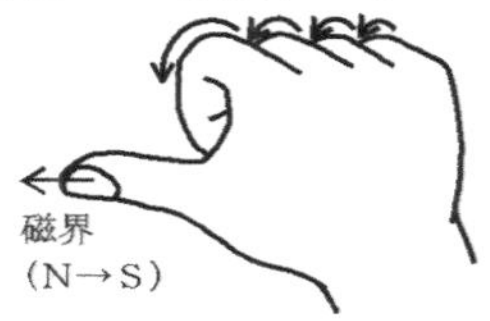

問2　時速500kmで350kmの移動にかかる時間は$\frac{350}{500}=\frac{7}{10}$(時間)である。また，1時間あたりの消費電力は3.5万kWだから，$3.5\times\frac{7}{10}=2.45$(万kW)となり，②が最も近い。

問3　$2.5\times300=750$(万kW)

問4　1平方メートル，1時間で3.5kWの発電が可能だから，3万平方メートル，10時間では，$3.5\times3\times10=105$(万kW)発電する。これは東京－名古屋間を$105\div2.5=42$(回)運行できる電力だから，往復で考えると$42\div2=21$(往復)となり，①が最も近い。

2　問1～3　Aでは，オオカナダモに光が当たるので，呼吸だけでなく，光合成も行われている。呼吸と光合成のどちらが盛んであるかは，実験②の結果の色の変化に着目する。青色のＢＴＢ溶液に息をふきかけて緑色にした状態から1時間おくと青色になったから，オオカナダモの光合成によって二酸化炭素が使われた，つまり呼吸による二酸化炭素の排出量よりも光合成による二酸化炭素の吸収量の方が多かったと考えられる。このとき，オオカナダモの表面に観察された小さな泡は，光合成によってつくられた酸素が多く含まれている。これに対し，Ｂでは，オオカナダモに光が当たらないので，光合成は行われず，呼吸だけが行われている。実験②では，呼吸によって排出される二酸化炭素によって，溶液が酸性になり，黄色になった。

問4　Ｃは，オオカナダモの有無だけが異なるＡとは対照実験である。なお，Ｂとはオオカナダモの有無とアルミ箔の有無の2つの条件が異なるので，対照実験になっていない。

3　問1　呼吸量が同じであるとすると，光合成量が多いほど，光合成の材料である二酸化炭素の量は減っていく。Ａでは，二酸化炭素の量が減少，または増減なしで変化していくのに対し，Ｂでは二酸化炭素の量が増加していくので，Ａの方が光合成量が多い(Ｂの方が光合成量が少ない)と考えられる。

問2　①○…Ａでは二酸化炭素の量の減り方が大きいときほど，取り入れた二酸化炭素の量が多かった，つまり光合成が盛んに行われたと考えられる。　②×…ＢとＣでは二酸化炭素の量が増えているので，オオカナダモが呼吸をしていることは明らかである。　③×…Ａでは二酸化炭素の量が減っているので，光合成で取り入れた二酸化炭素の量の方が，呼吸で放出した二酸化炭素の量よりも多いと考えられる。　④×…Ｃは暗所に置いた(光合成は行わない)ので，二酸化炭素の増加は呼吸で放出した二酸化炭素によるものであり，二酸化炭素の量の増え方が一定ではないことがわかる。

4　問1　①はCl，②はO，③はH，④はCである。

問4　①は春，③は冬，④は秋に，真夜中の南の空によく見える星座である。

問5　②×…日本では，2000以上の活断層が発見されている。

《2024　社会　解説》

1　問１　②　　第二次世界大戦後，アメリカを中心とする資本主義陣営は北大西洋条約機構（ＮＡＴＯ），ソ連を中心とする社会主義陣営はワルシャワ条約機構という軍事同盟をつくって対抗し，冷戦と呼ばれる緊張状態に入った。ワルシャワ条約機構はソ連崩壊とともに解体されたが，ＮＡＴＯは現在まで存続している。

問２　②　　これまで日本の防衛費はＧＤＰ比１％未満を目安としてきたが，東アジアを取り巻く厳しい安全保障環境に対応するために，政府はＧＤＰ比２％を決定した。

問３　③　　①は三角州（デルタ），②はリアス海岸，④は海岸平野，⑤はカルスト地形。

問４　②　　キリマンジャロは，安定陸塊のアフリカ大陸にある。モンブランはアルプス山脈，エベレストはヒマラヤ山脈，マッキンリーはロッキー山脈，アコンガクアはアンデス山脈にあり，アルプス山脈とヒマラヤ山脈は，アルプス・ヒマラヤ造山帯，ロッキー山脈とアンデス山脈は環太平洋造山帯に属する。

問５　②　　北海道洞爺湖サミットは2008年，東京サミットは1979年・1986年・1993年，伊勢志摩サミットは2016年，九州・沖縄サミットは2000年に開かれた。

問６　①　　日本，アメリカ，イギリス，フランス，イタリア，ドイツ，カナダのリーダーが集う。

問７　④　　アメリカの核の傘の下にある日本は，「核保有国が１国も参加していないため，日本が加わって議論をしても効果は少ない」として，核兵器禁止条約に参加していない。

問８　③　　石見銀山は島根県にある。

問９　⑤　　「はだしのゲン」は，広島に投下された原子爆弾によって家族をなくした主人公の中岡元が，たくましく生き抜く姿を描いたマンガである。

問10　④　　北緯40度線は，秋田県の男鹿半島，スペインのマドリード付近を通る。

問11　②　　ユーロポートは，オランダのロッテルダム港の通称である。

問12　■＝②　＃＝④　　ドイツに印があることから■は石炭である。ドイツのルール工業地域では，ルール炭田の石炭が利用されてきた。また，北海に印があることから＃は石油である。

問13　ａ＝②　ｂ＝④　ｃ＝③　ｄ＝①　ｅ＝⑤　　ａ．水力発電による豊富な電力を利用したアルミニウム工業が発達した。ｂ．イギリスは，世界で最初に産業革命が起こった国である。ｃ．ドイツは，かつてルール工業地域を中心に重工業が発展していたが，現在は先端技術産業や医薬品産業が発達している。ｄ．スイスの時計は昔から有名である。ｅ．フランスのトゥールーズには，エアバス社の最終組み立て工場がある。

問14　⑤　　地中海式農業は，夏に乾燥に強いかんきつ類やオリーブなどを栽培し，雨が降る冬に小麦を栽培する。

問15　③　　ザビエルは，鹿児島の坊津に上陸し，西日本を中心に２年にわたって布教活動を行った。

問16　①　　ザビエルの出身国は知らなくても，難破した中国船に乗っていたポルトガル人によって，鉄砲が伝えられたことは覚えておきたい。

問17　⑤　　①は対馬，②は壱岐，③は奄美大島，④は屋久島。

問18　①　　酸性雨は主に，石炭や石油などの化石燃料を燃やすことで発生する排出ガスやばい煙によって生じる。

問19　③　　モーダルシフト…貨物輸送を船舶輸送や鉄道輸送に切り替える取り組み。ジャストインタイム…必要なものを，必要なときに，必要なだけ供給する生産システム。トレーサビリティー…その製品が，いつ，どこで，誰によってつくられたのかを明らかにするために，原材料の調達から生産，および消費，廃棄まで，追跡可能にすること。カーボンニュートラル…温室効果ガスの排出量と吸収量を均衡させ，実質ゼロにすること。

問20　④　　国ごとの二酸化炭素の排出量では，中国＞アメリカ＞インド＞ロシア＞日本の順に多い。

2 問１ ①　アメリカ＞中国＞日本＞チリ＞韓国の順に多い。

問２ ②　キューバ危機では，安全保障理事会での交渉や非公式の接触を通じて，アメリカのケネディ大統領がキューバ不侵攻を約束すると，ソ連のフルシチョフはキューバからのミサイル撤去を発表した。

問３ ④　学制では，６歳以上の男女が小学校に通うように定めた。

問４ ③　①は済州島，②は対馬，④は隠岐諸島。

問５ ③　古代中国の王朝・時代は，殷→周→春秋・戦国→秦→前漢→新→後漢→三国(魏・呉・蜀)と続く。

問６ ①　共和党のトランプ氏は，民主党のヒラリー・クリントン氏に勝利し，第45代大統領に就任した。

問７ ④　アメリカ・メキシコ・カナダ協定の略称である。①は石油輸出国機構，②は東南アジア諸国連合，③はヨーロッパ自由貿易連合，⑤はブラジル・ロシア・インド・中国・南アフリカ共和国の略称。

問８ ④　チャールズ３世が即位したことで，イギリス国歌は「God Save the Queen」から「God Save the King」となった。

3 問１ ②　モンテスキューは『法の精神』で三権分立を唱えた。ルソーは『社会契約論』で人民主権を唱えた。ホッブズは『リヴァイアサン』で国民の争いを止めるような絶対的な権力の必要性を説いた。

問２ ①　中国からヨーロッパにもたらされ，改良された三大発明は，「火薬・羅針盤・活版印刷術」である。

問３ ②　白神山地と屋久島は世界自然遺産に登録されている。犬山城と名古屋城は世界遺産ではない。

問４ ④　オランダの説明として④が正しい。①はアメリカ，②はイギリス，③はポルトガル。

問５ ②　①はプロイセン国王フリードリヒ２世の言葉，③は名誉革命後のイギリスの統治形式，④はイタリアの思想家マキャベリが『君主論』で説いた言葉。

問６ ②　Ⅰ(1689年)→Ⅲ(1776年)→Ⅱ(1789年)

問７ ①　北部は保護貿易と奴隷制廃止，南部は自由貿易と奴隷制存続を主張した。

問８ ②　板垣退助は，岐阜県での演説会で暴漢に襲われた。

問９ ④　①誤り。大日本帝国憲法は1889年２月11日に公布された。②誤り。大日本帝国憲法に地方自治の規定はなかった。③誤り。国民の権利は，臣民の権利として，法律の範囲内で認められていた。

問10 ④　20世紀になって初めて社会権が規定されたため，社会権は20世紀的人権とも表現される。

問11 ③　日本国憲法に，公務員の労働基本権(団結権・団体交渉権・団体行動権)についての規定はない。

問12 ④　永世中立を宣言している国として，コスタリカ・スイス・オーストリアなどがある。

問13 (1)＝①　(2)＝②　信教の自由は自由権に属する。一票の格差は，平等権に反する。

問14 ②　1969年以降，常に20歳代の投票率が最も低くなっている。

問15 ③　1966年に国際人権規約が採択された。

問16 ④　職場におけるセクシャルハラスメント，および妊娠・出産・育児休業等に関するハラスメントの防止対策が強化された。

2023 解答例 令和5年度　至学館高等学校

《国　語》

一　問一．㋐①　㋑③　㋒④　㋓②　問二．①　問三．Ⅰ．⑥　Ⅱ．⑤　Ⅲ．②　問四．①　問五．③
問六．④　問七．①　問八．①　問九．③　問十．④

二　問一．㋐②　㋑③　㋒④　㋓③　㋔⑤　㋕④　問二．①　問三．X．⑤　Y．②　Z．①　問四．④
問五．③　問六．②③　問七．②　問八．①　問九．③　問十．③　問十一．③　問十二．①

三　問一．a．③　b．①　c．④　問二．②　問三．①　問四．④　問五．③　問六．③　問七．①
問八．④

四　問一．(Ⅰ)⑧　(Ⅱ)③　(Ⅲ)⑤　問二．Ⅰ．⑤　Ⅱ．⑥　Ⅲ．③

《数　学》

1　(1)ア．⑥　イ．③　(2)ウ．④　エ．④　オ．④　(3)カ．④　キ．⑨

2　(1)ア．①　イ．⓪　ウ．⑧　(2)エ．③　オ．①　カ．⑤　(3)キ．③　ク．②　ケ．⑤　コ．②　(4)サ．④
(5)シ．⊖　ス．⑤　セ．①　ソ．①

3　①，③

4　④

5　ア．⑤　イ．④

6　③

7　(1)ア．①　イ．⑤　(2)ウ．④　エ．⓪　オ．⓪

8　ア．⑥　イ．⓪

9　ア．①　イ．⑥

10　⑥

11　(1)ア．⑨　イ．⑨　(2)ウ．②　エ．⑤

12　ア．③　イ．⑧

《英　語》

A　(1)⑧　(2)⑤　(3)②　(4)③　(5)④　(6)⑦

B　(1)①　(2)⑤　(3)②　(4)⑤　(5)④　(6)①

C　(1)③　(2)④　(3)②　(4)②　(5)③　(6)④

D　(1)③　(2)②　(3)②　(4)②　(5)③　(6)④

E　［3番目／5番目］　(1)［⑤／④］　(2)［①／③］　(3)［④／③］　(4)［①／⑥］　(5)［⑤／②］

F　(1)④　(2)④　(3)③　(4)①　(5)③　(6)③

G　(1)②　(2)④　(3)③　(4)③　(5)④　(6)4番目…①　7番目…⑧　(7)①，⑤

《理　科》

1 問１．④　問２．⑴⑤　⑵②　問３．④　問４．②　問５．⑴③　⑵③

2 問１．ア．①　イ．④　問２．⑤　問３．②　問４．⑥　問５．③

3 問１．①　問２．④　問３．②　問４．⑥　問５．ア．①　イ．③　ウ．③

4 問１．⑤　問２．②　問３．⑴④　⑵②　⑶④

《社　会》

1 問１．③　問２．②　問３．④　問４．③　問５．①　問６．①　問７．④　問８．③
問９．③　問10．③　問11．②　問12．①　問13．②　問14．②　問15．②　問16．④
問17．①　問18．④

2 問１．②　問２．④　問３．③　問４．③　問５．②　問６．②　問７．④　問８．③
問９．①　問10．③　問11．③　問12．④　問13．②　問14．④　問15．④　問16．①
問17．②

3 問１．②　問２．②　問３．③　問４．④　問５．②　問６．④　問７．③　問８．①
問９．③　問10．①

《2023　国語　解説》

一　問二　ａの「とんとん」は音を表しているので擬音語、ｂの「ブルブル」は様子を表しているので擬態語、ｃの「津波のように」は、「ように」という言葉を使ったたとえなので直喩である。よって、①が適する。

問四　――Ａの２～３行後の「これでマドンナの～特別なコメントを引き出せる、と確信した」より、①が適する。

問五　この後で浩介が「リラが……危ない～目も、もう見えてないみたいだ」と言っている。携帯を「すぐに切ろうとして、手を止めた」のは、浩介からの電話だったからである。浩介からの着信という事実から、藍は、「いつ命を落としてもおかしくない状態」だったリラの容体が悪化したことを予感したのである。よって、③が適する。

問六　直前の浩介の言葉は、瀕死《ひんし》の状態にあるリラに会うために藍が帰宅することを望んでいることを示している。まだリラが死んだわけではないので、④が不適当。

問七　直前の「いつだって、リラは君を待っていたじゃないか」という浩介の言葉を聞いて「胸にずしんと何かが落ちてきた」ような気持ちになったのである。よって、①が適する。

問八　会議室にいる人々は、藍の様子や電話の内容を聞いて、リラの状況が悪化したことを察したと考えられる。よって、①が適する。②は「上司たち」が誤り。藍の上司であることが明らかなのは北條だけである。

問九　藍は一刻も早くリラのところに帰ろうとしている。神様に「あと、一時間だけ」と願っているのは、生きているリラに会うためなので、――Ｆの「遠く」とは死の世界を指している。よって、③が適する。

問十　「そう」は、文脈的には直前の「リラは、君が帰って来るのを待ってるんだよ」を指している。これは、④の言葉をまとめたものであるから、④が適する。

二　問二　脱文の内容から、「衣装と宗教の関係」を「外見という視点」から論じた部分の直後に入ると判断できる。１～３段落目がその部分にあたるので、その直後にある①が適する。

問四　この段落の最後に「この世の日常を捨てた人、この世を超えた世界にかかわる人として、俗人とは異なる〈異形〉の存在であることが、外見からしても一目でわかる」とある。これに合致する④が適する。

問五　２段落目に「明確な構成のルールがある」、「別の宗教集団との差異のしるしにもなっている」とあり、「それは制服の典型でもある」と説明されているので、③が適する。

問六　５段落目に宗教に関して、「自己を自己自身からできるだけ遠ざける技術」とあるので、②は適する。また、７段落目に「宗教は自分を超えた何ものかへ向かって回路を開く技術」とあるので、③も適する。５段落目に「超自然的なものと交わる一つの技法」とあるので、①の「自然とのかかわりを生み出す」は誤り。

問七　８段落目の「そういう感覚の揺さぶりの中で人は～状態の中に入っていく」の部分は、「エクスタティック（脱目的）」な状態を具体的に表現している。これを受けて９段落目で「ファッションにもほぼ同じことがいえる」と述べているので、宗教とファッションは「エクスタティック（脱目的）」な面で共通点を持つといえる。よって、この点を指摘した②が適する。

問八　宗教に関しては、７段落目に「自分を超えた何ものかへ向かって回路を開く技術」とあり、ファッションに関しては、９段落目に「人をその世界の外部に連れ出そうとする」とある。これはどちらも、自分を別の存在にすることに通じる。また、それは宗教においては「断食や不眠～身体運動の執拗《しつよう》な反復」などによって行われ、ファッションにおいては「からだの外から内から、つまり～全感覚を通して行う」。これらは「体の感覚を通じて」行われるという共通点がある。よって、①が適する。

問十　本文の最後に、ファッションは「ただの《装い》の手段へと、自らの力を削いできた」、つまり、現代のファッションは軽薄になったが、「もともとは～身体パフォーマンスとしてあった」とある。よって、③が適する。

問十一　《　i　》の少し前で、ファッションについて「別の存在になろう、と人々を誘惑するのだ」と述べているので、《　i　》には「変身」が入る。《　ii　》も、直前に「自分とは別の存在になる」とあるので「変身」が入る。《　iii　》には、直前の「自分の別のイメージを演出する」に合う「装い」が入る。よって、③が適する。

問十二　1～3段落目で宗教の衣装について言及し、9～11段落目では「別の存在になる」（＝「変身」）という点における宗教とファッションの同質性について論じている。よって、①が適する。

三　**問二**　前に「容顔美麗にして～勅使、度々重なりければ、豊成も喜び給ひて」とあるので、②が適する。

問四　豊成は北の方の計略に引っかかり、姫君が複数の男と関係を持っていると思い込んでしまったのである。よって、④が適する。

問五　豊成は「明日にも～宮中の物笑ひは豊成が女子にはしかじ」と考えている。この点をふまえた③が適する。

問六　豊成は「汝、紀伊国～頭《こうべ》を刎《は》ねよ。後の供養《きょうよう》をばよくよくせよ」と命じているので、③が適する。

問七　「偽り」とは嘘のことで、北の方が計略をめぐらして、姫君が複数の男と関係を持っていると豊成に信じさせたことを指す。よって、①が適する。

問八　理由は、直後の「その故は、我七歳の頃より～浄土の道の導《しるべ》ともせん」の部分で語られている。ここには「帝の行く末を祈るため」という内容はない。よって、④が正解。

【古文の内容】

　姫君が、十三歳におなりになると、顔立ちが美しくて天下に二人といないほどの人でいらっしゃるので、帝から后として迎えたいと、帝の使いが（来ることが）、度々重なったので、豊成もお喜びなさって、そのお喜びは限りない（ほど大きかった）。北の方はおもしろくないとお思いになり、人を仲間に引き入れて、冠をかぶらせ、正装をさせ、中将姫（姫君）のお部屋へ出入りするふりをさせ、豊成におっしゃることには、「姫君にどんなことでも起こった時は、『継母・継子の関係だから』などとおっしゃるな。姫君の部屋をこっそりご覧なさいませ」と、あれこれと告げ口をなさったので、豊成が、ある日の夕暮れ時に、姫君の（お部屋の）方角を北の方といっしょにご覧になったところ、二十歳ほどの男で、直垂《ひたたれ》に折烏帽子《おりえぼし》を身につけた者が退出してきた。

　継母が、豊成におっしゃるには、「日頃、私が申し上げてきたことは嘘でしょうか。女の身のならわしとして、一人と結ばれることが世の中での当たり前のこと。ある時は冠をかぶり、正装の人もいます。ある時は立烏帽子《たちえぼし》に直垂を着た人もいます。またある時は薄衣《うすぎぬ》を頭からかぶった者もいます。見ると、法師です。このようにたくさんの人と関係をお持ちになることの当てにならなさよ」と泣くふりをしながらおっしゃったので、豊成はお聞きになって、「人がもつべきでないのは女子である。母が臨終の時に、一途に姫君に愛情をかけていたので、どのようにしてでも世間の評判を得させようと思っていたのに、（姫君が）残念な振舞いをしたのは悲しい。明日にもなれば、この事が人に知れて評判になり、宮中の物笑いは（この）豊成の娘に及ぶものはあるまい」とお思いになり、武士をお呼びになって、「お前は、紀伊国有田郡雲雀山《ひばりやま》という所で（姫君の）首をはねよ。後の供養をしっかりとせよ」とおっしゃったので、武士は承知して、「三代に渡り仕えている主君の申し出に背くことはいたしません」と言って、姫君を連れ申しあげ、その山の奥に（まで）お供し申しあげた。大臣殿（豊成）のご命令の趣旨を、くわしく申しあげたところ、姫君は、お聞きになって、「私は、前世での行いが悪くて、人の偽りによってお前の手にかかり、死ぬことも仕方がない。しかしながら、少しの時間を与えよ。そのわけは、私は七歳の頃から称讃《しょうさん》浄土御経（の教え）をお受けし、毎日母の尊霊《そんれい》に手向《たむ》け申しあげ（てきたが）、今日は（その御経を）まだ読んでいない。一方では父の（幸せな行く末を願う）お祈りのため、一方では母の亡魂が、苦しみから逃れ、悟りの境地に入るため、または、自分が死ぬのであるならば、修羅《しゅら》の苦しみをもまぬがれ、浄土の道の案内ともしよう」とおっしゃったところ、武士も、（人の心のわからない）岩や木ではないので、しばらく待ってくれた。

《2023　数学　解説》

1

(1)　与式$=7\div(\frac{1}{2}-\frac{1}{3}\times\frac{7}{6})=7\div(\frac{1}{2}-\frac{7}{18})=7\div(\frac{9}{18}-\frac{7}{18})=7\div\frac{2}{18}=7\times9=$**63**

(2)　$2a-b=A$とおく。与式$=(A+2)(A-2)=A^2-4=(2a-b)^2-4=$**$4a^2-4ab+b^2-4$**

(3)　$4.2=a$，$2.8=b$とおく。このとき，$5.6=2\times2.8=2b$だから，与式$=a^2+2ab+b^2=(a+b)^2=(4.2+2.8)^2=7^2=$**49**

2

(1)　与式$=(x+3y)^2=\{3(\sqrt{3}-\sqrt{2})+3(\sqrt{3}+\sqrt{2})\}^2=(6\sqrt{3})^2=$**108**

(2)　与式$=3x(y-5)-(y-5)=$**$(3x-1)(y-5)$**

(3)　与式より，$4x^2+4x-15=0$　　$x=\frac{-4\pm\sqrt{4^2-4\times4\times(-15)}}{2\times4}=\frac{-4\pm\sqrt{16+240}}{8}=\frac{-4\pm16}{8}$
$x=\frac{-4+16}{8}=$**$\frac{3}{2}$**，$x=\frac{-4-16}{8}=$**$-\frac{5}{2}$**

(4)　**【解き方】$2-\pi$，$\frac{3+\sqrt{35}}{4}$はどのくらいの大きさの数であるかを不等式で表し，大小を比べる。**
$\pi=3.14$とすると，$2-\pi=2-3.14=-1.14$となる。よって，$-1.14<x$を満たす整数xの範囲は，$-1\leqq x$である。また，$\sqrt{25}<\sqrt{35}<\sqrt{36}$より$5<\sqrt{35}<6$だから，$8<3+\sqrt{35}<9$となる。
$8\div4=2$，$9\div4=2.25$より，$2<\frac{3+\sqrt{35}}{4}<2.25$となるので，$x<\frac{3+\sqrt{35}}{4}$を満たす整数$x$の範囲は$x\leqq2$である。以上より，整数$x$は$-1$以上2以下の整数だから，$-1$，0，1，2の**4**個ある。

(5)　$5x+3y=8$…①とする。$3x+2y=7$…②とする。
①×2－②×3でyを消去すると，$10x-9x=16-21$　　**$x=-5$**
②に$x=-5$を代入すると，$3\times(-5)+2y=7$　　$2y=7+15$　　$2y=22$　　**$y=11$**

3

【解き方】箱ひげ図からは，右図のようなことがわかる。半分にしたデータ(記録)のうち，小さい方のデータの中央値が第１四分位数で，大きい方のデータの中央値が第３四分位数となる(データ数が奇数の場合，中央値を除いて半分にする)。

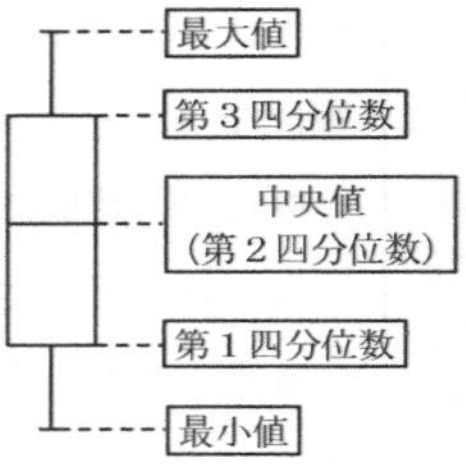

①　長野県の第１四分位数は北海道の最大値より大きい。$(31-1)\div2=15$，$15\div2=7$余り1より，第１四分位数は小さい方から8番目のデータである。
それより小さい7個のデータを除いた$31-7=24$(個)のデータは北海道の最大値より大きい。よって，明らかに長野県の一日の平均気温の方が北海道の一日の平均気温より高い日は24日以上あるから，正しい。

②　沖縄県の第３四分位数が29℃であり，第３四分位数はデータの大きい方から$7+1=8$(番目)の値である。よって，平均気温が29℃以上の日は少なくとも8日以上あるので，正しくない。

③　北海道では，17℃は第１四分位数と中央値の間に含まれる。最小値から第１四分位数までに17℃未満のデータが8個あるので，平均気温が17℃より低い日は8日以上ある。よって，正しい。

④　長野県では，最小値が19℃，第１四分位数が24℃から25℃の間，第３四分位数が26℃から27℃の間にある。データの分布の詳細は箱ひげ図から判断できないため，20℃以上26℃以下の日が必ず16日以上あるとはいえないので，正しいとはいえない。なお，北海道と沖縄県については正しいといえる。

以上より，正しいと判断できるものは①，③である。

4　**【解き方】(平均人数)＝(合計人数)÷(組数)で求める。**

来店人数の合計は，$1\times3+2\times4+3\times8+4\times6+5\times4+6\times3+7\times2=111$(人)である。

よって，1組あたりの平均来店人数は，$111\div30=$**3.7**(人)である。

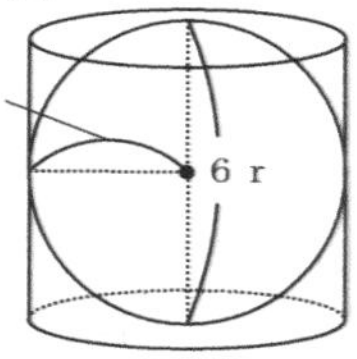

5　球は円柱と上面，下面，側面で接しているから，右図のようになり，円柱の底面の半径は3r，高さは6rとなる。よって，円柱の体積は，$(3r)^2\pi\times6r=$**$54\pi r^3$**

6　**【解き方】4つのサイコロで6の目が出る確率の大小を比べるので，小数で表すと比較しやすい。**

6の目が出る確率は，①が$190\div1000=0.19$，②が$240\div1500=0.16$，③が$410\div2000=0.205$，④が$590\div3000=0.196\cdots$だから，最も6の目が出やすいといえるのはサイコロ**③**である。

7　(1)　**【解き方】AとBを4：5の比で混ぜるので，Aをxg混ぜるとき，Bは$\frac{5}{4}x$g混ぜることになる。**

xgのAに含まれる食塩は$x\times\frac{10}{100}=\frac{1}{10}x$(g)，$\frac{5}{4}x$gのBに含まれる食塩は$\frac{5}{4}x\times\frac{8}{100}=\frac{1}{10}x$(g)である。

よって，Cに含まれる食塩は$\frac{1}{10}x+\frac{1}{10}x=$**$\frac{1}{5}x$**(g)となる。

(2)　**【解き方】Cの水分を400g蒸発させた後，$\frac{1}{5}x$gは全体の16%にあたる。**

水分を蒸発させた後の食塩水の量は$\frac{1}{5}x\div\frac{16}{100}=\frac{5}{4}x$(g)だから，Cの量は$(\frac{5}{4}x+400)$gである。よって，Aの量についての方程式を立てると，$(\frac{5}{4}x+400)\times\frac{4}{4+5}=x$　これを解いて，$x=400$となる。

したがって，初めにあったAの量は**400g**である。

8　**【解き方】162分＝$\frac{162}{60}$時間＝$\frac{27}{10}$時間だから，AB間にかかった時間をx時間とすると，BC間にかかった時間は$(\frac{27}{10}-x)$時間となる。**

進んだ道のりについて方程式を立てると，$50x+80(\frac{27}{10}-x)=180$　これを解いて，$x=\frac{6}{5}$

よって，AB間の距離は$50\times\frac{6}{5}=$**60**(km)である。

9　**【解き方】abの最大値は6×6＝36だから，2abの最大値は2×36＝72である。$\sqrt{2ab}$が自然数となるとき，2abは平方数であり，偶数でもあるから，2ab＝4，16，36，64よりab＝2，8，18，32となる場合を調べる。**

AB2つのさいころの目の出方は全部で6×6＝36(通り)ある。

そのうち条件にあう出方は表の○印の6通りだから，求める確率は，$\frac{6}{36}=$**$\frac{1}{6}$**

2個のさいころの目の積

		B					
		1	2	3	4	5	6
A	1	1	②	3	4	5	6
	2	②	4	6	⑧	10	12
	3	3	6	9	12	15	⑱
	4	4	⑧	12	16	20	24
	5	5	10	15	20	25	30
	6	6	12	⑱	24	30	36

10　**【解き方】試合数はBが0，1，2回勝つ場合それぞれで，3，4，5試合となる。最初と最後の試合はAが勝つことに注目する。**

試合数が3のとき，試合に勝つチームはA→A→Aの順だから，1通りある。

試合数が4のとき，試合に勝つチームはA→○→○→Aの○に，AとBが1回ずつ入るから，2通りある。

試合数が5のとき，試合に勝つチームはA→○→○→○→Aの○に，Aが1回，Bが2回入るから，3通りある。

以上より，勝敗の順は全部で1＋2＋3＝**6**(通り)ある。

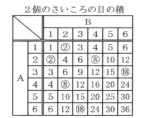

11 (1) **【解き方】円周角の大きさと弧の長さは比例することを利用する。**

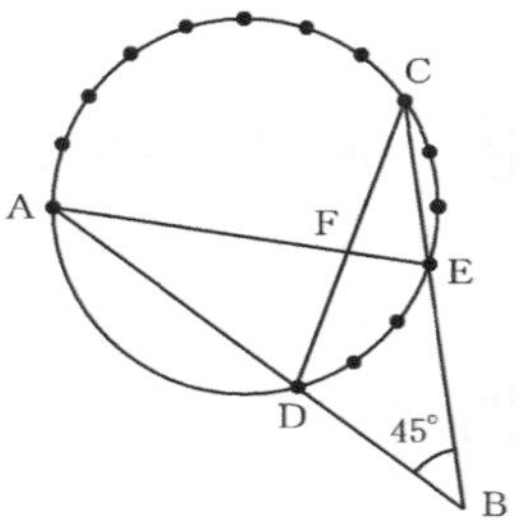

$\overset{\frown}{DE}$の長さは長い方の$\overset{\frown}{AD}$の$\frac{3}{14}$倍の長さだから，$\angle DAE=\angle DCE=3x$とおく。

このとき，$\overset{\frown}{AC}=\frac{8}{3}\overset{\frown}{DE}$より，$\angle ADC=\frac{8}{3}\times 3x=8x$となる。

△ＢＣＤについて，三角形の１つの外角は，これととなり合わない２つの内角の和に等しいから，$45°+3x=8x$より，$x=9°$となる。

同様に△ＡＤＦについて，$\angle AFC=\angle DAE+\angle ADC=3x+8x=11x=$**99°**

(2) **【解き方】△ＡＢＥ∽△ＤＥＦより，ＡＢ//ＤＥ，ＡＥ//ＤＦとなることと，同じ高さの三角形の面積比は底辺の長さの比と等しいことを利用する。**

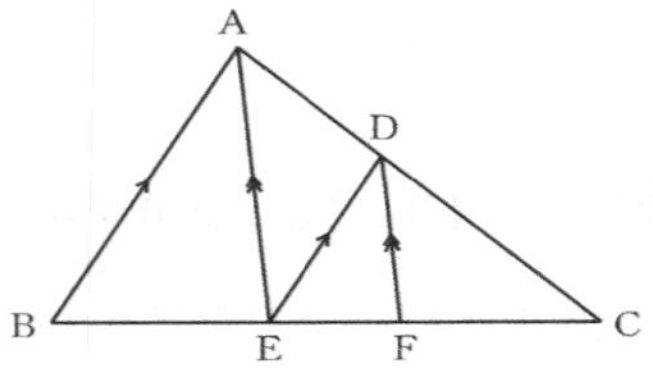

ＡＥ//ＤＦだから，△ＡＥＣ∽△ＤＦＣであり，相似比は

ＡＥ：ＤＦ＝５：３である。よって，ＡＣ：ＤＣ＝５：３

また，ＡＢ//ＤＥだから，△ＡＢＣ∽△ＤＥＣであり，

相似比はＡＣ：ＤＣ＝５：３である。よって，ＢＣ：ＥＣ＝５：３

よって，△ＡＢＥ：△ＡＢＣ＝ＢＥ：ＢＣ＝（５－３）：５＝**２：５**

12 **【解き方】問題中の図より，Ａのx座標は正だから，Ａのx座標をｔ（ｔ＞０）とおく。また，△ＡＢＣの面積は，$\frac{1}{2}$×ＡＢ×（ＡとＣのx座標の差）で求められることを利用する。**

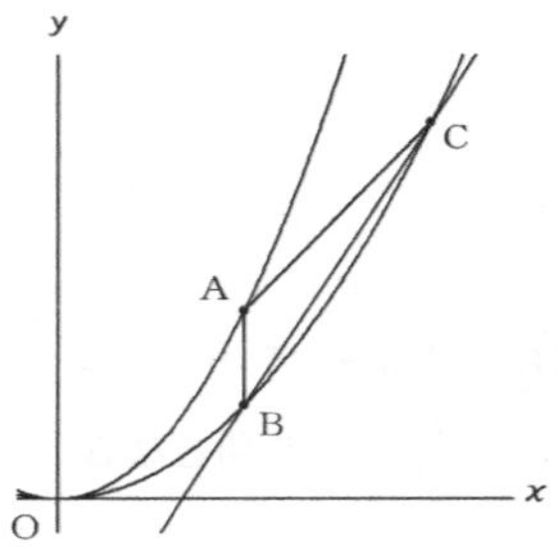

Ａは放物線$y=\frac{1}{2}x^2$上のグラフだから，Ａのy座標は$\frac{1}{2}t^2$

ＡＢはy軸に平行だから，ＡとＢのx座標は等しいので，Ｂのx座標はｔ，

y座標は$\frac{1}{4}t^2$となる。ＡＢ＝（ＡとＢのy座標の差）だから，

$\frac{1}{2}t^2-\frac{1}{4}t^2=4$より$t^2=16$　　$t=\pm 4$　　$t>0$より$t=4$となる。

よって，Ａ（４，８），Ｂ（４，４）とわかる。

△ＡＢＣの面積について，$\frac{1}{2}\times 4\times$（ＡとＣの$x$座標の差）＝８だから，

（ＡとＣのx座標の差）＝８÷２＝４である。問題中の図より，Ｃのx座標はＡのx座標より大きいから，Ｃのx座標は４＋４＝８である。Ｃは放物線$y=\frac{1}{4}x^2$上のグラフだから，Ｃのy座標は$\frac{1}{4}\times 8^2=16$

次に，直線ＢＣの傾きは$\frac{(y\text{の増加量})}{(x\text{の増加量})}=\frac{16-4}{8-4}=3$だから，直線ＢＣの式を$y=3x+p$とし，Ｂの座標を代入して解くと，$p=-8$となる。以上より，直線ＢＣの式は$y=$**$3x-8$**である。

《2023　英語　解説》

Ａ (1)「通常，国内で町より小さい家屋や他の建物の集まり」＝⑧village「村」　(2)「重要な文化的，歴史的，もしくは科学的なものを保管するための建物」＝⑤museum「博物館」　(3)「特に学校や大学で，教えることや学ぶことの過程」＝②education「教育」　(4)「物事を行ったり，見たり，触れたりすることから得た知識と技術」＝③experience「経験」　(5)「状況や人，行事などに関する事実」＝④information「情報」　(6)「学校や仕事を離れて過ごす時間」＝⑦vacation「休暇」

Ｂ (1) ①：box「箱」は複数形がboxesになる名詞。それ以外は全て複数形が語尾にｓをつける名詞。

(2) ⑤：read「読む」のing形はreadingだからingをそのままつければいい動詞。それ以外は語尾が「アクセントのある短母音＋子音字」で終わる動詞だからing形にする場合，子音字を重ねてingをつける動詞。（例 swimming）

(3) ②：famous「有名な」は比較級にmoreが付く形容詞。それ以外は比較級にmoreが付かない形容詞。

(4) ⑤：clock「時計」は数えられる名詞。それ以外は数えられない名詞。

(5) ④：machine「機械」のchが[ʃ]の発音の名詞。それ以外はchが[tʃ]の発音の名詞。

(6)　①：①以外は直後〈人＋もの〉の形がとれる動詞。

C　(1)　People asked the city（③ for ）a new parking area.：・ask A for B「AにBを求める」　文意「人々は市に新しい駐車場を求めた」

(2)　I have been in Nagoya（④ since ）I was born.：have been より，現在完了〈have/has＋過去分詞＋since ～〉“継続”「～からずっと～にいる」の文。　文意「私は生まれてからずっと名古屋にいる」

(3)　This T-shirt is a（② little ）big for me.：・a little「少し」　文意「このTシャツは私には少し大きい」

(4)　I didn't play soccer（② because ）it was raining.：（　　）の後の文が前の文の理由になっているから，because が適切。　文意「私は雨が降っていたのでサッカーをしなかった」

(5)　The red box is smaller than the yellow one.　The yellow box is smaller than the blue one.　The（③ blue ）box is the biggest of the three.：前の２文「赤い箱は黄色い箱より小さい。黄色い箱は青い箱より小さい」より，３つの中で１番大きい箱は「青い」箱である。

(6)　The label on the bottle（④ says ）, “Imported from Russia”.：say には「～と書いてある／～とある」の意味がある。　文意「そのビンのラベルには『ロシアから輸入』と書いてある」

D　(1)　前文の two cats が，次の文 I like の目的語になっているから，③them が適切。

(2)　enjoy に続く動詞は ing 形になるから，②playing が適切。

(3)「Fred はその時，自分の部屋で日本語を勉強していた」という過去進行形の文だから，②studying が適切。

(4)　if「もし～ならば」は，未来のことを表す場合でも動詞は現在形にするから，②rains が適切。

(5)「祖母によって作られた夕食はとてもおいしかった」という文にする。下線部を〈過去分詞＋by ～〉「～によってされた」で後ろから dinner を修飾する文にするから，③cooked が適切。

(6)「今までにもらった中で１番素敵な贈り物です」という文にする。nice の最上級の④the nicest が適切。

E　(1)　She will ask him to take her to the zoo.：・ask＋人＋to～「（人）に～するよう頼む」

(2)　How many balls are there in the box?：・How many＋○○《名詞の複数形》＋are there in ～?「○○《名詞の複数形》が～の中にいくつありますか？」

(3)　May I speak to your sister Saki?：・May I speak to ～?「（電話で）～さんはいらっしゃいますか？」

(4)　Do you know when he will come here?：間接疑問文は疑問詞（ここでは when）に続く文は〈主語＋動詞〉の語順になる。

(5)　Meijo Park is one of the most famous parks in Nagoya.：・one of ～「～の１つ」　・the most famous「もっとも有名な」

F　【本文の要約】参照。

(1)　質問「この家族は水族館に入館するのにいくら支払いますか？」…この家族は大人３人で平日に入館する。また，※には「高校生と大学生は 300 円割引できる。チケットを買うときに学生 ID を提示する必要がある」とあり，テッドは学生 ID を持っている。Admission Fee と※より 2800×2《両親》＋（2800－300）《テッド》＝8100（円）だから，④が適切。

(2)　質問「彼らはアシカショーを何時に見ますか？」…母と父のそれぞれ最後の発言，表の Show Schedule の Touch the Walrus，Restaurant より，11 時からの『セイウチに触わろう』（約 20 分）→昼食→アシカショーの順に進む予定。したがって，④が適切。

(3)　質問「もしテッドと彼の 14 歳のガールフレンドが次の週末に水族館に行くなら，彼らはいくら支払いますか？」…ガールフレンドは 14 歳だから子ども料金。（3000－300）《テッド》＋1800《ガールフレンド》＝4500（円）より，③が適切。

(4)　質問「家族が計画について話し合っていたのは何曜日ですか？」…父親の２回目の発言より，①が適切。

(5)　質問「最も時間がかかるショーはどれですか？」…Touch the Walrus の 20 分が最も長いから，③適切。

(6)　質問「なぜテッドは次の日に水族館に行くのですか？」…テッドの２回目の発言より，③が適切。

【本文の要約】

〈状況〉(1)④この家族は大人（父，母，テッド）が３人いる。テッドは学生 ID を持つ高校生である。

テッド：明日は学校に行かないよ。

母親　：どうして？

テッド：(6)③創立記念日で休日なんだ。

父親　：本当かい？いいことを思いついた！至学館水族館に行かないか？

母親　：人が多いんじゃない？

父親　：週末は多くの人がそこへ行くが，(1)④，(4)①明日は木曜日だ！

テッド：すごいや！そこでアシカショーを見たいよ。すごく人気があるんだ。

母親　：何時に見るべきかしら？

テッド：うーん，13時は？

母親　：賛成できないわ。もしアシカショーの後で昼食にするなら，レストランで昼食を食べられないわ。13時に閉まるから。(2)④昼食の前にアシカショーを見るべきね。

父親　：(2)④ＯＫ！11時の『セイウチに触ろう』に参加しないか？その後にアシカショーに行こう！それなら，レストランが閉まる前に昼食を食べられるよ。

テッド：いいね！そこへ行くのが楽しみだよ！

G　【本文の要約】参照。

(1)　直後の文より，②が適切。

(2)　代名詞は直前の名詞や文を指すことが多い。ここでは直前の文を指すから，④が適切。

(3)　前の２文「1900年のパリオリンピックで女性参加者が圧倒的に少なかった」理由だから，③が適切。

(4)　第３段落３～４行目より，男女混合競技の例だから，③が適切。

(5)　第４段落で述べられている女性の参加者が増加していることを指すから，④が適切。

(6)　it is not good for girls to do sports：・It is … for＋人＋to～「（人）にとって～することは…だ」の構文。

(7)　第１段落２文目と一致する①，第４段落の内容と一致する⑤が適切。

【本文の要約】

次のオリンピックは2024年にパリで開催される。(7)①近代のオリンピックは1896年にギリシャのアテネで始まった。長い歴史上で初めて，パリオリンピックでは(1)②「性差がないこと」が達成されるであろう。これは男性と女性の人数が同じであることを意味する。

女性が初めてオリンピックに参加したのは1900年のパリオリンピックであった。当時は，997人のアスリートのうち，女性は22人でその割合は2.2%にすぎなかった。これは多くの人々が「スポーツは男子がするもの」と考えていたからである。1964年の東京オリンピックでは，日本の女子バレーボールチームが金メダルを獲得して「東洋の魔女」と呼ばれたが，女性の割合はまだ13.2%にすぎなかった。

もし男性だけがオリンピックに参加するなら，関心も低く，時代に合わないだろう。このような理由から，ＩＯＣ（国際オリンピック委員会）は目標を達成するために女性の競技を採用している。日本では人気がある女子レスリングは，2004年のアテネオリンピックで新競技としてスタートした。さらに最近では，混合競技が増えている。このような競技では男女が共に参加する。例えば，東京オリンピックでは，卓球で混合ダブルスが行われた。

(7)⑤オリンピックの女性参加率は，2012年のロンドンオリンピックが44.2%，2016年のリオデジャネイロオリンピックが45.6%，東京オリンピックが48.8%と増え続けている。パリオリンピックでは50%になるだろう。

この流れを歓迎しない人々もいる。例えばイスラム教信者は，女性がスポーツをするのは好ましくない，という考えを持っている。しかしながらＩＯＣはイスラム世界からのオリンピック参加を奨励しており，参加者は増加している。世界中のより多くの女性がスポーツ競技に参加する機会を得ることが期待されている。

《2023　理科　解説》

1　**問１**　上面の面積を10×３＝30(m^2)とすると，上面の上にある海水の体積は30×１＝30(m^3)である。海水の密度を１g/cm^3とすると，30m^3(30000000cm^3)の海水の重さは30000000gであり，100gの物体にはたらく重力の大きさを１Nとすると，30m^3の海水にはたらく重力の大きさは$\frac{30000000}{100}$＝300000(N)→3×10^5(N)である。

問２　上面にかかる力は，その上にある海水の体積に比例する。ここでは深さに比例すると考えればよいので，深さが6500mのときに上面にかかる力は問１の6500倍である。よって，$3\times10^5\times6500=19500\times10^5=1.95\times10^4\times10^5=1.95\times10^9$(N)より，(2)は②が適当である。また，〔圧力(Pa)＝$\frac{力(N)}{面積(m^2)}$〕より，このときの上面にかかる水圧は$\frac{1.95\times10^9}{30}=0.065\times10^9=6.5\times10^7$(Pa)より，(1)は⑤が適当である。

問３　標高０mにおける大気圧は平均1013hPaで，これを１気圧としている。

問４　標高が高い地点ほどその上にある空気の量が少ないので，大気圧が小さくなる。よって，山の山頂に風船を持って行くと，風船の中の気圧は変わらないが，大気圧が小さくなる(周りから押さえつけられる力が小さくなる)ので，風船は膨らむ。

問５(1)　空気中では約340m/s，鉄の中では約6000m/sの速さで伝わる。　(2)　音は空気や水など，振動する物体があることで伝わる。宇宙はほぼ真空状態であり，振動する物体がないため，音は伝わらない。

2　**問２**　一番近いときと一番遠いときの距離の差は２億3000万－7000万＝１億6000万(km)である。また，秒速15kmは，１日→3600×24(秒)で15×3600×24＝1296000(km)→約130万km移動する速さだから，時間の差は$\frac{１億6000万}{130万}$＝123.0…(日)である。

問３　$\frac{7000万}{30万}$＝233.3…(秒)より，約３分53秒となる。

問４　太陽のように自ら光っている天体を恒星《こうせい》といい，太陽系には地球などの太陽のまわりを回っている８つの惑星《わくせい》がある。月などのように，惑星のまわりを回っている天体を衛星という。

問５　太陽系の惑星は，太陽に近いものから順に，水星，金星，地球，火星，木星，土星，天王星，海王星の８つである。これらのうち，水星から火星までの４つの惑星を地球型惑星，木星から海王星までの４つの惑星を木星型惑星という。

3　**問１**　炭酸水素ナトリウムを加熱すると，炭酸ナトリウムと二酸化炭素と水に分解される〔$2NaHCO_3 \rightarrow Na_2CO_3+CO_2+H_2O$〕。ベーキングパウダーは炭酸水素ナトリウムの分解によって発生した二酸化炭素によって生地をふくらませる。二酸化炭素は空気よりも密度が大きいので，上方置換法で集めるのに適していない。

問２　④×…酸素に関する記述である。

問３　②×…問１解説より，Yは水である。１つの水分子は３つの原子からなるが，元素の種類は水素〔H〕と酸素〔O〕の２種類である。

問４　反応前の炭酸水素ナトリウムと反応後にできる炭酸ナトリウムはどちらも水に溶けるとアルカリ性を示すが，炭酸ナトリウムの方が強いアルカリ性を示す。これは，二人の会話とメモから読みとることができる。pHの値が７のときが中性で，７より大きいほどアルカリ性が強いから，炭酸水素ナトリウムが炭酸ナトリウムに変化することでpHの値は大きくなる。

問５　〔(ア)$C_6H_8O_7$＋(イ)$NaHCO_3 \rightarrow Na_3C_6H_5O_7+3H_2O$＋(ウ)$CO_2$〕について，反応の前後で原子の種類と数が等しくなるようにア～ウの係数を求める。まず，Naに着目する。反応後の数は３個だから，イには３があてはまる。次に，Hに着目する。反応後の数は５＋３×２＝11(個)であり，イに３をあてはめると，$C_6H_8O_7$に含まれる数は11－３＝８(個)になるから，アには１があてはまる。最後に，Cに着目する。アに１，イに３をあてはめると，反応前の数は６＋３×１＝９(個)であり，$Na_3C_6H_5O_7$には６個含まれているから，CO_2に含まれる数は９－６＝３(個)であり，ウには３があてはまる。

4　**問３**(1)　純系の丸形はＲＲ，純系のしわ形はｒｒと表せる。ＲＲとｒｒをかけあわせてできた子の代の遺伝子の組み合わせはすべてＲｒであり，子の形質がすべて丸形になったから，丸形が顕性(しわ形が潜性)だとわかる。よって，Ｒｒの自家受粉でできた孫の代の遺伝子の組み合わせとその割合は，ＲＲ《丸形》：Ｒｒ《丸形》：ｒｒ《しわ形》＝１：２：１となり，形質の割合は，丸形：しわ形＝(１＋２)：１＝３：１となる。　**(3)**　(1)解説のとおり，丸形にはＲＲとＲｒがあり，しわ形はｒｒだけである。ＲＲとｒｒをかけあわせたときにはＲｒ《丸形》しかできない。これに対し，Ｒｒとｒｒをかけあわせたときには，Ｒｒ《丸形》：ｒｒ《しわ形》＝１：１となる。

《2023　社会　解説》

1　**問１**　③　経度差 15 度で１時間の時差が生じ，日付変更線を越えない場合，東に位置するほど時刻は進んでいる。地図を見ると，カタールは東経 45 度あたりに位置し，日本は東経 135 度の経線を標準時子午線としているから，経度差は 135－45＝90(度)，時差は 90÷15＝６(時間)になる。カタールより東に位置する日本の方が時刻は進んでいるから，カタールの時刻に６時間を加えた，2022 年 11 月 23 日 22：00 になる。

問３　④　カタールの首都ドーハは，一年中降水量が少ない砂漠気候である。

問４　③　ムハンマドは，７世紀初頭にイスラム教を開いたと言われている。①は唯一神，②は聖典，④は断食の期間を意味する。

問５　①　②は新興工業経済地域，③は東南アジア諸国連合，④はアジア太平洋経済協力の略称。

問７　④　①はアフリカ大陸南端の喜望峰を通って，インドに到達した冒険家。②は艦隊が世界一周に成功した冒険家。③は「ダビデ像」「最後の審判」などで知られる芸術家。

問８　③　スペインの首都マドリードは，夏に乾燥し，冬に雨が降る地中海性気候である。

問９　③　ビートは寒い地域でつくられる植物で，てんさいとも呼ばれる。地中海沿岸の農家は，乾燥する夏に，乾燥に強いオリーブやかんきつ類を栽培し，冬に小麦などを栽培する地中海式農業を営む。

問 10　③　①はロシア革命の指導者。②は第２次世界大戦中にイタリアでファシスト党を率いた独裁者。④は第一次世界大戦のときに民族自決や国際連盟の設立を唱えたアメリカの大統領。

問 11　②　アメリカを中心とした西側諸国は北大西洋条約機構(ＮＡＴＯ)を結成し，ソ連を中心とした東側諸国はワルシャワ条約機構を結成した。独立国家共同体は，ソ連が崩壊したときに成立した国家連合である。

問 13　②　ドイツの首都ベルリンは，１年を通して降水量と気温が安定した西岸海洋性気候である。

問 14　②　宗教改革は，ドイツでルターが，スイスでカルヴァンやツヴィングリが行った。

問 15　②　①はＧＮＰ，③はＧＮＩ，④はＮＩ。

問 17　①　コスタリカの首都サンホセは，北半球の赤道に近い場所にあるため，１年を通して気温が高い。

問 18　④　コスタリカは熱帯に属するため，温帯から冷帯で栽培する小麦は適さない。

2　**問１**　②　名誉革命で，国王は議会の承認なしに法律を停止できないこと，議会のなかでの言論の自由を認めるなどを定めた権利の章典が発布された。

問２　④　1776 年７月４日，アメリカは独立宣言を発表し，1783 年のパリ条約でイギリスから独立した。1789 年８月 26 日，フランスの国民議会によって，人権宣言が採択された。

問３　③　日本では，行政権は内閣，立法権は国会，司法権は裁判所がもち，均衡と抑制を保っている。

問４　③　ロックは，『統治二論(市民政府二論)』で抵抗権(革命権)を唱えたイギリスの思想家。『社会契約論』はフランス人のルソーが著した。

問５　②　ルソーは『社会契約論』を著した啓蒙思想家。スターリンは五か年計画を実行したソ連の指導者。レーニンはロシア革命を進めた指導者。

問６　②　　①は太陽王と呼ばれたフランスの国王。③はアメリカの初代大統領。④は奴隷解放宣言・ゲティスバーグの演説などで知られるアメリカの大統領。

問７　④　　南京条約でイギリスに割譲され，1997 年に中華人民共和国に返還された。

問８　③　　太平天国の乱は，拝上帝会(キリスト教をもとにした宗教団体)を組織した洪秀全が起こした乱である。

問９　①　　②は『アンクルトムの小屋』の作者，③はイギリスの首相，④は『アンネの日記』の著者。

問 10　③　　ラクスマンが根室に来航し開国をせまると，幕府は長崎で対応するとして，ラクスマンに長崎港への入港許可証を与えた。しかし，ラクスマンは長崎に行かずロシアに帰った。その後，ラクスマンが得た入港許可証の写しをもったレザノフが長崎に現れた。

問 11　③　　Ｘ．誤り。Ｙ．正しい。日米和親条約では，下田(静岡県)と函館(北海道)の２港が開かれた。

問 12　④　　安政の五か国条約は，アメリカ・イギリス・フランス・ロシア・オランダと結んだ条約である。

問 13　②　　Ⅰ(1858 年)→Ⅲ(1860 年)→Ⅱ(1863 年)→Ⅳ(1866 年)

問 14　④　　第 15 代将軍徳川慶喜が，政権返上後も新たな政権の中で権力を維持しようと考え，大政奉還を行うと，天皇中心の政治に戻すことを宣言する王政復古の大号令が発せられ，新しい政府がつくられた。

問 15　④　　Ｘ．誤り。五箇条の誓文は，明治政府の国策の基本を示したものだから，四民平等とは直接の関連性はない。Ｙ．誤り。五榜の掲示には，キリスト教の布教の禁止の内容が書かれていた。

問 16　①　　ｂ．誤り。男子だけでなく６歳以上の男女を全て小学校に通わせることを義務とした。ｄ．誤り。戸主や跡継ぎ，官吏や学生，一定の金額を納めた者は兵役を免除されたため，実際の兵役についた者は，次男・三男などが中心であった。

問 17　②　　ｂ．誤り。納税は物納から現金に変更された。ｃ．誤り。納税は土地所有者が行った。

3　問２　②　　③が正しいので②は誤りである。

問３　③　　ドント式の求め方は右表を参照。

	みかん党	りんご党	いちご党	バナナ党
得票数	600	480	240	120
得票数÷１	600❶	480❷	240❹	120
得票数÷２	300❸	240❹	120	60
得票数÷３	200❺	160	80	40
獲得議席	3	2	1	0

丸数字は議席獲得順を示している。

問４　④　　与党である自由民主党から，第９条を改正し，憲法に「自衛隊」を明記することや，「自衛権」についても言及すべきとの声が上がっている。

問６　④　　自衛隊が国連平和維持活動(ＰＫＯ)を始めたのは，1992 年のカンボジアであった。その後，数多くの平和維持活動に参加し，2023 年７月現在も数名の自衛隊員が南スーダンに派遣されている。

問７　③　　2015 年，安倍晋三内閣のとき，安全保障関連法が成立し，集団的自衛権の行使が可能になった。

問８　①　　日本の領域内の日本またはアメリカ軍に対する他国の武力攻撃に対して，共同して日本防衛にあたるとされている。また，そのために米軍の駐留を認め，米軍が使用する施設・区域を必要に応じて提供できる体制を確保するとされている。

問９　③　　憲法改正については，衆議院と参議院の各議院の総議員の３分の２以上の賛成をもって，国会が憲法改正の発議をし，国民投票において，有効投票の過半数の賛成が得られれば，天皇が国民の名において，憲法改正を公布する。

問 10　①　　2007 年に憲法改正国民投票法が制定され，投票権は満 18 歳以上の国民に認められている。ただし，制定時には，公職選挙法の選挙年齢や民法の成年年齢について検討し，満 18 歳以上が国政選挙で投票できるように法改正を行うまでは満 20 歳以上に認められるとされた。

2022 解答例 令和４年度

★至学館高等学校

《国　語》

一　問一．①(エ)　②(ア)　③(ウ)　④(イ)　⑤(ア)　⑥(イ)　問二．(イ)　問三．唇　問四．(イ)

問五．(エ)　問六．ひたすら投げこめ　問七．父さんに大事にされる傑に対する、どうしようもない嫉妬の感情。　問八．最初…どうしよう　最後…ないんだ？　問九．１．父さん　２．内側　問十．憎しみや嫉妬のどろどろした感情　問十一．①いろいろなことをあきらめなくてよかった〔別解〕絶対プロになって、甲子園に帰ってきたい　②東京に帰るのは、やめます〔別解〕ここに踏みとどまります。　問十二．大地の、傑に対して嫉妬したり、人からの感謝を求めたりする感情。　問十三．選手の笑顔や涙によりそい、日々風や雨や太陽を感じて土や芝によりそうというもの。　問十四．１．グラウンドキーパー　２．心〔別解〕魂

二　問一．①(イ)　②(ウ)　③(ア)　④(ア)　⑤(エ)　⑥(エ)　問二．【Ⅱ】　問三．X．(エ)　Y．(ウ)

Z．(エ)　問四．(ウ)　問五．大人が自分のために読む作品としての絵本だという意識。　問六．(イ)

問七．(エ)　問八．①子どもに読んで聴かせる絵本という視点　②ⅲ　問九．(ウ)

問十．㋐(キ)　㋑(ウ)　㋒(イ)　㋓(ア)

三　問一．(Ⅰ)(キ)　(Ⅱ)(エ)　(Ⅲ)(ケ)　(Ⅳ)(オ)　問二．①筆　②五　③石　④良薬

《数　学》

1　(1)-12　(2)$\frac{7x-7y}{12}$　(3)$-\sqrt{15}$

2　(1)$x=6,\ 8$　(2)$a=5$　$b=-5$　(3)120 g　(4)4 組　(5)10 個　(6)1　(7)$\frac{1}{2}$

3　(1)毎分２リットル　(2)18 分後

4　(０，３)

5　(1)3　(2)1：8

6　ア．G　イ．23

7　(1)$\frac{9}{2}$　(2)$105°$

8　29 個

《英　語》

1　横１．person　横２．homework　横３．scissors　横４．basketball

縦ア．impossible　縦イ．ski　縦ウ．bookshelf　縦エ．rabbit　縦オ．island

2　１．ウ　２．イ　３．オ　４．エ　５．ア

3　１．ウ　２．ア　３．エ　４．イ　５．イ

4　１．②／rises　２．③／like　３．①／told　４．③／interested

5　［２番目／５番目］　１．［オ／ウ］　２．［ア／エ］　３．［エ／イ］　４．［ア／オ］　５．［オ／ア］

6　１．イ　２．ウ　３．イ　４．イ　５．ウ

7　１．ア　２．ウ　３．ウ　４．エ

8　１．イ　２．ア　３．ウ　４．エ　５．ア

《理　科》

1　(1)炭水化物　(2)イ　(3)エ　(4)オ　(5)A．オ　B．ア　C．ウ

2　(1)1．ウ　2．オ　3．ア　4．エ　(2)7.4 km/s

3　(1)誘導電流　(2)磁石を速く動かす。／磁力が強い磁石に変える。／コイルの巻き数をふやす。などから1つ
(3)ア，イ，ウ，エ　(4)Y　(5)N極　(6)0.0038kWh　(7)0.71円

4　(1)リチウムイオン電池　(2)二次電池　(3)燃焼　(4)エ．外炎　オ．内炎　カ．炎心　(5)キ
(6)サ．1　シ．8　ス．18　セ．18　ソ．すす

《社　会》

1　問1．(1)イ　(2)UNESCO　(3)(エ)　問2．①ラクスマン　②根室　問3．(エ)　問4．B
問5．(イ)　問6．(ウ)　問7．奥羽山脈

2　問1．(エ)　問2．(ア)　問3．(ウ)→(ア)→(イ)→(エ)　問4．平清盛　問5．(ウ)　問6．倭寇
問7．大阪府　問8．(ウ)　問9．オランダ　問10．(イ)→(ウ)→(エ)→(ア)　問11．(エ)
問12．(イ)　問13．真珠湾　問14．(イ)　問15．タリバン

3　問1．(エ)　問2．サハラ砂漠　問3．(ウ)　問4．(ア)　問5．バチカン市国　問6．(オ)
問7．パイプライン　問8．(ア)，(エ)　問9．ミャンマー　問10．b

4　問1．秘密選挙　問2．(エ)　問3．(イ)，(エ)　問4．(ア)，(イ)，(エ)，(キ)
問5．小選挙区比例代表並立制　問6．期日前投票制度　問7．(ア)，(イ)　問8．連立政権

5　問1．(ウ)　問2．(イ)　問3．(ウ)　問4．(ア)　問5．(エ)　問6．WHO　問7．(ウ)

《2022　国語　解説》

一 問二　直前に「俺らピッチャーが主役や」とあるので、(イ)の「花形」(中心となる華やかな者。人気があって注目を集めている者)が適する。

問三　――⑥の下にある「唇」を入れる。「唇を噛みしめる」は、怒りや悔しさなどをこらえる様子。

問四　「俺らピッチャーが主役や～そういう気概でいかな、簡単に打たれるで」と言っていることに(ア)が、「ひたすら投げこめ～バカは相手にするな」「あいつの球を～思わせたら勝ちや～お前の努力を認めるヤツは必ずおる」と言っていることに(ウ)が、「一度折れたら、簡単には戻ってこれへんぞ。だから、踏みとどまれ」と言っていることに(エ)が適する。「それでも、あかんかったら～独立リーグでも、なんでも行ったらええ」とは言っているが、これを言うために、――Aと言ったわけではない。よって、(イ)が不適当。

問五　「鋼鉄」は、きわめてかたいことのたとえに使われる。聞く者の心に、強く、そして、ずしりと重く響く言葉だったということ。よって、(エ)が適する。だから「一志は真正面から～受けとめる」という様子なのである。

問六　直前の「あいつの球を、受けてみたい～あいつの球を打ってみたいって～思わせたら勝ちや」は、その前で言った「最初は～ひたすら投げこめ」ということをふまえたものである。ピッチャーとして努力を続けていれば、それを認めて味方になってくれる人がいるはずだということ。

問七　「その感情」とは、直前の「傑《すぐる》に――父さんに大事にされる傑に――どうしようもなく嫉妬していた」という感情を指している。

問八　直前の「その」が指している内容。「どうしようもなく、くるおしいほど～なんで、俺にはなんにもないんだ？」という三文で、傑に対する嫉妬の気持ちを具体的に述べている。

問九　「不透水層」は、「俺の心のなかの水分～蒸発し、土壌は～まるで水分をとおさなくなっていた」と同じ意味のたとえ。――Fの直後に「そのことに、ずっと目をそむけつづけてきた」とある。これは、「嫉妬の炎は～俺の内側でずっと燃え上がっていた。それに見て見ぬふりをしてきた」と同じ。「父さんに大事にされる傑」への嫉妬は、「傑を褒める父さんを、俺のほうにも振り向かせたくてしかたがなかった」という気持ちと結びついている。

問十　「むき出しにされ、あばかれた」とあるから、これまで「見て見ぬふりをしてきた」「ずっと目をそむけつづけてきた」感情のことだと読み取れる。ここで大地が自覚したのは、傑に対する嫉妬の感情である。これを十五字で表現したのは、――Gの次行の「憎しみや嫉妬のどろどろした感情」。

問十一①　長谷さんに助けられた一志が、「あのときは、絶対プロになって、甲子園に帰ってきたいと思いました。もちろん、今も……」「いろいろなことをあきらめなくてよかったと、心の底から思います。東京に帰るのは、やめます」「なんとしてもここに踏みとどまります」と言っている。

問十二　「そんな」は、前行の「嫉妬」や「感謝を求める」感情を指す。それらは、「俺」(大地)の心のなかにあり続けた気持ちである。「嫉妬」と「感謝を求める」が、それぞれどのような気持ちなのかを含めて説明する。

問十三　長谷さんが言った「それが、グラウンドキーパーの醍醐味や」の「それ」が指す内容、つまり、「選手の笑顔によりそうんや」「選手の涙によりそうんや」「冷静に周囲を見渡せ。風や雨や太陽を日々、感じるんや。土や芝によりそうんや」をまとめる。

問十四　傑への嫉妬や父から認められたいという思いからではなく、自分として「純粋に、土と、芝と向きあいたかった～プロのグラウンドキーパーになりたかった」という気持ちになっている大地が、先輩である長谷さんから、グラウンドキーパーの仕事の醍醐味について教えてもらったのである。ここで長谷さんが語ったことからは、長谷さん自身の仕事に対する向き合い方や、グラウンドキーパーとしての固い信念が感じられる。

二 **問二**　入れる一文に「絵本のコーナー」とあるので、「本屋」の中のことだとわかる。そこに立って、「いくつかの絵本を手にとり」とつながる。よって、【　Ⅱ　】に入る。

問五　――Cの２行前で「そして気がついたのは、大人が自分のために読む作品としての絵本、そういう意識がとても大事なんじゃないかということでした」と述べている。

問六　「子どもとのあいだにできる時間と空間」は、絵本を読み聞かせている状態。直前に「読む声のトーン、あるいはその肉声、そういうもので」できるものだとある。――Bの直後にあるとおり「自分も感情移入して、それなりの抑揚をつけた読み方」をすることで、絵本の世界を表現しているのである。そのようにして絵本の世界を共有した子どもと大人に生じるものなので、(イ)が適する。

問七　「それなしに」の「それ」が何を意味するのか、つまり、何がないから伝わらないと言っているのかを読み取る。直前の「大人自身が～どれだけ入りきれているのか～どこまで読みこんでいるのか～自分が本当に～感動したり、いろんなものをわが身の問題として感じとっているのか」ということについて、大人自身ができていなければ、子どもにも伝わらないと言っているのである。よって、下線部にあたる(エ)が適する。

問八①　「絵本論」とは、絵本とはどういうものか、という理論。ここでの「本道」は、正当な道すじ、正しく中心的な道すじ、という意味。まず、――Eが、筆者が本文で述べている「大人が自分のために読む作品としての絵本」とはちがう見方であることをおさえる。そのうえで、「大人が自分のために」とは異なる絵本のとらえ方が示されている部分を探す。――Cの前行で「松居さんが子どもに読んで聴かせる絵本という視点でお話しになった。それはもちろん一番大事なことですし」と述べていることから、筆者が「児童文学者や絵本の専門家の絵本論の本道」と言っている内容が読み取れる。　②　----ⅰとⅱは、「子どもに読んで聴かせる絵本という視点」に関すること。----ⅲは、筆者の「絵本論」、つまり、絵本は「大人が自分のために読む作品」でもある、「大人自身が～感動したり～わが身の問題として感じとっている」という読み方ができるものだということを指している。

問九　――Fの前行に「『人生後半に読むべき絵本』『人生に三度読むべき絵本』」とあり、それについて「『人生に三度』とは～人生の後半に入った時～老いを意識したり、病気をしたり、あるいは人生の起伏を振り返ったりするようになると、絵本から～深い意味を読み取ることが少なくないと思うのです」と説明している。この部分から、(ウ)の「多くの経験を経て読み取れるものがある」ということが読み取れる。

問十㋐　「しばらく」は、どのくらいの時間呆然としていたのかを説明する言葉。自立語で活用がなく、用言を修飾しているので、副詞。　㋑　「なにげなく」の終止形は「なにげない」。言い切りの形が「い」で、「かろ／かっ・く／い／い／けれ／○」と活用するので、形容詞。　㋒　「語ら」の終止形は「語る」。「ら・ろ／り・っ／る／る／れ／れ」と活用する、ラ行五段活用の動詞。　㋓　自立語で活用がなく、主語になることができる。「発見する」であれば動詞(サ行変格活用)だが、「発見」は名詞。

三 **問二①**　「弘法にも筆の誤り」は、書の名人であった弘法大師でも書き間違いをすることがあるように、その道にたけた人であっても失敗することがあるというたとえ。　②　「一寸の虫にも五分の魂」は、小さな虫にも命があるように、どんなに弱小の者にも誇りや意地や考えがあるため、ばかにしてはいけないというたとえ。

③　「石の上にも三年」は、冷たい石でも、その上に三年もの長いあいだ座り続けていれば暖まることから、辛くとも辛抱を続ければ報われるという意味。　④　「良薬は口に苦し」は、効き目のある良い薬は苦くて飲みにくいことから、正しい指摘や注意などは素直に聞き入れるのが難しいが、本人のためになるものだというたとえ。

《2022 数学 解説》

1 (1) 与式$=2\{(-2)^2-10\}=2(4-10)=2\times(-6)=-12$

(2) 与式$=\dfrac{4(x-y)-3(y-x)}{12}=\dfrac{4x-4y-3y+3x}{12}=\dfrac{7x-7y}{12}$

(3) 与式$=\left(\dfrac{\sqrt{5}-\sqrt{3}}{2}+\dfrac{\sqrt{5}+\sqrt{3}}{2}\right)\left(\dfrac{\sqrt{5}-\sqrt{3}}{2}-\dfrac{\sqrt{5}+\sqrt{3}}{2}\right)=\sqrt{5}\times(-\sqrt{3})=-\sqrt{15}$

2 (1) **【解き方】$x-3=A$とおくと，$A^2-8A+15=0$　　$(A-3)(A-5)=0$**

Aを元に戻すと，$(x-3-3)(x-3-5)=0$　　$(x-6)(x-8)=0$　　$x=6$，8

(2) **【解き方】$3x-2y=-6$…①，$y=2x+a$…②，$2x-y=b$…③，$x+y=-7$…④とする。**

２つの連立方程式の解が一致するということは，①～④のどの式をとっても同じ解になるということである。

そこで，a，bを含んでいない①と④の連立方程式を解くと，$x=-4$，$y=-3$になるから，

②に$x=-4$，$y=-3$を代入すると，$-3=-8+a$　　$a=5$

③に$x=-4$，$y=-3$を代入すると，$-8+3=b$　　$b=-5$

(3) **【解き方】水を加える前と後の食塩の量が等しいことを式で表す。**

加える水の量をxgとすると，水を加える前の食塩の量は，$200\times\dfrac{8}{100}=16$(g)

水をxg加えると，５％の食塩水が$(200+x)$gできるから，水を加えた後の食塩の量は，$\dfrac{5}{100}(200+x)$(g)

したがって，$\dfrac{5}{100}(200+x)=16$が成り立つ。これを解くと，$x=120$になるから，加える水の量は，120g

(4) **【解き方】$y=10-2x$より，$y=2(5-x)$　　yは自然数だから，$5-x$も自然数になる。**

xは自然数だから，$5-x$を自然数にするxは，1，2，3，4の４個ある。yはxの１次関数だから，xの１つの値に対してyの値も１つあるので，等式を満たす自然数x，yは全部で４組ある。

(5) **【解き方】$-2\sqrt{3}=-\sqrt{12}$，$3\sqrt{5}=\sqrt{45}$より，$-\sqrt{12}<n<\sqrt{45}$を満たす整数nを求める。**

$\sqrt{9}<\sqrt{12}<\sqrt{16}$より，$3<2\sqrt{3}<4$だから，$-4<-2\sqrt{3}<-3$である。

また，$\sqrt{36}<\sqrt{45}<\sqrt{49}$より，$6<3\sqrt{5}<7$である。したがって，$-\sqrt{12}<n<\sqrt{45}$を満たす整数nは，$-3$から6までの10個ある。

(6) **【解き方】３点が同一直線上にあるとき，３点から２点を選んでつくる傾きが等しくなる。**

点$(-3, -7)$と点$(x, 5)$の間の傾きは，$\dfrac{5-(-7)}{x-(-3)}=\dfrac{12}{x+3}$

点$(-3, -7)$と点$(4, 14)$の間の傾きは，$\dfrac{14-(-7)}{4-(-3)}=3$だから，$\dfrac{12}{x+3}=3$が成り立つ。

$12=3(x+3)$より，$4=x+3$　　$x+3=4$　　$x=4-3=1$

(7) **【解き方】大小２個のさいころを投げるときの確率は，右表のような6×6のマス目を利用する。**

大小２個のさいころを投げるときの出る目は，$6\times6=36$(通り)ある。

このうち，$a+2b$の値が10より大きくなる場合は，右表で○印をつけた18通りあるから，求める確率は，$\dfrac{18}{36}=\dfrac{1}{2}$

		b					
		1	2	3	4	5	6
		2b					
		2	4	6	8	10	12
a	1	3	5	7	9	⑪	⑬
	2	4	6	8	10	⑫	⑭
	3	5	7	9	⑪	⑬	⑮
	4	6	8	10	⑫	⑭	⑯
	5	7	9	⑪	⑬	⑮	⑰
	6	8	10	⑫	⑭	⑯	⑱

3 (1) **【解き方】グラフの横軸が時間(分)で，縦軸が体積(リットル)だから，グラフの傾きは１分間に増える水の量を表している。**

$0<x<5$のグラフの傾きが$\dfrac{15-0}{5-0}=3$で，$5<x<10$のグラフの傾きが$\dfrac{40-15}{10-5}=5$である。

蛇口Aからは毎分３リットルの水が入り，蛇口Aと蛇口Bの両方で毎分５リットルの水が入るから，

蛇口Bから入る水の量は，毎分(５－３)リットル＝毎分２リットル

⑵　**【解き方】蛇口Ａを開いてから10分後以降は，毎分５リットルの割合で水を入れながら，毎分10リットルの割合で排水するので，結果として毎分(10－５)リットル＝毎分５リットルの割合で水は減っていく。**
排水し始めたとき容器には40リットルの水があるから，排水し始めてから排水し終わるまでに，40÷５＝８(分)かかる。これは蛇口Ａを開いてから，10＋８＝18(分後)である。

4　**【解き方】右のように点Ａとy軸について対称な点Ａ′を作図すると，△Ａ′ＣＰ≡△ＡＣＰになるので，Ａ′Ｐ＝ＡＰである。**

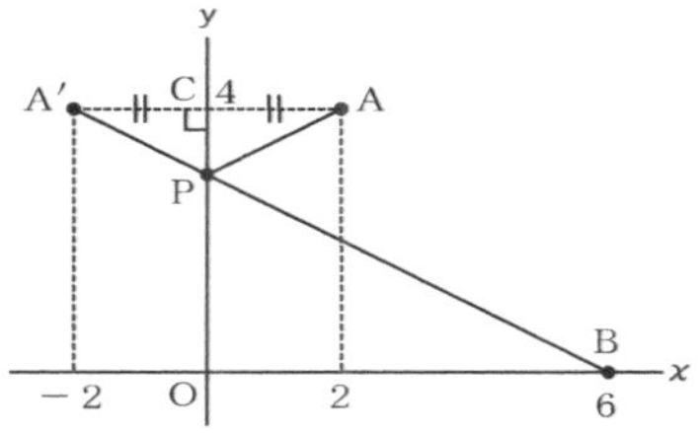

ＡＰ＋ＢＰ＝Ａ′Ｐ＋ＢＰだから，Ａ′Ｐ＋ＢＰの最も短い長さを考える。
Ａ′Ｐ＋ＢＰが最も短くなるのは，点Ｐが直線Ａ′Ｂ上にあるときである。
Ａ′(－２，４)とＢ(６，０)を通る直線の式を，$y=mx+n$とおく。
点Ａ′を通るから，４＝－２ｍ＋ｎ…①　　点Ｂを通るから，０＝６ｍ＋ｎ…②
①と②の連立方程式を解くと，$m=-\frac{1}{2}$，ｎ＝３になるから，点Ｐの座標は，Ｐ(０，３)

5　⑴　**【解き方】直線ＡＢの傾きが２ということは，放物線$y=x^2$において，xの値がａ－４からａまで増加するときの変化の割合が２になるということである。**
放物線$y=kx^2$において，xの値がｐからｑまで増加するときの変化の割合は，ｋ(ｐ＋ｑ)で求められるから，
１×(ａ－４＋ａ)＝２が成り立つ。これを解くと，２ａ－４＝２　　２ａ＝６　　ａ＝３

⑵　**【解き方】右のように作図すると，ＢＤ//ＰＣだから，ＰＢ：ＢＡ＝ＣＤ：ＤＡになる。**

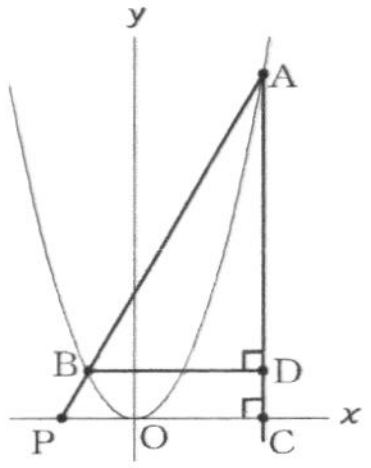

⑴より，点Ａのx座標は３だから，y座標は，$y=3^2=9$　　Ａ(３，９)
点Ｂのx座標は３－４＝－１だから，y座標は，$y=(-1)^2=1$　　Ｂ(－１，１)
Ｃ(３，０)，Ｄ(３，１)だから，ＣＤ＝１－０＝１，ＡＤ＝９－１＝８
よって，ＰＢ：ＢＡ＝ＣＤ：ＤＡ＝１：８

6　**【解き方】２点Ｐ，Ｑとそれ以外の１点を通る平面で切るとき，切り口の図形は，右図のように三角形→四角形→六角形→五角形と変化していく。**

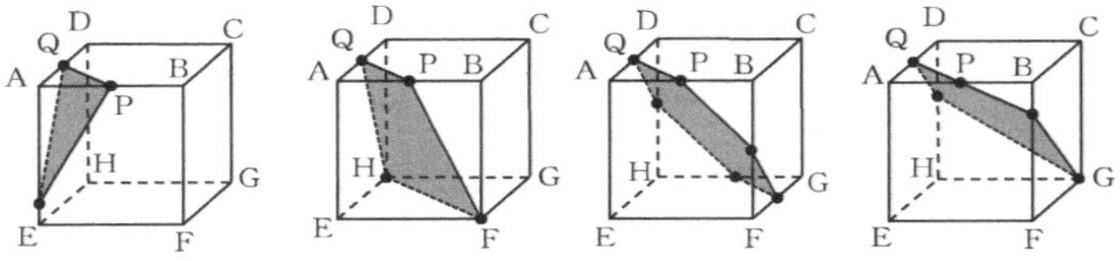

辺ＡＥ上を通るときの切り口は三角形，辺ＥＦ上を通るときの切り口は四角形，辺ＦＧ上を通るときの切り口は六角形，辺ＧＣ上を通るときの切り口は五角形になるから，点$_ア$Gを通るように切ると，切り口は五角形になる。
点Ｅを通るように切ると，点Ａが含まれている方の立体は，右図の三角すいＥ－ＡＰＱになる。ＡＱ＝ＡＰ＝４÷２＝２(㎝)，ＡＥ＝４㎝だから，

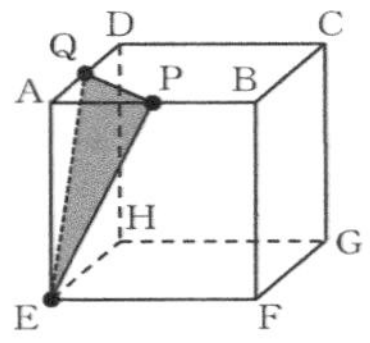

前倉さんに渡す消しゴムの体積は，$\frac{1}{3}\times(2\times2\div2)\times4=\frac{8}{3}$(㎤)
消しゴム全部の体積は４×４×４＝64(㎤)だから，消しゴム全部と前倉さんに渡す消しゴムの体積の比は，64：$\frac{8}{3}$＝24：１
石田さんの消しゴムの体積と前倉さんに渡す消しゴムの体積の比は，(24－１)：１＝23：１だから，
石田さんの消しゴムの体積は，前倉さんに渡す消しゴムの体積の$_イ$23倍である。

7　⑴　**【解き方】△ＡＥＦと△ＤＧＥにおいて，∠Ａ＝∠Ｄ＝90°…①**
△ＡＥＦで外角の性質から，∠Ａ＋∠ＡＦＥ＝∠ＦＥＤ…②，図より，∠ＦＥＤ＝∠ＦＥＧ＋∠ＤＥＧ…③
∠Ａ＝∠ＦＥＧ＝90°だから，②，③より，∠ＡＦＥ＝∠ＤＥＧ…④　　①，④より，２組の角がそれぞれ等しい

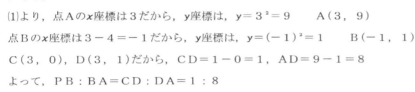

から，△ＡＥＦ∽△ＤＧＥである。

ＡＦ＝ＡＢ－ＢＦ＝ＡＢ－ＥＦ＝９－５＝４

△ＡＥＦ∽△ＤＧＥより，ＡＦ：ＤＥ＝ＡＥ：ＤＧ　　４：(９－３)＝３：ＤＧ　　４ＤＧ＝18　　ＤＧ＝$\frac{9}{2}$

⑵　【解き方】円周を12等分したとき，円周の$\frac{1}{12}$の長さの弧に対する中心角の大きさは，360°×$\frac{1}{12}$＝30°だから，円周の$\frac{1}{12}$の長さの弧に対する円周角の大きさは，30°÷２＝15°になる。また，弧と円周角は比例する。

$\overset{\frown}{AC}$の長さは円周の$\frac{1}{12}$の弧の長さの２倍だから，∠ＡＥＣ＝15°×２＝30°

$\overset{\frown}{EH}$の長さは円周の$\frac{1}{12}$の弧の長さの３倍だから，∠ＥＣＨ＝15°×３＝45°

△ＰＣＥにおいて，三角形の内角の和から，∠ＣＰＥ＝180°－∠ＣＥＰ－∠ＥＣＰ＝180°－30°－45°＝105°

対頂角は等しいから，∠ＡＰＨ＝∠ＣＰＥ＝105°

８　【解き方】$y=3x$…①と$y=-\frac{2}{3}x+6$…②の交点をＰ，①とx軸の交点をＱとする。

右図の△ＰＯＱの周上および内部の格子点を数える。

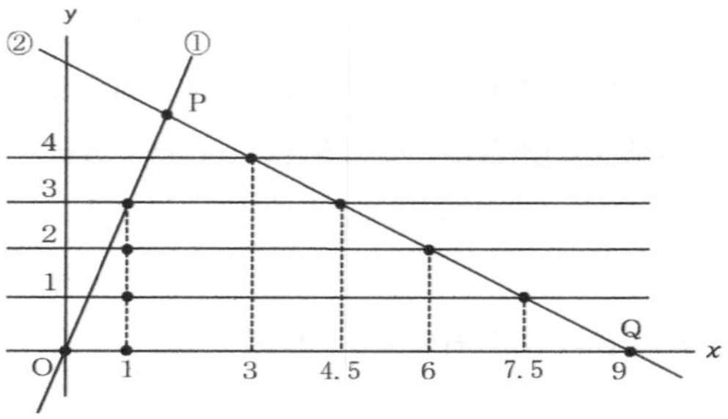

点Ｐの座標を①と②の連立方程式を解いて求めると，Ｐ($\frac{18}{11}$，$\frac{54}{11}$)になる。$\frac{54}{11}$＜５だから，y＝０からy＝４に対応する①と②のxの値を求める。

y＝０のとき，①のxの値は０，②のxの値は９になるから，y＝０のときの格子点の個数は，０～９の10個

y＝１のとき，①のxの値は$\frac{1}{3}$，②のxの値は7.5になるから，y＝１のときの格子点の個数は，１から７の７個

y＝２のとき，①のxの値は$\frac{2}{3}$，②のxの値は６になるから，y＝２のときの格子点の個数は，１から６の６個

y＝３のとき，①のxの値は１，②のxの値は4.5になるから，y＝３のときの格子点の個数は，１から４の４個

y＝４のとき，①のxの値は$\frac{4}{3}$，②のxの値は３になるから，y＝４のときの格子点の個数は，２から３の２個

よって，格子点の個数は全部で，10＋７＋６＋４＋２＝29(個)

《2022　英語　解説》

１　**横のカギ**　横１　「人間／“people”の単数」＝person「人」　　横２　「教師が生徒へ家でするために与える勉強／課題」＝homework「宿題」　　横３　「紙や布，髪を切る道具」＝scissors「はさみ」　　横４　「ボールを高い（ところにある）ネットを通過するように投げることで点を取ろうとする５人一組の２チームでプレーするスポーツ)」＝basketball「バスケットボール」

縦のカギ　縦ア　「起こり得ない／“possible”「可能」の反対の言葉」＝impossible「不可能」　　縦イ　「２対の長くて幅の狭い板を履いて雪の上を移動すること」＝ski「スキー」　　縦ウ　「本を保管する棚」＝bookshelf「本棚」　　縦エ　「長い耳と短い尾を持つ小動物。日本の多くの小学校でこの動物を飼育している」＝rabbit「ウサギ」　縦オ　「周辺が海で囲まれた土地の区域／例としてインドネシア，英国，日本がある」＝island「島」

２　**1**　boys「少年たち」は名詞→ウ party「パーティー」　　**2**　cheap「安い」は形容詞→イ cute「かわいい」

3　there「そこに」は副詞→オ together「一緒に」　　**4**　are は動詞→エ said「言った」

5　because「なぜなら」は接続詞→ア When「～のとき」

３　**1**　文意「人々はそのマンガがとてもおもしろいことがわかった」→the comic book は found のウ目的語。

2　文意「彼の母親は年齢のわりにとても若く見える」→His mother はア主語。

3　文意「空にある城の下には大量のゴミがある」→in the sky はエ修飾語。

4　文意「サツキの父親は彼女の誕生日プレゼントに青いドレスを買った」→bought はイ動詞。

5　文意「ケンはギターをとても上手に弾きますか」→play はイ動詞。

4　1　×②will rise→○rises：接続詞 When に続く文は，未来を表す場合でも動詞は現在形。主語が三人称単数で，時制が現在だから，rise に s をつけること。

2　×③likes→○like：people は複数を表すから，現在形の動詞に s（または es）をつけない。

3　×①said→○told：say は後に２つの目的語がこない動詞。したがって受け身の文では by ～をつけられない。一方，tell は後ろに目的語がくる動詞。〈tell＋人《目的語》＋～《目的語》（that 以下)〉「人に～（that 以下）を話す」は，受け身の文では〈主語＋be 動詞＋told by＋人＋that ～〉になる。

4　×③interesting→○interested：・be interested in ～「～に興味がある」

5　1　I think studying mathematics is so much fun.：I think (that) ～の文。(that)以下の文の主語は studying.

2　Shall I ask him to call you later?：・Shall I ～?「～しましょうか？」　・ask＋人＋to ～「(人）に～するよう頼む」

3　Stephanie sold the bag Richard gave her as a birthday present.：bag と Richard の間にある関係代名詞が省略された文。　・give＋人＋もの＋as ～「～として（人）に（もの）をあげる」

4　I wish I had enough money to buy it.：仮定法過去の文。　・have enough＋○○＋to ～「～するために十分な○○がある」　文意「それを買えるほど十分なお金があればいいのに」

5　I am going to join the New York City Marathon.：未来のことを表す文。to には動詞の原形が続く。
・be going to ～「～するつもりだ」　文意「私はニューヨークシティマラソンに参加するつもりです」

6　1　Satsuki and Mako went shopping to Shibuya.：文意「サツキとマコは渋谷へ買い物に行った」

2　He studied hard for an examination.　However, he gave up taking the exam in the end.：逆接の副詞。直後にコンマが続くから，ウが適切。文意「彼は試験のために懸命に勉強した。しかしながら，結局，試験を受けるのを諦めてしまった」

3　Not only the students but also the teacher was happy with the good news then.：・not only A but also B「ＡだけではなくＢもまた」　文意「その時，生徒たちだけではなく教師もまた良いニュースで嬉しくなりました」

4　This is a picture my daughter drew yesterday.：picture と my daughter の間にある関係代名詞が省略されている文。昨日のことだから，draw「描く」の過去形 drew が適切。　文意「これは私の娘が昨日描いた絵です」

5　Lina speaks English as well as her English teacher.：・as well as ～「～と同じくらい上手に」　文意「リナは英語の先生と同じくらい上手に英語を話します」

7　【本文の要約】参照。

1　第１段落１～２行目より，18 時間より少ない授業を受ける日本人留学生にはビザが不要だから，アが適切。

2　第２段落の内容から，ウが適切。

3　第３段落では，もし申請書の入力を間違えると，訂正するのに大変な労力がかかる例が述べられている。このことから著者は，申請する際はくれぐれも注意をするようにと警告しているから，ウが適切。

4　第４段落最後の文と一致しないから，エが適切。「皆が思っている」わけではない。

【本文の要約】

1ア 多くの場合，日本からアメリカに旅行する人にはＶＩＺＡ（ビザ，査証）が必要ない。例えば，もし週 18 時間より少ない授業を受ける留学プログラムで勉強するなら，ビザは必要ないが，ＥＳＴＡ（電子渡航認証システム）は必要である。

それは領事館に出向かなくてもオンラインで申請できる。ほとんどの場合は，する必要があるのはそれだけである。2ウしかしながら，もし申請書でミスをすると，領事館に出向いたり，自ら事を丸く収めたりしなければならないかもしれない。それには時間がかかり，相当面倒なことになりかねない。最寄りの領事館からかなり時間がかかる所に住んでいるなら，行ったり来たりするのにもお金もかかる。

私は，息子に自分の申請を頼んだある男性と話した。スクリーン上のある質問で，彼がかつて有罪判決を受けたことがあるかどうかを尋ねてきた。息子は誤って「はい」をクリックしてしまった！この手の情報がコンピュータシステムにあると，簡単に変更する方法はなく，オンラインで申請されてしまう。男性は間違いを正すために多くの苦労を経験しなければならなかった。だから3ウ申請書に必要事項を記入するときは，くれぐれも注意していただきたい。

あなたの代わりに，旅行代理店に必要事項の記入を頼むことができる。しかし旅行代理店もミスをするかもしれない。私は顧客の申請で間違いをしてしまったケースを知っている。そして当然のことだが，申請するには個人情報を扱わなくてはならない。4エだから誰もが旅行代理店に申請を依頼したい訳ではないのだ。

8 【本文の要約】参照。

【本文の要約】

カオリ：2020東京オリンピックのピクトグラムを見てみて。

チェン：これは何？(1)イ僕はこれらを一度も見たことがない(=I have never seen these before)けど，かわいいね！

カオリ：私もそう思うわ。私の部屋の壁にそのうちのいくつかが欲しいわ。とにかく，それらは東京オリンピックのスポーツを(2)ア表す(=describe)ために使われているのよ。

チェン：そうなんだね。それらは誰がデザインしたの？

カオリ：廣村正彰さんと彼のチームがデザインしたのよ。ピクトグラムはもっとあるわ。あなたはこのうち，いくつわかる？

チェン：野球，バスケットボール，３×３バスケットボールは簡単に見つけられるよ。一番下のピクトグラムは全部，難しい。(3)ウそれらには全部自転車がある。どうしてみんな似ているのかな？

カオリ：トラック種目のように様々な自転車競技があるからよ。ロードレースやＢＭＸ（バイシクルモトクロス）とか。

チェン：かっこいいね！僕はそれらをテレビで観戦したいよ。

カオリ：そう？バスケットボールの右側のものはどう？

チェン：中央のだよね？バレーボールみたいだけど。でも人の下にたくさんドット（点々）があるね。

カオリ：ヒントをあげるわ。それらは砂です！

チェン：わかった！(4)エビーチバレーボールだ！

カオリ：その通り！

チェン：(5)ア中央の列の，右から２番目のものは何かな？

カオリ：ボクシングだと思うわ。パンチしているところを表しているわね。

チェン：確かに！

カオリ：これは？

チェン：わからないな…

カオリ：知らないの？日本の女子レスリングはどの国よりも強いのよ。吉田沙保里選手は３つのオリンピックでメダルをとったんだから。

チェン：吉田選手は知っているよ！彼女は中国でも有名なんだ。

《2022　理科　解説》

1 (1)　３大栄養素には，炭水化物の他に，タンパク質と脂質がある。

(2)　ヨウ素液は，炭水化物の１つであるデンプンに反応して青紫色に変化する。なお，アはアルカリ性に反応して赤色に変化し，ウは細胞の中の核や染色体を赤く染めるために用いられ，エは酸性で黄色，中性で緑色，アルカリ性で青色に変化する。

(3)　口では，だ液せんでつくられただ液に含まれるアミラーゼによってデンプンが分解されて，麦芽糖などになる。なお，アは胃液に含まれる酵素，イとウはすい液に含まれる酵素である。

(4)　アは口，イは食道，ウは胃，エは大腸，オは小腸である。ア→イ→ウ→オ→エ→肛門の順に食べ物が通る。この一続きの管を消化管という。小腸の内壁にはたくさんのひだがあり，そのひだは柔毛でおおわれている。このようなつくりになっていることで，表面積が大きくなり，効率よく養分を吸収できる。

(5)　Ａ．すい液がつくられるすい臓は消化器官ではあるが，食べ物の通り道(消化管)ではない。すい臓は小腸の入口である十二指腸につながっていて，すい液はそこに分泌され，食べ物と混ざる。

2 (1)　１．海洋プレートが大陸プレートの下に沈み込んでいくとき，大陸プレートが引きずり込まれる。大陸プレートのゆがみが限界に達して，大陸プレートが元に戻るときにはね返り，プレートの境界付近で地震が発生する。これが海溝型地震である。　３，４．初期微動をもたらす，伝わる速さが速い波がＰ波，主要動をもたらす，伝わる速さが遅い波がＳ波である。

(2)　２地点の差に着目する。例えば，表より，ＡとＢの震源からの距離の差は111kmで，初期微動の始まりの時刻の差は15秒である。よって，Ｓ波が伝わる速さは$\frac{111}{15}$＝7.4(km/ｓ)である。どの２地点の組み合わせで計算しても同様の結果になる。

3 (3)　コイル側の極か極の動き(近づけるか遠ざけるか)のどちらか一方を逆にすると，誘導電流の向きも逆になり，コイル側の極と極の動きの両方を逆にすると，誘導電流の向きは変化しない。図２では，Ｓ極を近づけることで検流計の針が左にふれたので，図２とコイル側の極だけが逆のイ，図２と極の動きだけが逆のアとウとエはすべて，検流計の針が右にふれる。

(4)(5)　一次コイルに電流が流れる向きに，図ｉの右手をあてはめると，一次コイルの上部がＮ極になることがわかる。ここに二次コイルの下部を近づけると，二次コイルには磁界の変化を妨げる向きに誘導電流が流れる。二次コイルが磁界の変化を妨げるには，二次コイルの下部が一次コイルの上部と同じＮ極になって反発しあう必要がある。よって，二次コイルの下部がＮ極になるように図ｉの右手をあてはめると，誘導電流の向きはＹになる。

図ｉ

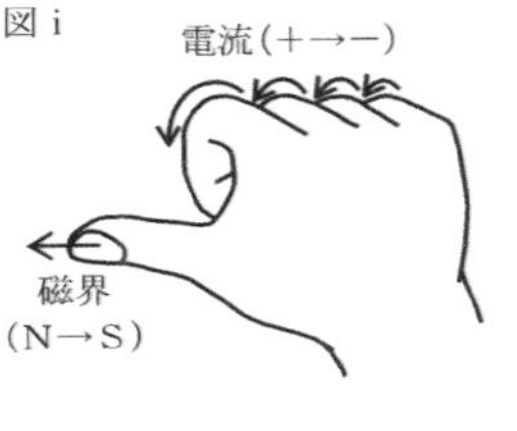

(6)　〔電力(Ｗ)＝電圧(Ｖ)×電流(Ａ)〕，2500mA→2.5Ａより，電力は3.8×2.5＝9.5(Ｗ)である。また，〔電力量(kWh)＝電力(kW)×時間(ｈ)〕，9.5Ｗ→0.0095kW，30分→0.5時間より，0.0095×0.5＝0.00475(kWh)となり，その20％が熱で失われたから，0.00475×0.8＝0.0038(kWh)が正答となる。

(7)　(6)解説より，30分間での(失われた熱を含めた)電力量は0.00475kWhだから，30分の５倍の２時間30分では

0.00475×5＝0.02375(kWh)となる。電気代は1kWhあたり30円だから，30×0.02375＝0.7125→0.71円が正答となる。

4 (4) エは外炎で，周りに空気が十分にあるため完全燃焼が起こり，温度が最も高くなっている。オは内炎で，空気が不足しているため不完全燃焼が起こり，残ったすすが熱せられるため，最も明るくなっている。カは炎心で，気体のろうが残っていて，最も暗く，最も温度が低くなっている。

(5) 温度が最も高い外炎が，加熱したいものに当たるようにする。

(6) 反応の前後で原子の種類と数が変化しないことから考える。Cに着目すると，サ：ス＝1：18である。Hに着目すると，サ：セ＝2：36＝1：18である。また，サ＝1，セ＝18とし，Oに着目すると，シ＝$\frac{1\times18-2\times1}{2}$＝8となるから，サ：シ：ス：セ＝1：8：18：18となる。

《2022　社会　解説》

1 問1(1) イ　三内丸山遺跡は青森市内にある。 (3) (エ)　縄文時代は農耕を伴わない先史時代である。三内丸山遺跡が大型の竪穴住居であることから，定住生活が営まれていたと考えられる。

問2　①ラクスマン　②根室　ラクスマンやレザノフが通商を求めて来日したために，北方の調査が進められた。

問3　(エ)　入り組んだ海岸地形のリアス海岸は，三陸海岸，三重県の志摩半島，福井県の若狭湾沿岸，愛媛県の宇和海沿岸などに見られる。

問4　B　流氷の北限は，知床沖のオホーツク海沿岸である。

問5　(イ)　青森ねぶた祭は，巨大な山車をひくことで知られる。

問6　(ウ)　米の生産量は，新潟県＞北海道＞秋田県が常に上位であること，てんさいの生産は北海道が 100%であることから考える。

問7　奥羽山脈　奥羽山脈は青森県から福島県まで東北地方を縦断する山脈である。

2 問1　(エ)　奴国の王が，倭国の王と認められることで，周辺の国より優位に立とうとして，漢の王に朝貢した。

問2　(ア)　シャカが仏教を開いたのは紀元前6世紀頃，キリスト教がおこったのは紀元前後，十字軍の遠征が始まったのは11世紀である。

問3　(ウ)→(ア)→(イ)→(エ)　白村江の戦い(飛鳥時代・663 年)→平城京に遷都(奈良時代・710 年)→墾田永年私財法の制定(奈良時代・743 年)→最澄が天台宗を開く(平安時代・9世紀初頭)

問4　平清盛　武士として初めて太政大臣に就いた平清盛は，大輪田泊(兵庫の港)を整備し，日宋貿易を始めた。

問5　(ウ)　(ア)元からの服属要求が来た時の執権は，北条泰時ではなく北条時宗である。(イ)弘安の役の兵士の数は，文永の役のときの兵士の数の 10 倍以上であった。(エ)徳政令を出して御家人の救済を試みたが，幕府の要職を独占する北条氏への不満は収まらず，倒幕運動につながっていった。

問6　倭寇　日明貿易では，倭寇と正式な貿易船を区別するために勘合と呼ばれた割符を使った。

問7　大阪府　大阪の堺と滋賀の国友の刀鍛冶が鉄砲の生産に携わった。

問8　(ウ)　(ア)世界一周をしたのは，バスコ＝ダ＝ガマではなく，マゼランの船団である。(イ)コロンブスが援助を受けたのはポルトガルではなくスペインである。(エ)イエズス会は，カトリックの修道会である。

問9　オランダ　江戸幕府は，貿易と布教活動を同時に行うスペインやポルトガルを締め出し，布教活動を行わないプロテスタントの信者が多いオランダと長崎の出島で貿易を行った。

問10　(イ)→(ウ)→(エ)→(ア)　名誉革命(1688 年)→アメリカ独立宣言(1776 年)→ナポレオンの皇帝就任

(1804 年)→アヘン戦争(1840 年)

問 11　(エ)　　(ア)アヘン戦争をきっかけとして，幕府は異国船打払令を薪水給与令に改めた。日米修好通商条約を結んだのはアヘン戦争から 18 年後の 1858 年のことであった。(イ)開国後，日本から生糸や茶がさかんに輸出されたため，国内で品不足が起こり，物価が上昇した。(ウ)尊王攘夷運動は，朝廷(天皇)を推し立てて，欧米の勢力を排斥しようとする運動である。

問 12　(イ)　　小村寿太郎がアメリカとの間で関税自主権の回復に成功したのは 1911 年のことである。

問 13　真珠湾　　史料中の，Pearl Harbor，1941 年 12 月 8 日などから，ハワイの真珠湾攻撃と判断する。

問 14　(イ)　　国際連盟への加盟が認められたのは，日ソ共同宣言に調印した後である。

問 15　タリバン　　タリバンは，アフガニスタンを支配するイスラム教スンニ派の組織である。

3　**問 1**　(エ)　　【A】はエジプト，【B】はフランス，【C】は中国，【D】はポーランド，【E】はミャンマー。

問 3　(ウ)　　イギリスは，イングランド・スコットランド・ウェールズ・アイルランドからなる連合王国。

問 4　(ア)　　とうもろこしの生産は，アメリカ＞中国＞ブラジル＞アルゼンチン＞ウクライナ(2019 年)

問 5　バチカン市国　　バチカン市国の住民のほとんどがカトリック教会の聖職者である。

問 6　(オ)　　G 7 は，Group of Seven の略称で，アメリカ・イギリス・フランス・ドイツ・イタリア・カナダ・日本の 7 か国と欧州連合によって構成される。

問 7　パイプライン　　日本は原油をタンカーで輸送しているが，ロシアはヨーロッパと地続きなので，パイプラインを通じて，原油や天然ガスを供給している。

問 8　(ア)，(エ)　　ＡＳＥＡＮは東南アジア諸国連合の略称で，東南アジアの 10 か国で構成される地域統合である。ＡＰＥＣはアジア太平洋経済協力の略称で，ＡＳＥＡＮ諸国・日本・アメリカ・カナダ・韓国・オーストラリア・ニュージーランド・チリ・ペルーなど 21 の国と地域が加盟している。

問 9　ミャンマー　　ミャンマーでは，国家最高顧問のアウンサンスーチー氏を拘束した軍部が権力をにぎるクーデターが起きた。また，イスラム系少数民族のロヒンギャに対する人種差別が問題になっている。

問 10　b　　a はスペイン，c はイタリア，d はイギリス，e はドイツ，f はウクライナ。

4　**問 1**　秘密選挙　　誰が誰に投票したかを明らかにする必要がないことを秘密選挙の原則と言う。

問 2　(エ)　　1889 年は「直接国税 15 円以上を納める満 25 歳以上の男子」，1925 年は「満 25 歳以上の男子」，1945 年は「20 歳以上の男女」，2016 年は「18 歳以上の男女」に選挙権が与えられた。

問 3　(イ)，(エ)　　小選挙区制とは，1 選挙区から 1 名を選出する選挙である。例えばＡ，Ｂ，Ｃの 3 人の候補者で争い，投票結果がＡは 2 万票，Ｂは 1 万 5000 票，Ｃは 1 万票だとＡが当選となるが，ＢとＣに投票された死票の方が多くなる。

	A党	B党	C党
得票数	10000	8000	5000
得票数÷1	10000❶	8000❷	5000❸
得票数÷2	5000❸	4000	2500
得票数÷3	3333	2666	1666

問 4　(ア)，(イ)，(エ)，(キ)　　得票数を÷1，÷2，÷3，…と計算して，商の値が大きい方から議席を配分していくのがドント式である。右表の○数字が当選順位で，Ａ党は 2 名，Ｂ党とＣ党は 1 名が当選となる。

問 5　小選挙区比例代表並立制　　衆議院は，小選挙区が 289，比例代表が 176，合わせて 465 が定数である。

問 6　期日前投票制度　　国政選挙の投票率の低下が問題となっているため，期日前投票制度・インターネットによる選挙活動・投票所の増設など，さまざまな改善がされている。

問 7　(ア)，(イ)　　(ウ)誤り。衆議院の被選挙権は満 25 歳以上，参議委の被選挙権は満 30 歳以上である。
(エ)誤り。衆議院の任期は 4 年，参議院の任期は 6 年である。参議院の定数は令和 4 年 7 月から 248 人になる。

問８　連立政権　　令和４年６月現在の日本の政権は，自民党と公明党による連立政権である。

5 問１　(ウ)　　国際連合のほとんどの機能はニューヨークにあり，オランダのハーグに国際司法裁判所がある。

問２　(イ)　　非常任理事国の任期は，１年ではなく２年である。

問３　(ウ)　　常任理事国は，アメリカ・イギリス・フランス・ロシア・中国の５か国である。

問４　(ア)　　国連分担金は，各国の国民所得の世界経済に占める割合に応じて配分される。

問５　(エ)　　(ア)はＵＮＥＰ，(イ)はＵＮＤＰ，(ウ)はＷＦＰが略称である。

問６　ＷＨＯ　　世界で始まる機関はW，国連で始まる機関はＵＮ，国際で始まる機関はＩが頭文字になる。

問７　(ウ)　　日本が国家と認めた，バチカン市国・コソボ共和国・クック諸島・ニウエは国連に加盟していない。

★至学館高等学校

《国　語》

一　問一．①(ア)　②(ウ)　③(イ)　④(エ)　⑤(ア)　⑥(ア)　問二．ⓐ客体　ⓑ団体　問三．(ア)　問四．2　問五．(ウ)　問六．(ア)，(ウ)　問七．最初…監視で得ら　最後…されている〔別解〕最初…私たちが与　最後…されている　問八．監視をめぐる闘争に積極的に参加することによる対抗　問九．国家〔別解〕一部の私企業　問十．(ア)×　(イ)×　(ウ)×　(エ)○

二　問一．①(イ)　②(イ)　③(ウ)　④(ウ)　⑤(イ)　問二．a．(イ)　b．(エ)　c．(ウ)　問三．熱さ　問四．(ウ)　問五．擬態語　問六．集団　問七．トラックでのスプリント勝負は、櫻井向きではないと考えたが、過去に櫻井がスプリントでも勝っていることを思い出し、短いスプリントで結果を出していない自分より向いていると考えたから。　問八．あれほど、もう一度走るのが怖いと思ったのに、レースに戻った途端、俺は勝つことを考えはじめている　問九．(ア)　問十．死ぬかもしれない　問十一．(ア)　問十二．(エ)　問十三．自分が死ぬことや、他人を傷つけることへの不安。　問十四．兄貴の亡霊

三　問一．(エ)，(オ)，(ケ)　問二．樋口一葉…(ア)　森鴎外…(ク)

四　問一．A．作品名…(ウ)　作者名…(イ)　B．作品名…(キ)　作者名…(エ)　問二．(ア)

《数　学》

1　(1) 6　(2) 2　(3) $\frac{13x+5}{12}$

2　(1) (a－b＋c)(a－b－c)　(2) $x=\frac{-3\pm\sqrt{33}}{2}$　(3) $x=-1$，$y=-3$　(4) 12　(5) 2　(6) $y=2x$

3　64

4　4回

5　10通り

6　$\frac{1}{4}$

7　120 g

8　$\left(\frac{2}{5},\ \frac{8}{5}\right)$

9　(1) 35　(2) 12

10　右図

11　$\frac{22}{3}\pi-8\sqrt{3}$

12　(－2，4)

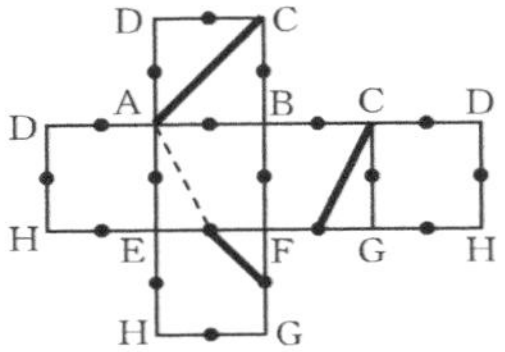

《英　語》

1　縦１．factory　　縦２．foot　　縦３．foreign　　縦４．station
横ア．focus　　横イ．forest　　横ウ．noon　　横エ．aunt　　横オ．yard

2　１．(エ)　　２．(オ)　　３．(ウ)　　４．(ア)　　５．(エ)

3　１．①　　２．③　　３．②　　４．④　　５．②

4　［２番目／５番目］１．［(オ)／(キ)］　　２．［(イ)／(ア)］　　３．［(イ)／(ア)］　　４．［(オ)／(カ)］
５．［(ウ)／(ア)］

5　１．(エ)　　２．(イ)　　３．(ウ)　　４．(イ)　　５．(エ)

6　(1)×　　(2)○　　(3)○　　(4)×　　(5)×　　(6)○

7　(1)(イ)　　(2)(エ)　　(3)(ウ)　　(4)(イ)　　(5)(エ)　　(6)(エ)　　(7)(ア)

《理　科》

1　(1)(a)まっすぐ　(b)光源　(c)太陽　(d)入射　(e)反射　(f)乱反射　(g)屈折
(2)入射角＝反射角　　(3)(ⅰ)入射角＞屈折角　(ⅱ)入射角＜屈折角

2　(1)CO_2　　(2)光合成　　(3)植物…生産　菌類…分解
(4)①外来　②在来　　(5)(ウ)

3　(1)【１】陽　【２】亜鉛板　【３】水素　【４】減少していた　【５】変化していなかった　　(2)Zn，Cu，Ag
(3)$Zn \rightarrow Zn^{2+} + 2e^-$

《社　会》

1　問１．①(ウ)　②(ア)　③(ウ)　　問２．小野妹子　　問３．天智天皇　　問４．調　　問５．(ウ)
問６．藤原道長　　問７．荘園　　問８．平等院

2　問１．(エ)　　問２．(イ)　　問３．(イ)　　問４．(エ)　　問５．(ア)　　問６．(エ)　　問７．(イ)
問８．(ア)　　問９．(ウ)　　問10．寺子屋

3　問１．グリニッジ天文台　　問２．８月26日午前１時　　問３．(ア)　　問４．(ア)　　問５．アボリジニ
問６．アパルトヘイト　　問７．シリコンバレー　　問８．(ウ)

4　問１．宇都宮市　　問２．関東平野　　問３．①(ア)　②(ア)　　問４．E　　問５．G　　問６．(イ)

5　問１．伝統　　問２．(イ)　　問３．①(ウ)　②(エ)　　問４．文化財保護法

6　問１．①法の下　②信条　　問２．(エ)　　問３．(イ)　　問４．(エ)　　問５．特別(国)会　　問６．(エ)
問７．①20　②３　　問８．(ア)

←解答例は前のページにありますので，そちらをご覧ください。

―《2021　国語　解説》

一 問一① 「考慮」(ア)考案　(イ)更衣室　(ウ)荒涼　(エ)後半

② 「念頭」(ア)当籤〔当選〕　(イ)登頂　(ウ)店頭　(エ)卒倒

③ 「導入」(ア)水道　(イ)半導　(ウ)振動　(エ)一堂

④ 「細部」(ア)裁断　(イ)破砕　(ウ)再開　(エ)細心

⑤ 「状態」(ア)礼状　(イ)感情　(ウ)乗車　(エ)成就

⑥ 「危険」(ア)険悪　(イ)検定　(ウ)真剣　(エ)見当

問三　「(安全よりも)自由の方を選んだとき」に「他人の命をも危険にさらすことになる」としたら、それでも「自由」を選べるだろうか(安全の方をとる人が多いだろう)、というつながりなので、(ア)が適する。

問四　「監視は望まれている」という内容が書かれている段落の最後に入る。よって、「現代人は監視されることを～むしろ望んでさえいる」「人は、自分の私的な生活を～監視されることを楽しんでいる」「今日、人は、自分が誰からも見られていないかもしれないということを恐れ、不安に感じている」の後の、［　2　］が適する。

問五　「ミシェル・フーコー～前提になっていたのは、監視を恐れる～監視から逃れたいと欲している～監視されているのではないかと絶えず不安になる主体であった」より、(ウ)が適する。フーコーは、人は「監視から逃れたいと欲している」ものだという前提で本を書いたということ。(ア)の「近代的な権力～欲している」は誤り。

問六　「そうだとすれば～拒否し続けることは難しいだろう」という文であることに着目する。「そう」が指している内容が理由にあたると考えられる。よって、「第一に、『自由か安全か』という選択を迫られたとき、結局、私たちは、安全の方をとってしまう」が(ア)に、「第二に～現代人は監視されることを必ずしも拒否しておらず、むしろ望んでさえいる」が(ウ)に適する。

問七　――Cの「それ」は、「監視」を指す。直後の段落の「監視が自由にとって危険なのは、二つの事情があるからだ」に着目する。「第一に～第二に」と述べている、「監視で得られる情報が―国家であれ一部の私企業であれ―独占的に制御されている」ことと、「私たちが与えた個人情報が、私たちが望んでいなかった領域にまで活用されている」ことが理由である(いずれも37字)。よって、このどちらかを答える。

問八　――Dに対して「こういうときになすべき」ことを、直後の段落で述べている。「こういうときになすべきは、監視をめぐる闘争に積極的に参加することによる対抗である」より、下線部。

問九　「監視をめぐる闘争の主題」として取り上げられたのが、「誰がその情報を制御しているのか」ということと、「情報が適切に使われているのか」ということである。これらは、直前で述べている、監視が自由にとっての脅威だと言える二つの理由、「監視で得られる情報が―国家であれ一部の私企業であれ―独占的に制御されていること」と「私たちが与えた個人情報が、私たちが望んでいなかった領域にまで活用されていること」に対応しているのである。――Eは前者に対応しているから、「国家」と「一部の私企業」のどちらかを答える。

問十(ア)　本文最初に「ディストピア(ＩＴ技術を用いた監視システムの実現)は、すでに～気づかないところでおおむね実現してしまっている」とあるので、×。　**(イ)**　本文では、監視は自由にとっての脅威であると述べ、監視をめぐる闘争で主題にすべき点を取り上げている。監視システムに「あらゆる権利をゆだねることが自由と安全を保障する」とは述べていないので、×。　**(ウ)**　このようなことは本文で述べていないので、×。

(エ)　最終段落で、自由にとっての脅威である「監視」をめぐる闘争の主題として、「誰がその情報を制御しているのか」ということと「情報が適切に使われているのか」ということを取り上げているので、○。

二　問一①　「有利」(ア)管理　(イ)砂利　(ウ)別離　(エ)表裏

②　「困難」(ア)結婚　(イ)困窮　(ウ)昨今　(エ)建立

③　「呼吸」(ア)永久　(イ)下級生　(ウ)吸引力　(エ)休園〔休演〕

④　「想定」(ア)倉庫　(イ)尚早　(ウ)想像　(エ)相思相愛

⑤　「受け継いで」(ア)直伝　(イ)継続　(ウ)告　(エ)次

問四　「違うか？」と言った櫻井は、「俺」に対して「してやったりというような顔」をしている。「俺」は「彼の言うことは正しい」と思って、何も言えずにいるのである。よって、くやしさをこらえる様子である(ウ)が適する。

問五　物事の状態や様子、身ぶりなどを、それらしく音声にたとえて表現した語を擬態語という。

問六　――Bの前行に「スタートの合図と共に～のっそりと動き始めた」とある「集団」のことをたとえている。

問七　――Cの「その考え」とは、直前で「(スプリント勝負は)正直、櫻井向きではない。(俺のような)パワーのある選手の方が有利かもしれない」と思ったことである。その考えを改めたのは、直後の「過去に、櫻井はスプリントでも勝っている～どちらかというと、俺の方が短いスプリントでは結果を出していない」ということに気付いたからである。これらの内容をまとめる。

問八　どういうことを自分でも不思議だと思っているのかを読み取る。それは、直後の一文の「あれほど、もう一度走るのが怖いと思ったのに、レースに戻った途端、俺は勝つことを考えはじめている」ということである。

問九　「噴き出す」かもしれないものは「恐怖」である。ここでは「走るのが怖い」という気持ち。前書きに「豊の事件を思い出し、自転車競技に恐怖を覚え、自転車部をやめることを櫻井に告げた」とあるのを参照。「豊の事件」をきっかけに「他人に怪我を負わせたり、死を感じたりするスポーツからは遠ざかって」いたときと同じような恐怖が、自分で抑えこんではいるものの、心の中にわだかまっているということ。よって、(ア)が適する。

問十　――Fの２～３行後の「なんの覚悟か～この競技が死に繋《つな》がるかもしれないこと～死ぬかもしれないと覚悟を決めて」より、下線部。

問十一　櫻井が言った「道を歩いてたって、車に乗ってたって、結局は同じ～数秒先に自分が生きている保証なんかない」は、「(自転車)競技をやめたからといって、死と関わることを避けられるわけではない」という意味である。「少しでも死や他人を傷つけることを避けたい」との思いから自転車部もやめようと考えている「俺」だが、この櫻井のことばを聞いて「傲慢《ごうまん》なのかもしれない。どうやっても死や事故はついてまわる。自分が死なない限り、逃れられるわけではない」と気づいたのである。この内容に、(ア)が適する。

問十二　直後に「気づいた」内容が書かれている。「俺は～傷つけたわけではない～後悔は～教師を止められなかったということで、それは自分が柔道をやっていようがやっていまいが変わらない」とあることに、(エ)が適する。

問十三　自転車競技をするときに感じる不安。それはどうやってもついてまわるものである。それらを呑《の》み込んで今後も競技を続けていけるか、自分の心に問いかけている。――Hの３行前の「少しでも死や他人を傷つけることを避けたいと思う自分は臆病《おくびょう》なのだと考えていた」より、下線部を用いてまとめる。

問十四　「俺」が思い出した櫻井のことば「―でもなあ、ちょっと重いときもあるわ。―おまえにちょっと押しつけたろうかと思ったんやけど。―兄貴の亡霊」より。

三　(イ)『五重塔』は、幸田露伴の小説。(ウ)『浮雲』は、二葉亭四迷の小説。(カ)『伊豆の踊子』は、川端康成の小説。(キ)『三四郎』は、夏目漱石の小説。(コ)『人間失格』は、太宰治の小説。

《2021　数学　解説》

1　(1)　与式$=(1+15-4)\div 2=12\div 2=6$

(2)　与式$=6\left(\frac{1}{4}-\frac{1}{27}\times 3\right)+\frac{1}{4}\times\frac{14}{3}=6\left(\frac{9}{36}-\frac{4}{36}\right)+\frac{7}{6}=6\times\frac{5}{36}+\frac{7}{6}=\frac{5}{6}+\frac{7}{6}=\frac{12}{6}=2$

(3)　与式$=\frac{4(4x+5)-3(x-3)-24}{12}=\frac{16x+20-3x+9-24}{12}=\frac{13x+5}{12}$

2　(1)　与式$=(a-b)^2-c^2=(a-b+c)(a-b-c)$

(2)　与式より，$x^2+5x+x^2+x-2=10$　　$2x^2+6x-12=0$　　$x^2+3x-6=0$

2次方程式の解の公式より，$x=\frac{-3\pm\sqrt{3^2-4\times 1\times(-6)}}{2\times 1}=\frac{-3\pm\sqrt{33}}{2}$

(3)　$y=5x+2$…①，$x=2y+5$…②とする。②に①を代入すると，$x=2(5x+2)+5$　　$x=10x+9$

$-9x=9$　　$x=-1$　　①に$x=-1$を代入すると，$y=5\times(-1)+2$　　$y=-3$

(4)　**【解き方】反比例の式は，$y=\frac{a}{x}$（aは比例定数）と表せる。**

$y=\frac{a}{x}$のグラフは点(6，2)を通るので，$2=\frac{a}{6}$より，$a=12$

$y=\frac{12}{x}$のグラフは点(1，b)を通るので，$b=\frac{12}{1}$　　$b=12$

(5)　与式より，$5\times x=3\times\frac{10}{3}$　　$5x=10$　　$x=2$

(6)　**【解き方】平行な2直線の傾きは等しい。また，2点を通る直線の傾きは，$\frac{(y\text{の増加量})}{(x\text{の増加量})}$で求められる。**

求める直線の傾きは，直線ℓの傾きに等しく，$\frac{9-1}{2-(-2)}=2$であり，原点を通るから，式は$y=2x$である。

3　**【解き方】立方体の1辺の長さは，球の直径に等しく$2\times 2=4$である。**

立方体の体積は，$4\times 4\times 4=64$

4　**【解き方】6の目がx回出たとして，出た目の合計についての方程式をたてる。**

ヒストグラムより，1から5までの目は$2+4+5+4+1=16$(回)出たから，1から6までは$(16+x)$回出た。

よって，出た目の合計は，(平均値)×(回数の合計)$=3.5(16+x)=3.5x+56$と表せる。

また，出た目の合計は，(サイコロの目の数)×(出た回数)でも求められるから，

$1\times 2+2\times 4+3\times 5+4\times 4+5\times 1+6\times x=6x+46$とも表せる。

したがって，$3.5x+56=6x+46$　　$2.5x=10$　　$x=4$

よって，6の目は4回出た。

5　同じ面が合計3回になるまで投げ続けると，

右樹形図のようになるので，全部で10通りある。

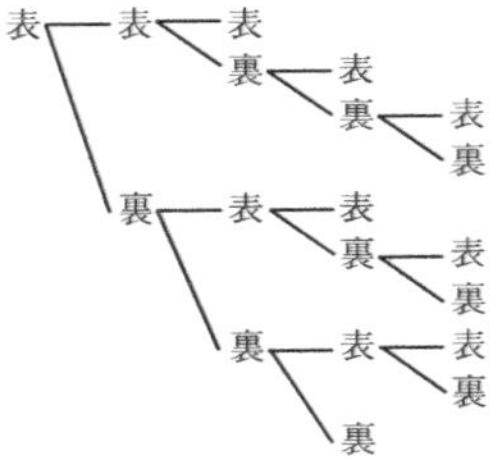

6　**【解き方】サイコロを2回投げる問題は，表を用いて考えるとよい。**

サイコロを2回投げるとき，目の出方は全部で$6\times 6=36$(通り)ある。

2つの出た目の最小公倍数が6となるのは，1と6，2と3，2と6，3と6，

6と6が出たときであり，そのような出方は右表の○印の9通りある。

よって，求める確率は，$\frac{9}{36}=\frac{1}{4}$である。

		2つ目					
		1	2	3	4	5	6
1つ目	1						○
	2			○			○
	3		○				○
	4						
	5						
	6	○	○	○			○

7　**【解き方】濃度5％の食塩水をxg混ぜるとして，含まれる食塩の量について方程式をたてる。**

2％の食塩水60gに含まれる食塩の量は，$60\times\frac{2}{100}=1.2$(g)

5％の食塩水xgに含まれる食塩の量は，$x\times\frac{5}{100}=\frac{5}{100}x$(g)

4％の食塩水$(60+x)$gに含まれる食塩の量は，$(60+x)\times\frac{4}{100}=\frac{4}{100}x+2.4$(g)

よって，含まれる食塩の量について，$1.2+\frac{5}{100}x=\frac{4}{100}x+2.4$　　$120+5x=4x+240$　　$x=120$

したがって，濃度５％の食塩水を120ｇ混ぜればよい。

8　**【解き方】Ｐは直線ℓとmの交点よりも下側にあるので，ＰＱ＝２のとき，Ｐのx座標をａとすると，Ｑのx座標はａ＋２と表せる。ＰとＱのy座標が等しいことから，ａについての方程式をたてる。**

Ｐのx座標が$x=a$のとき，y座標は$y=\frac{3}{2}a+1$

Ｑのx座標が$x=a+2$のとき，y座標は$y=-(a+2)+4=-a+2$

ＰとＱのy座標が等しいから，$\frac{3}{2}a+1=-a+2$　　$\frac{5}{2}a=1$　　$a=\frac{2}{5}$

よって，Ｐのy座標は$y=\frac{3}{2}\times\frac{2}{5}+1=\frac{8}{5}$だから，$P(\frac{2}{5},\ \frac{8}{5})$

9　(1)　**【解き方】△ＡＢＣ≡△ＤＢＥより，∠ＢＡＣ＝∠ＢＤＥ＝$x°$である。三角形の１つの外角は，これととなりあわない２つの内角の和に等しいことから，xについての方程式をたてる。**

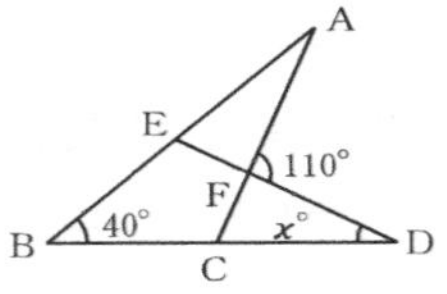

外角の性質より，△ＢＤＥについて，∠ＦＥＡ＝∠ＥＢＤ＋∠ＢＤＥ＝40°＋$x°$

△ＡＥＦについて，∠ＥＡＦ＋∠ＦＥＡ＝∠ＡＦＤだから，$x+(40+x)=110$　　$2x=70$　　$x=35$

(2)　**【解き方】右のように作図する。正六角形の１つの内角の大きさは｛180°×（６－２）｝÷６＝120°であることを利用して，xについての方程式をたてる。**

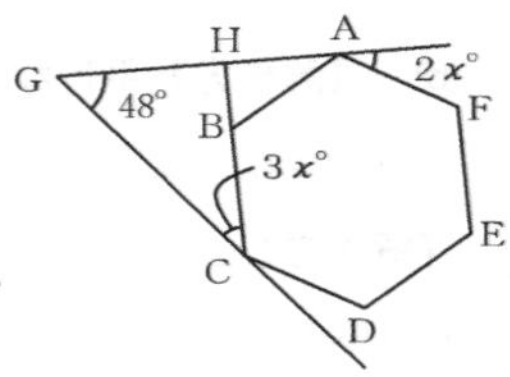

外角の性質より，△ＣＧＨについて，∠ＣＨＡ＝∠ＣＧＨ＋∠ＧＣＨ＝48°＋$3x°$

△ＡＢＨについて，∠ＨＡＢ＝∠ＡＢＣ－∠ＢＨＡ＝120°－(48°＋$3x°$)＝72°－$3x°$

∠ＨＡＢ＋∠ＢＡＦ＋$2x°$＝180°だから，$72-3x+120+2x=180$　　$x=12$

10　図１に切り口をかき込むと，図Ｉの太線のようになる。

また，Ｉ，Ｊを図２にかき込むと図Ⅱのようになるから，

残りの切り口は解答例のようになる。

図Ｉ

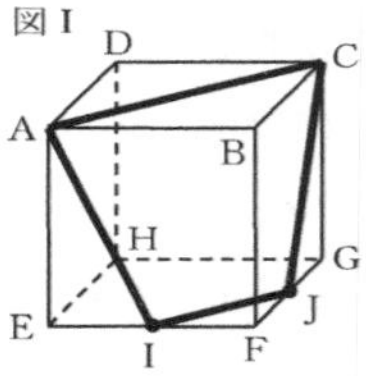

図Ⅱ

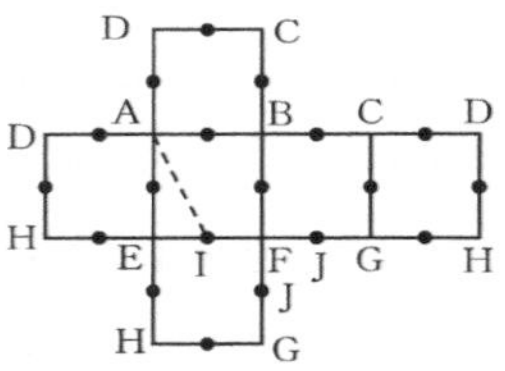

11　**【解き方】色が付いている部分の面積は，｛(半径がＡＢで中心角が60°のおうぎ形の面積)－△ＡＢＣ｝×２＋(直径がＡＢの半円の面積)で求められる。**

半径がＡＢ＝４，中心角が60°のおうぎ形の面積は，$4^2\pi\times\frac{60°}{360°}=\frac{8}{3}\pi$　　$\triangle ABC=\frac{1}{2}\times4\times2\sqrt{3}=4\sqrt{3}$

直径がＡＢ＝４の半円は，半径が４÷２＝２だから，面積は，$2^2\pi\div2=2\pi$

よって，求める面積は，$(\frac{8}{3}\pi-4\sqrt{3})\times2+2\pi=\frac{22}{3}\pi-8\sqrt{3}$

12　**【解き方】Ａのx座標をａとすると，Ａは放物線$y=x^2$上にあるから，$A(a,\ a^2)$と表せる(図よりＡのx座標は負だから，$a<0$)。四角形ＡＢＣＤが正方形のとき，ＡＤ＝ＡＢだから，このことからａについての方程式をたてる。**

Ｄのy座標は８だから，ＡＤ＝(ＡとＤのy座標の差)＝$8-a^2$

ＡとＢはy軸に対して対称だから，$B(-a,\ a^2)$となるので，ＡＢ＝(Ｂのx座標)－(Ａのx座標)＝$-a-a=-2a$

ＡＤ＝ＡＢだから，$8-a^2=-2a$　　$a^2-2a-8=0$　　$(a-4)(a+2)=0$　　$a=-2,\ 4$

$a<0$だから，$a=-2$　　Ａのy座標は$(-2)^2=4$だから，$A(-2,\ 4)$

《2021　英語　解説》

1　**縦のカギ**　縦１「１つの建物，もしくは建物群。この手の建物の内部では，労働者が車のような大量の製品を造っている」＝factory「工場」　縦２「身体の脚の先にある，２つの平たい部分の１つ」＝foot「足」

縦３「別の国から来ることを意味する」＝foreign「外国の」

縦４「これは建物である。多くの人々が電車に乗るためにここへ来る」＝station「駅」

横のカギ　横ア「１つのもの，状況，人に注意を向ける，または努力を注ぐこと」＝focus「焦点／集中すること」

横イ「木々が密集して育っている広い区域。多種多様な動物や植物がここに生存している」＝forest「森」

横ウ「１日の真ん中である 12 時」＝noon「正午」　横エ「母親または父親の姉（妹）」，もしくは「おじの妻」＝aunt「おば」　横オ「家の正面，または裏にある土地。芝生，花，果実，野菜，または他の植物を育てられる」＝yard「庭」

2　1　sit《原形》- sat《過去形》- sat《過去分詞》と変化する（エ）が共通点を持たない。他は，原形，過去形，過去分詞が同じ形。

2　名詞が「もの」である「腕時計」になる（オ）watch が共通点を持たない。

3　ボールを使わない（ウ）wrestling「レスリング」が共通点を持たない。

4　複数形が不規則変化しない（ア）dog「犬」が共通点を持たない。（イ）man「男性」→men，（ウ）child「子ども」→children，（エ）tooth「歯」→teeth，（オ）foot「足」→feet，

5　形容詞である（エ）dark「暗い」が共通点を持たない。他は副詞。

3　1　×①Is→○Does：“習慣”は現在形で表す。主語が the boy，動詞が like より，疑問文は Does ～?

文意「その少年は，夜，寝る前に本を読むのが好きですか？」

2　×③stood→○standing：〈standing《現在分詞》＋by the door《＋語句》〉が後ろから，前にあるwomen《名詞》を修飾する文。　文意「私はドアの側に立っているあの女性たちに話しかけるつもりだ」

3　×②gone→○been：〈have/has been to ～〉「～へ行ったことがある」現在完了の“経験”の文。〈have/has gone to ～〉は「～へ行ってしまった（もうここにはいない）」という“完了”の意味になる。　文意「あなたが日本に来てから何回，京都に行ったことがありますか？」　・How many times ～?「何回～？」

4　×④more→○削除する：young の比較級は younger だから，more は不要。　文意「私は，私の娘たちがもっと若い時にその町々を訪れたことを覚えています」

5　×②to not use→○not to use：不定詞の否定形は〈not to＋動詞の原形〉で表す。　文意「私の兄（弟）たちはいつも私に，そのパソコンは父のものだから使わないようにと言う」

4　1　You don't have to be afraid of making mistakes.：・don't have to ～「～する必要はない」　・be afraid of ～「～を恐れる」　・make mistakes「間違える」　文意「あなたは間違えることを恐れる必要はありません」

2　She has been sick in bed for a week.：〈have/has been ～〉の現在完了“継続”の文。　・be sick in bed「病気で寝ている」　文意「彼女は病気で１週間寝ている」

3　Bill was able to swim in the river, finally.：・be able to ～「～することができる」　文意「ビルはとうとうその川で泳ぐことができた」

4　My homework is much more difficult than yours.：比較級を強めるときは，〈much＋比較級〉で「ずっと～」を表す。　文意「私の宿題はあなたのよりずっと難しい」

5　Japanese is often spoken by the people in Hawaii.：〈be 動詞＋過去分詞〉「～される」の受動態の文。副詞 often は，一般動詞の前，be 動詞の後につける。

5 1 A「ここから名古屋駅までどのくらい時間がかかりますか？」→B（エ）「約30分です」が適切。

・How long does it take from A to B?「AからBまでどのくらい時間がかかりますか？」

2 A「お風呂には入りましたか？」→B（イ）「いいえ，まだです」が適切。

3 A「ヘレンのパーティーに行くつもりですか？」→B（ウ）「いいえ，今日は体調が悪いんです」が適切。

4 （イ）「カナが学校へスカートをはいて来るのは珍しい」：・It is … for＋人＋to ～「(人）が～することは…だ」

5 （エ）「アンナは今朝，寝坊したので，急いで服を着て駅まで走った」：・get dressed「服を着る」

6 【本文の要約】参照。

(1)×「マイクの母親はマイクが遅くまで起きていることを許す」…本文にない内容。 〈let＋人＋動詞の原形〉「(人）が～することを許す」 ・stay up「(寝ないで）起きている」 (2)○「マイクはまだ眠くないので眠れない」
(3)○「マイクは明日高校で試験がある」 (4)×「マイクは羊が嫌いなので，羊を数えたことがない」…本文にない内容。 (5)×「マイクは朝，羊を数えなければならないので，すぐに寝なければならない」…本文にない内容。
(6)○「マイクの母親は，眠りたいときは，心に平和なイメージを描くのが効果的だと思っている」

【本文の要約】

マイクの母親 ：もう寝る時間よ。

マイク（息子）：(2)まだ眠くないんだ。疲れていないんだよ。

母親 ：もうかなり遅いわ，それに(3)明日早く，至学館高校で試験があるでしょ。

マイク：(2)眠れないんだよ。

母親 ：(6)リラックスしている場面をイメージしてみたら？羊を数えてみるとか？

マイク：そんなのは前にやってみたよ。うまくいかなかったけどね。それにとにかく羊はごめんだ。

母親 ：でもね，もう寝る必要があるわ。

マイク：なぜ眠くなるまで起きていちゃいけないの？

母親 ：私がそれを許したら，あなたは一晩中起きているでしょ。

マイク：すぐ寝ることを約束するよ。

母親 ：だめよ，今，寝なくちゃ，じゃあお休み。

マイク：わかったよ，お母さん。じゃあ，明日の朝にね。

7 【本文の要約】参照。

(1) 第1段落1行目「3人に1人」の割合だから，（イ）33%が適切。 ・○○＋out of ～「～のうちの○○」

(2) 第1段落2～3行目より，（エ）が適切。 ・none of ～「～がない」

(3) 第1段落4～5行目より，スマートフォンやタブレットをよく使っている小学生以下の子どもは60%。
（ア）1 out of 5「5人のうち1人」＝20%，（イ）2 out of 5「5人のうち2人」＝40%，（ウ）3 out of 5「5人のうち3人」＝60%，（エ）4 out of 5「5人のうち4人」＝80%だから，（ウ）が適切。

(4) 第1段落5～6行目より，（イ）「最新の機能を持つ携帯電話」が適切。（ア）×「様々な番組が放送される大きなスクリーンを持つ機械」 （ウ）×「携帯性に特化してデザインされたパソコン，たいてい使用者のひざに置けるほどの大きさである」 （エ）×「読書用の手の平サイズの電子機器」

(5) （エ）「若者の視力を悪くする」が指摘されていない。（ア）「子どもたちの寝つきを悪くする」，（イ）「人々の心に悪影響がある」，（ウ）「子どもの食習慣に悪影響を及ぼす」は第2段落で述べられている。

(6) 第3段落最後の文より，（エ）「子どもたちと便利なものの使い方について話し合うこと」が適切。

(ア)「テクノロジーなしの生活をすること」，(イ)「彼らが所有する電子機器の数を数えること」，(ウ)×「子どもたちに『ゲームをやめなさい』と言うこと」は不適切。

(7)　下線部①「子どもたちは親の真似をする」の具体例は，(ア)「親が電子機器を使い過ぎるようなら，子どもたちもそうする傾向がある」が適切。(イ)「子どもたちが混乱する傾向がある」，(ウ)「子どもたちは家にある電子機器の数を数える傾向がある」，(エ)「子どもたちは親に似ているように見える傾向がある」は不適切。

【本文の要約】

子どもたちは便利なものを使うべきか？

皆さんは，アメリカでは子どもたちの３人に１人が話すよりも先に持ち運びできる電話やタブレットを扱えることを知っているだろうか？２歳児が携帯電話やタブレットの使い方を知っていることもある。1999 年，(2)小児科医たちは，２歳未満の子どもたちにテレビを見せるべきではない，２歳以上の子どもたちは（テレビを見るのは）１日に２時間にするべきだと述べた。(2)現在ではスマートフォン，タブレット，ゲーム機に対しても同じことを述べている。最近，研究者たちは，12 歳未満の子どもが持ち運びできるスクリーンでよく遊んでいる割合は 60%だが，そのうちの 38%は頻繁に遊んでいることを明らかにした。(4)(イ)便利なものは若者に最も人気がある。実際，クリスマスや誕生日に最も欲しいプレゼントは，今ではスマートフォンである。

電子機器を使い過ぎる子どもたちの問題点をいくつかあげてみよう。１つ目は，夕食のテーブルにタブレットやスマートフォンを持ち込むことは，子どもたちが食事ではなくスクリーンに集中してしまうので，早食いや大食いになったりする。２つ目は，便利なものは子どもの睡眠に影響する。ゲームのことを考えると興奮のあまり，寝つきが悪くなる。しかし，若者にとって，場合によっては大人にとっても深刻な問題は，精神上の健康である。

今日では，両親が，テクノロジーなしで暮らすことは不可能である。家の中にいくつのデバイス（電子機器）があるか，数えてみよう。そして深刻な問題とは，子どもたちが親の真似をすることである。だから，母親や父親が「ゲームをやめなさい」と言いながら，自分たちはスマートフォンを使っていれば，それは子どもたちにとってまぎらわしい。両親と子どもたちはもっと話し合い，どのくらいの時間，携帯電話や他の便利なものを使うかを共に決める必要がある。

《2021　理科　解説》

1　(1)(a)　光は均一な物質中を直進する。　(b)　電球など，自ら光を出すものを光源という。ネコの目のように光を反射して光って見えるものは光源ではない。　(c)　恒星の太陽は自ら光を出しているが，衛星の月は，太陽の光を反射して光って見える。　(d)(e)　光が鏡などで反射するとき，入ってくる光を入射光，反射して出ていく光を反射光という。　(f)　物体に当たった光が乱反射することで，どの方向からでも物体を見ることができる。

(g)　光は物質と物質の境界面で屈折する。屈折するときの角度の変化は，光が通る物質によって異なる。

(2)　図Ⅰのように，光が反射するとき，入射角と反射角は等しい。

(3)　図Ⅱのように，光が空気と水の境界面で屈折するとき，空気側の角の方が大きくなる。光が空気から水に進むときは，空気側の角が入射角，光が水から空気に進むときは，空気側の角が屈折角である。

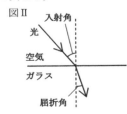

図Ⅰ

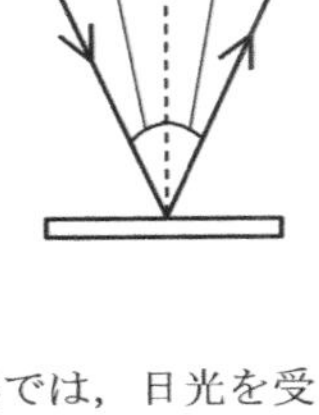

図Ⅱ

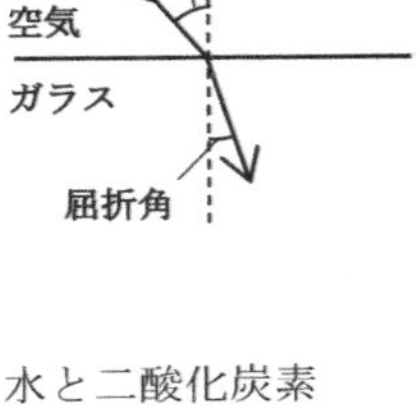

2　(1)　植物，草食動物，肉食動物，菌類・細菌類が呼吸によって出すＡは二酸化炭素(CO_2)である。

(2)　植物が二酸化炭素をとりこんで行うはたらきは光合成である。植物の葉では，日光を受けて，水と二酸化炭素を材料にデンプンと酸素を作り出す。

(3)　無機物の二酸化炭素は植物の光合成によってデンプンなどの有機物になり，植物，草食動物，肉食動物の間を有機物として移動する。死がいや排出物などの有機物は，菌類・細菌類などによって無機物の二酸化炭素に分解される。

(4)　ブラックバス，アメリカザリガニ，ミシシッピアカミミガメなどは，在来種をおびやかす危険な外来種である。

(5)　肉食動物の数が減少すると，食べられる数が減少するので，草食動物は増加する。やがて草食動物が食べる植物の数が減少するので，草食動物も減少する。

3　(1)【１】　金属は電子を出して陽イオンになろうとする傾向がある。　【２】【３】　亜鉛はうすい塩酸と反応するが，銅はうすい塩酸と反応しない。亜鉛とうすい塩酸の反応では，水素が発生する。　【４】　亜鉛とうすい塩酸が反応して，亜鉛がとけ出すので，泡が発生した金属板を取り出し質量を測定すると，うすい塩酸の中に入れる前と比べて，質量が減少する。　【５】　泡が発生せず，金属板とうすい塩酸が反応しなければ，金属板の質量は変化しない。

(2)　主な金属をイオンになろうとする傾向が強い順にならべると，K(カリウム)，Ca(カルシウム)，Na(ナトリウム)，Mg(マグネシウム)，Al(アルミニウム)，Fe(鉄)，Ni(ニッケル)，Sn(スズ)，Pb(鉛)，Cu(銅)，Ag(銀)，Au(金)である。

(3)　－極では亜鉛原子が電子を２個失って亜鉛イオンになって溶け出す〔$Zn \rightarrow Zn^{2+} + 2e^-$〕。なお，＋極では，水素イオンが電子を１個受け取って水素原子になり，２個結びついて水素分子になって発生する〔$2H^+ + 2e^- \rightarrow H_2$〕。

《2021　社会　解説》

1　問１①　(ウ)平城京は，唐の長安の都制にならって碁盤の目状に区画された(条坊制)。平安京遷都は 794 年，藤原京遷都は 694 年。　②　(ア)坂上田村麻呂は，蝦夷の首長の１人であるアテルイを降伏させて蝦夷を平定した後，岩手県奥州に胆沢城を築いて東北地方の支配を固めた。　③　(ウ)院政とは，天皇が位をゆずり上皇となった後も政治の実権をにぎることで，白河天皇はおとろえた藤原摂関家に代わって，自分の子や孫を天皇に指名した。

問２　小野妹子は，聖徳太子によって遣隋使として隋の煬帝のもとに派遣された。

問３　壬申の乱では大海人皇子が勝利し，天武天皇として即位した。

問４　税については右表参照。

名称	内容	収める場所
租	収穫した稲の約３％	国府
調	布または特産物	都
庸	10 日間の労役にかわる布	都

問５　(ウ)「紀伊国の牟漏郡が御贄磯鯛八升を進上します」と書かれている。

問６　「世の中すべてが自分の思い通りになる」と詠んだ藤原道長は，摂関政治(娘を天皇のきさきとし，生まれた子を次の天皇に立て，自らは天皇の外戚として摂政や関白となって実権をにぎる政治)によって勢力をのばした。

問７　10 世紀に入ると，有力貴族の権威を背景として，朝廷や国司から租税の免除(不輸の権)を認められる荘園が増加した。土地の開発を進める開発領主は，所領を守るため，自ら武装化するとともに中央の貴族に所領を寄進し，その保護を求めた。やがて開発領主と国司の対立が激しくなると，中央の貴族(荘園領主)の権威を利用して，国司の使者を立ち入らせない不入の権を得る荘園が出てくるようになった(寄進地系荘園)。

問８　藤原頼通が建てた平等院鳳凰堂である。11 世紀中頃，社会に対する不安(末法思想)から，阿弥陀如来にすがって死後に極楽浄土へ生まれ変わることを願う浄土の教え(浄土信仰)が広まり，多くの阿弥陀堂がつくられた。

2　問１　(エ)が誤り。「鉄砲」ではなく「キリスト教」である。鉄砲は，種子島に漂着したポルトガル人が伝えた。

問２　(イ)が誤り。百姓から刀などの武器を取り上げる刀狩によって，農民は武器を使って戦うことができなくなったため，武士との身分がはっきりと区別されるようになった(兵農分離)。

問３　(イ)が正しい。　(ア)参勤交代の費用は大名や各藩が負担した。　(ウ)幕藩体制では，幕府と藩が全国の土地と民衆を支配した。　(エ)幕府は京都の警備と朝廷や公家の監視のために京都所司代を設置し，政治の力を持たせなかった。

問４　(エ)が誤り。鎖国体制を確立したのは「徳川家康」ではなく「徳川家光」である。

問５　(ア)が誤り。「五人組」ではなく「名主(庄屋)・組頭・百姓代(村方三役)」である。五人組は，犯罪の防止や年貢の納入のため，幕府が作った連帯責任を負わせる制度。

問６　(エ)が正しい。　(ア)徳川吉宗の享保の改革の頃から，有力な町人が出資して開発する町人請負新田が多くなった。　(イ)江戸や京都の金座や銀座で金貨や銀貨，銅銭(寛永通宝)がつくられた。　(ウ)九十九里浜では地引き網によるいわし漁が盛んだった。

問７　(イ)は18世紀後期の化政文化だから，誤り。元禄文化は17世紀後半～18世紀初頭の上方で栄えた。

問８　(ア)新井白石が行った政治を「正徳の治」と言う。

問９　(ウ)が正しい。老中松平定信が寛政の改革で行った旧里帰農令と囲い米の制である。(ア)は田沼意次の政治，(イ)と(エ)は８代将軍徳川吉宗の享保の改革。

問10　江戸時代に寺子屋で文字の読み方や書き方，そろばんを学ぶ人が増え，木版印刷技術が発達し，本などがたくさんつくられた。

3　問１　ロンドンの旧グリニッジ天文台を通る経度０度の本初子午線を基準として東経と西経に分かれ，本初子午線から遠ざかるにつれて東経・西経とも数値が大きくなる。時刻は東経180度に近いほど早くなる。

問２　経度差15度で１時間の時差が生じるから，日本とサンパウロの経度差が135＋45＝180(度)で，時差は180÷15＝12(時間)になる。サンパウロは日本より時刻が遅れているので，日本の12時間前がサンパウロの時刻となる。問３　赤道に近いと気温の年較差は小さくなるので，(ア)と判断する。

問４　インドの(ア)が正しい。　(イ)「イタリア」ではなく「イギリス」である。　(ウ)インドは，国際連合の原加盟国である。　(エ)「イスラム教」ではなく「ヒンドゥー教」である。

問５　オーストラリアの先住民族はアボリジニで，聖地のウルル(エアーズロック)が有名である。

問６　アパルトヘイトの廃止に尽力したネルソン・マンデラは，1994年，南アフリカ共和国で初めて黒人として大統領に就任した。

問７　アメリカサンフランシスコ郊外のサンノゼ周辺に広がるシリコンバレーは，コンピュータ関連産業の中心地となっていて，先端技術産業に関わる大学や研究機関，ＩＣＴ(情報通信技術)関連の企業が集中している。

4　Ａは群馬県，Ｂは栃木県，Ｃは茨城県，Ｄは埼玉県，Ｅは東京都，Ｆは神奈川県，Ｇは千葉県。

問３①　(ア)東京では新宿・渋谷・池袋，大阪では梅田・天王寺などが副都心として発達している。

問４　Ｅ．小笠原諸島は伊豆諸島の南南東に位置し，父島・母島などの島々からなる。

問５　Ｇ．成田国際空港は日本最大の国際拠点空港で，科学光学機器や集積回路など小型軽量な製品の輸出入が多い。

問６　Ｃは製造品出荷額が最も少ない京葉工業地域だから，(イ)を選ぶ。Ａは京浜工業地帯，Ｂは北関東工業地域。

5　問２　(イ)を選ぶ。ｉＰＳ細胞は，皮膚などから取り出した細胞に遺伝子を組みこんで作られた，臓器や組織に成長することのできる細胞である。吉野彰はノーベル化学賞，佐藤栄作はノーベル平和賞の受賞者。

問３　①は(ウ)，②は(エ)が正しい。端午の節句は５月５日，花祭りは４月８日。(ア)は雛祭り，(イ)は彼岸，(オ)はすす払い。

6　問１　日本国憲法第14条の平等権についての条文である。

問２　(エ)Ｃ．アメリカ独立宣言(1776 年)→Ａ．大日本帝国憲法(1889 年)→Ｄ．ワイマール憲法(1919 年)→Ｂ．日本国憲法(1946 年)

問３　(イ)が誤り。大日本帝国憲法のような君主が定めた憲法を「欽定憲法」，日本国憲法のような国民が主権者である憲法を「民定憲法」という。

問４　(エ)が正しい。　(ア)憲法９条では戦力不保持を規定している。　(イ)「日米修好通商条約」ではなく「日米安全保障条約」である。　(ウ)「山口」ではなく「長崎」である。原子爆弾は，広島に 1945 年８月６日，長崎に８月９日に投下された。

問５　右表参照。

国会の種類	召集
常会 (通常国会)	毎年１月中に召集され会期は 150 日間
臨時会 (臨時国会)	内閣が必要と認めたとき，またはいずれかの議院の総議員の４分の１以上の要求があったとき
特別会 (特別国会)	衆議院議員総選挙が行われた日から 30 日以内
参議院の 緊急集会	衆議院の解散中に，緊急の必要がある場合

問６　(エ)が誤り。条約の承認は国会の持つ権限である。

問７　裁判員制度では，重大な刑事事件の一審について，くじで選ばれた６人の裁判員と３人の裁判官で審議し，有罪か無罪か，有罪であればどのような量刑が適当かを決定する。

問８　(ア)を選ぶ。(イ)は裁判官，(ウ)は弁護人(弁護士)。

★至学館高等学校

《国　語》

一 問一．a．解釈　b．そうぐう　c．根拠　d．変換　e．けいしょう

問二．A．発展　B．仮説　C．修正　問三．Ⅰ．(ウ)　Ⅱ．(オ)　Ⅲ．(ア)　Ⅳ．(イ)

問四．社会人になったときに不要に思える科目を、なぜ学ばなければならないのかという疑問。

問五．最初…平等に権利　最後…うな世の中　問六．人の生命は殺戮という形で簡単に奪われ

問七．義務　問八．一．(エ)　二．最初…より良い社　最後…てきたから

問九．人類がこれまでに学んできたものの総体　問十．(ウ)，(カ)　問十一．(ウ)

問十二．思考力　問十三．A．平等　B．近代的な憲法　C．科学　D．理系　E．遺産　F．継承

二 問一．a．(エ)　b．(ア)　問二．あるじが僧に勧めた。　問三．(ウ)　問四．(ア)

問五．この僧の鼻より氷魚の一つふと出でたり(けれ)〔別解〕その鼻より氷魚の出でたる

問六．あるじ　問七．A．(イ)　B．(エ)　問八．(エ)

三 A．(カ)　B．(イ)　C．(ク)　D．(オ)　E．(エ)

四 A．(ウ)　B．(カ)　C．(ク)　D．(イ)　E．(オ)

《数　学》

1 (1)$\frac{\sqrt{6}}{6}$　(2)$-\frac{2}{5}$　(3)$\frac{5}{6}x$　(4)100

2 (1)$4(x+3y)(x-3y)$　(2)$x=10,\ -2$　(3)$x=4,\ y=-2$　(4)$8\sqrt{3}$　(5)105

3 9

4 60%

5 (1)$\frac{1}{9}$　(2)$\frac{8}{9}$

6 (1)46　(2)21

7 (1)$y=x+4$　(2)(3，7)

8 (1)100°　(2)60°

9 4：1

《英　語》

1 縦１…tear　縦２…practice　縦３…school　縦４…eat　縦５…city　横ア…treasure
横イ…radio　横ウ…economy

2 （A）（ク）　（B）（エ）　（C）（ア）　（D）（キ）

3 １．③　２．④　３．②　４．③　５．④

4 １．（イ）　２．（ウ）　３．（ウ）　４．（エ）　５．（イ）

5 ［２番目，５番目］　１．［イ，ウ］　２．［ア，ウ］　３．［ア，イ］　４．［イ，ア］　５．［カ，オ］

6 １．（イ）　２．（ア），（カ）

7 １．（エ）　２．orange　３．（ア）　４．（エ）　５．（ア）　６．（ア）　７．（ウ）

《理　科》

1 ⑴（ウ）　⑵①（イ）　②（ウ）　③（エ）　④（ア）　⑶（ⅰ）ア　（ⅱ）ア　（ⅲ）1004 hPa　（ⅳ）2019年10月10日11時

2 ⑴100 g　⑵60 g　⑶1.25 g/cm³　⑷0.5N

3 ⑴（ア），（エ）　⑵（イ），（エ），（カ）　⑶（イ），（ウ）　⑷①C　②（X）水素　（Y）塩化物

4 ⑴①×　②○　③△　⑵A．３　B．３　C．３　⑶①ライオン　②シマウマ　③ライオン　④ライオン

《社　会》

1 問１．メソポタミア文明　問２．甲骨文字　問３．始皇帝　問４．殷→秦→漢→隋　問５．ユダヤ教
問６．ＰＬＯ　問７．バスコ・ダ・ガマ　問８．ミケランジェロ　問９．レーニン
問10．アメリカ（合衆国）

2 問１．イ　問２．（イ）　問３．（エ）　問４．（イ）　問５．（オ）　問６．イ　問７．（エ）
問８．（エ）　問９．（イ）　問10．（エ）

3 問１．A．エジプト　B．サハラ　C．ギニア　D．マダガスカル　問２．アパルトヘイト
問３．モノカルチャー経済　問４．設問①カカオ豆　設問②フェアトレード　設問③（エ）　問５．ウ
問６．（ア）　問７．（イ）　問８．（エ）　問９．（ウ）　問10．（イ）

4 問１．（カ）　問２．（ウ）　問３．累進課税（制度）　問４．（ア）　問５．（エ）

5 問１．（オ）　問２．（ウ）　問３．（イ）　問４．①（ケ）　②（ア）

6 問１．（ウ）　問２．（イ）　問３．①リオデジャネイロ　②（ウ）　問４．キャップ・アンド・トレード

←解答例は前ページにありますので，そちらをご覧ください。

《2020　国語　解説》

一 **問四**　「時代を問わない普遍的な疑問」とは、３行前の「こうした疑問を感じる子どもはいつの世にもいる」の「こうした疑問」と同じ。「こうした疑問」の具体例は「理科や数学を勉強することって、大人になってからも役に立つの？」という疑問。それについて「理科や数学は社会人になったときに不要に思える場合もあるだけに、そんな疑問を持つのも当然かもしれません」と述べている。「理科や数学」に限らず、その子にとって社会人になったときに不要に思える科目を、なぜ学ばなければならないのかという疑問は、いつの時代にも共通する疑問である。

問五　直前から抜き出し、「そこ」に入れて読んで文意が通るか確かめる。

問六　「漢字の成り立ちを調べてみると、人類の悲しい歴史が見て取れます」と似ている表現(「漢字の成り立ちが物語るように、かつて人の生命は殺戮《さつりく》という形で簡単に奪われました」)に着目する。

問八．一　直前の２文の内容を指す。よって(エ)が適する。　**二**　――⑤の直後に「より良い社会を～継承されてきたから」と述べられていることに着目する。

問九　文末まで読むと「私たちの快適で幸福な生活は～でできています」と述べられている。「～でできています」ということは、それに「支えられている」と言える。

問十　――⑦の直前の「数学的な思考で論理的な考え方ができる」「理科的な実証主義で物事に対処できる」に当てはまる例を選ぶ。(ウ)の「間に合うように～調べた」は前者に当たるので適する。(カ)の「試作し」たのは後者にあたるので適する。

問十一　――⑧は、直前の「すべての科目を学ぶ基礎には思考力を養うという共通点があります。頭をより高度に働かせようと思ったら、すべてが必要～人類が築いてきた遺産をがっちりと受け止めて、次の世代に継承していく。社会を発展的に再生産するという観点からも、私たちはすべての科目を学ぶことが必要」という意味から発せられている。よって(ウ)が適する。すべての科目を学び思考力を養った人には、より快適で幸福な人生が開ける、そして、人類が築いてきた遺産を受け止め次の世代に継承していくことは、社会の良好な発展につながると筆者は主張している。

問十二　「理科や数学を学ぶこと」によって「科学的な思考力」を身につけることができる。国語を学ぶことによって語彙を増やすことができ、それは「思考力の深さ」に直結する。「すべての科目を学ぶ基礎には思考力を養うという共通点があります。頭をより高度に働かせようと思ったら、すべてが必要ということです」これらより、様々な科目を学ぶことで「思考力」を身につけることができることが分かる。

問十三Ａ　「世界大戦もあったし、ファシズムもありました。しかし、総じて平等に権利を保障されて生きることができるような世の中になりました」より。　**Ｂ**　「現在の社会が安定していることの大きな理由は、人間が安心・安全に生きられる理念が盛り込まれた近代的な憲法がつくられたからでしょう」より。　**Ｃ**　「科学が発展し、私たちが豊かな暮らしを送れるようになった背景には」より。　**Ｄ**　「文系」に対する語。「文系の人でも数学ができるようにしておくと、数学的な考え方で、より論理的に思考でき、対処できるようになる」「理系の人たちにも国語力が必要です。むしろ国語力がないと、議論や論文を論理的に展開できない」より。　**Ｅ・Ｆ**　「人類が築いてきた遺産をがっちりと受け止めて、次の世代に継承していく」より。

三 **問二**　「ある僧、人のもとへ行きけり」とあるので、その家のあるじが、客人として招いた僧に酒などを勧めたということ。

問三　「氷魚《ひを》はじめて出で来たりければ」より。その季節に初めて収獲した氷魚《ひお》(＝初物の氷魚)ということ。よって(ウ)が適する。初物は珍しく、貴重である。

問四　主人が用事で奥に入って、再び僧のいる座敷に出てきたら、僧は肉・魚などは禁じられているはずなのに、氷魚が少なくなっていたので、驚いたのだ。しかし客人に対して、それをとがめたり、問いただしたりすることはすべきことではなかったので、当惑しているのだ。よって(ア)が適する。

問五　直前の「～ければ」に着目する。この已然《いぜん》形+「ば」は、「～ので」の意味(理由)を表す。この僧の鼻から氷魚が一匹ぷっと出てきたので、主人は不審に思ったのだ。

問六　「あるじあやしう覚えて～といひければ」なので、発言したのは「あるじ」。

問七A　氷魚と雹《ひょう》は音が似ているので掛けている。よって(イ)が適する。　　**B**　雹は空から降るので、氷魚は目鼻から降ると言った。よって(エ)が適する。

問八　(ア)僧が言ったのは弁明のために思いついたダジャレで「支離滅裂な答え」ではない。よって「僧を見下して」いるということもない。　(イ)僧は主人に「怒られて」はいない。　(ウ)僧は窮地をしのごうとしたのであり、「あるじを言い負かせ」ているのではない。　(エ)主人のいないすきに氷魚を一気に食べたことが、鼻から氷魚が出てきてばれそうになった。そこでダジャレを言ってごまかそうとした僧が滑稽だったので人々は笑った。　よって(エ)が適する。

【古文の内容】

これも今となってはもう昔のことだが、ある僧が、人のもとへ(呼ばれて)行った。(その家の主人が)酒などを勧めたが、氷魚が初物として出始めたので、主人は珍しく思って、ごちそうした。主人は用事があって、奥へ入り、また(僧のいる座敷に)出てきたところ、この氷魚が思いのほか少なくなっていたので、主人は、どうしてかと思ったが、(こちらから)口にすべきことでもなかったので、(そのまま)雑談をしているうちに、この僧の鼻から氷魚が一匹ぷっと飛び出してきたので、主人は不審に思って、「あなたの鼻から氷魚が出てきたのは、どうしたことですか」と言うと、(僧は)すぐさま、「このごろの氷魚は目鼻から降ってくるのですよ(“雹が〈空から〉降る”からのダジャレ)」と言ったので、人は皆、「わっ」と笑った。

《2020　数学　解説》

1

(1)　与式$=(\sqrt{3}-\sqrt{2})(\frac{\sqrt{3}}{\sqrt{6}}+\frac{\sqrt{2}}{\sqrt{6}})=(\sqrt{3}-\sqrt{2})\times\frac{\sqrt{3}+\sqrt{2}}{\sqrt{6}}=\frac{(\sqrt{3})^2-\sqrt{2}^2}{\sqrt{6}}=\frac{3-2}{\sqrt{6}}=\frac{1}{\sqrt{6}}=\frac{\sqrt{6}}{6}$

(2)　与式$=\frac{2}{5}+\frac{8}{15}-\frac{4}{3}=\frac{6}{15}+\frac{8}{15}-\frac{20}{15}=-\frac{6}{15}=-\frac{2}{5}$

(3)　与式$=\frac{3}{2}x+3-(\frac{2}{3}x-1)-4=\frac{3}{2}x+3-\frac{2}{3}x+1-4=\frac{9}{6}x-\frac{4}{6}x=\frac{5}{6}x$

(4)　与式$=(2.7+7.3)^2=10^2=100$

2

(1)　与式$=4(x^2-9y^2)=4\{x^2-(3y)^2\}=4(x+3y)(x-3y)$

(2)　与式の両辺に20をかけて，$5x^2-4(x^2+2x)=20$　　$5x^2-4x^2-8x=20$　　$x^2-8x-20=0$

$(x-10)(x+2)=0$　　$x=10,\ -2$

(3)　$2x-3y=14$…①，$5x+4y=12$…②とする。

①×4＋②×3でyを消去すると，$8x+15x=56+36$　　$23x=92$　　$x=4$

②に$x=4$を代入すると，$20+4y=12$　　$4y=-8$　　$y=-2$

(4) $x^3y-xy^3=xy(x^2-y^2)=xy(x+y)(x-y)$　　$x=2+\sqrt{3}$，$y=2-\sqrt{3}$を代入すると，

$(2+\sqrt{3})(2-\sqrt{3})\{(2+\sqrt{3})+(2-\sqrt{3})\}\{(2+\sqrt{3})-(2-\sqrt{3})\}=(4-3)\times4\times2\sqrt{3}=8\sqrt{3}$

(5) 整数になるためには，$\sqrt{\dfrac{420}{n}}$が$\sqrt{○^2}$の形にならなければならない。$\sqrt{\dfrac{420}{n}}=\sqrt{\dfrac{2^2\times3\times5\times7}{n}}$だから，

$\sqrt{○^2}$の形になるためには，nの因数に$3\times5\times7$が含まれていなければならない。

よって，条件に合う最小のnの値は，$3\times5\times7=105$

3 5人の合計点は$8.2\times5=41$(点)だから，$10+9+6+7+x=41$より，$x=9$

4 170㎝以上の部員は$10+2=12$(人)いるから，全体の，$\dfrac{12}{20}\times100=60$(%)にあたる。

5 3つの袋からの球の取り出し方はそれぞれ3通りあるから，3つの球の取り出し方は全部で，$3\times3\times3=27$(通り)ある。3つの袋を袋A，B，Cとする。

(1) 取り出した球の色がすべて同じ色となる取り出し方は，

(A，B，C)＝(赤，赤，赤)(青，青，青)(白，白，白)の3通りだから，求める確率は，$\dfrac{3}{27}=\dfrac{1}{9}$

(2) 取り出した球の色が2色以上出る確率は，1－(取り出した球の色がすべて同じ色となる確率)$=1-\dfrac{1}{9}=\dfrac{8}{9}$

6 (1) 前後の数の差を調べると，$1\overset{1}{\frown}2\overset{2}{\frown}4\overset{3}{\frown}7\overset{4}{\frown}11\overset{5}{\frown}16\overset{6}{\frown}22$，…となっていて，差が1ずつ大きくなっているとわかる。よって，$S(8)=22+7=29$，$S(9)=29+8=37$，$S(10)=37+9=46$

(2) この数の列の規則は(1)の解説のようになっているから，S(10)以降の数を1つずつ求めていけば，やがて211になるところがわかるが，以下のように計算すると，より早く求めることができる。

S(10)は，1に，1から9までの整数の和を加えた数とわかる。つまり，S(n)は，1に，1からn－1までの整数の和を加えた数である。

1からn－1までの連続する整数の和の2倍は，

右の筆算より，$n\times(n-1)$となるから，

1からn－1までの連続する整数の和は，$\dfrac{n(n-1)}{2}$

$$\begin{array}{rcccccccccc} & 1 & + & 2 & + & 3 & +\cdots\cdots+ & (n-2) & + & (n-1) \\ +) & (n-1) & + & (n-2) & + & (n-3) & +\cdots\cdots+ & 2 & + & 1 \\ \hline & n & + & n & + & n & +\cdots\cdots+ & n & + & n \end{array}$$

よって，$1+\dfrac{n(n-1)}{2}=211$を解くと，$n=21$，-20となる。$n>0$より，求めるnの値は，$n=21$

7 (1) $y=\dfrac{1}{2}x^2$に，A，Bのx座標をそれぞれ代入すると，$y=\dfrac{1}{2}\times(-2)^2=2$，$y=\dfrac{1}{2}\times4^2=8$となるから，

A(－2，2)，B(4，8)である。

直線ℓの式を$y=ax+b$とする。Aの座標から$2=-2a+b$，Bの座標から$8=4a+b$が成り立つ。

これらを連立方程式として解くと，$a=1$，$b=4$となるから，直線ℓの式は，$y=x+4$

(2) △APOと△BPOは，底辺をそれぞれAP，BPとしたときの高さが等しいから，

AP：BPは面積比と等しく5：1となる。したがって，AP：AB＝5：6である。

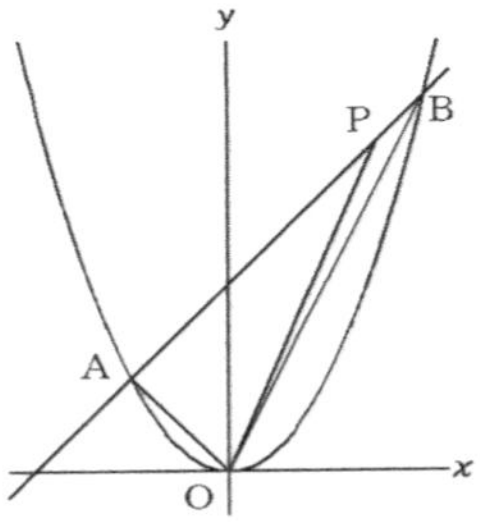

3点A，P，Bは同一直線上にあるから，

(AとPのx座標の差)：(AとBのx座標の差)＝AP：AB＝5：6なので，

(AとPのx座標の差)＝(AとBのx座標の差)$\times\dfrac{5}{6}=\{4-(-2)\}\times\dfrac{5}{6}=5$

よって，Pのx座標は$-2+5=3$であり，$y=x+4$に$x=3$を代入すると，

$y=3+4=7$となるから，P(3，7)である。

8 (1) 右図のように記号をおく。

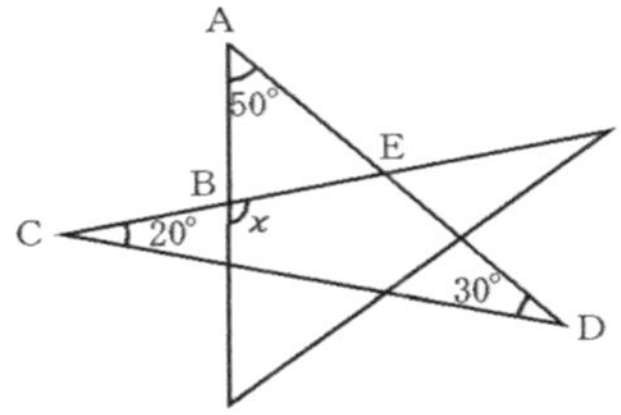

三角形の1つの外角は，これととなり合わない2つの内角の和に等しいから，

△ECDにおいて，∠AEC＝∠ECD＋∠EDC＝20＋30＝50(°)

△ABEにおいて，∠x＝∠BAE＋∠BEA＝50＋50＝100(°)

(2)　右図のように記号をおく。

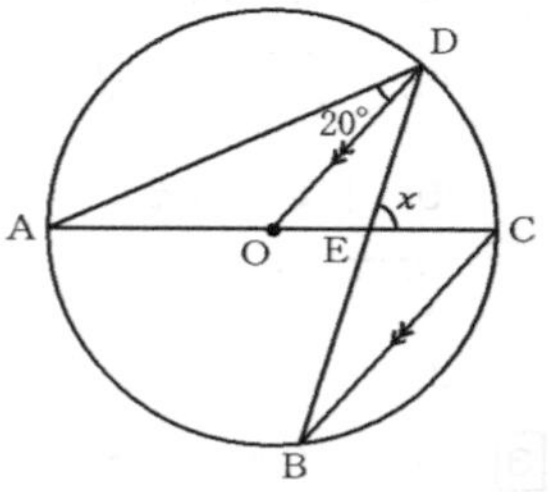

△ＯＡＤはＯＡ＝ＯＤの二等辺三角形だから，∠ＯＡＤ＝∠ＯＤＡ＝20°

三角形の１つの外角は，これととなり合わない２つの内角の和に等しいから，

△ＯＡＤにおいて，∠ＤＯＣ＝∠ＯＡＤ＋∠ＯＤＡ＝20＋20＝40(°)

平行線の錯角は等しく，ＯＤ//ＢＣだから，∠ＢＣＯ＝∠ＤＯＣ＝40°

円周角の定理より，∠ＤＢＣ＝∠ＤＡＣ＝20°

△ＢＣＥにおいて，三角形の外角の性質より，∠x＝∠ＥＣＢ＋∠ＥＢＣ＝40＋20＝60(°)

9　ＢＥ＝$2x$，ＥＣ＝xとし，右のように作図する。

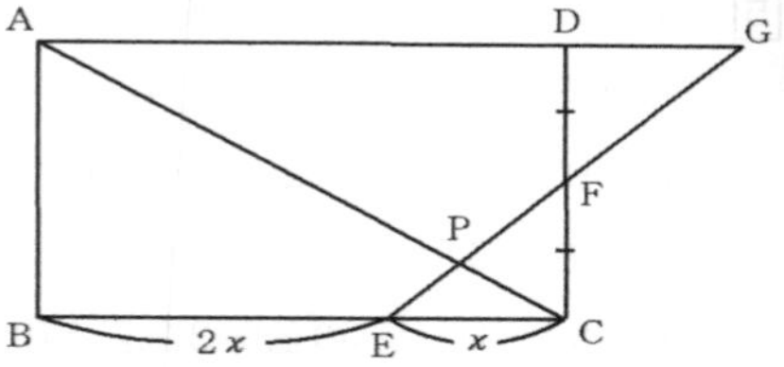

ＡＧ//ＢＣより，△ＡＧＰ∽△ＣＥＰが成り立つから，ＡＰ：ＰＣはＡＧ：ＣＥと等しいので，ＡＧ：ＣＥを求める。

△ＤＧＦと△ＣＥＦにおいて，ＤＦ＝ＣＦ(仮定)，

∠ＤＦＧ＝∠ＣＦＥ(対頂角)，∠ＦＤＧ＝∠ＦＣＥ＝90°だから，

△ＤＧＦ≡△ＣＥＦなので，ＤＧ＝ＣＥ＝x

長方形の向かい合う辺は等しいので，ＡＤ＝ＢＣ＝$2x+x=3x$だから，ＡＧ＝$3x+x=4x$

よって，ＡＧ：ＣＥ＝$4x:x$＝４：１だから，ＡＰ：ＰＣ＝４：１

《2020　英語　解説》

1　**縦のカギ**　縦１「あなたが悲しいときや嬉しいとき，目から出る塩辛い液体の雫《しずく》」＝tear「涙」　縦２「技術を上達させるために，繰り返し行う行為」＝practice「練習」　縦３「子どもたちが数学や理科，歴史などの科目を教えられる場所」＝school「学校」　縦４「口に食べ物を入れ，かみ，飲み込むこと」＝eat「食べる」　縦５「多くの人々が住む，重要で大きな街」＝city「都市」

横のカギ　横ア「金，銀，宝石など，価値のあるものの集まり」＝treasure「宝物」　横イ「音楽，ニュース，道路情報，天気予報などを聞くのに使える電気機器」＝radio「ラジオ」　横ウ「国でお金，商品，製品が生産され使われるシステム」＝economy「経済」

2　(Ａ)　often「しばしば」，early「早く」より，グループＡは副詞だから，(ク) home「我が家に」が適切。

(Ｂ)　give-gave-given，break-broke-broken より，グループＢは不規則に変化する動詞だから，(エ) go が適切。

(Ｃ)　easy-easier，happy-happier より，グループＣは比較級が-er で終わる形容詞だから，(ア) clear が適切。

(Ｄ)　water「水／水をまく」，book「本／予約する」より，グループＤは名詞でもあり，動詞でもあるから，(キ) watch「時計／観察する」が適切。

なお，(イ) careful は形容詞，(ウ) learn は規則動詞，(オ) those は代名詞，(カ) apple は名詞だから，不適切。

3　１　×③But→〇However「しかしながら」：but は前の文と後の文が対立する内容のときに使う接続詞。

・look forward to ～「～を楽しみに待つ」

２　×④ a train→〇train：交通手段は〈by＋無冠詞の名詞〉で表すから，by train「電車で」が正しい。

３　×②am going to→〇will：〈If＋主語＋動詞の現在形 ～，主語＋will＋動詞の原形 …〉「もし～なら，…します」の文にする。be going to ～は，すでに決めていることをする場合に使うから，条件を表す if とは使えない。

４　×③to sit on→〇sitting on：〈現在分詞（動詞の ing 形）＋語句〉が後ろから，前にある名詞（ここでは man）を修飾する文。

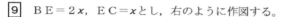

5　×④hadn't→○didn't have：have の過去形の否定文は didn't have が適切。

4　1　A「はじめまして」→B（イ）「はじめまして(=You too.)」…Nice meeting you too.を略したもの。

2　A「あなたはこの辺の人ですか？」→B（ウ）「いいえ。友人を訪ねるところです(=I am visiting a friend.)

3　（ウ）「今朝はかなり(pretty)寒い」

4　（エ）「そのラーメン店は昨日休業日だった(=The ramen dining was closed yesterday.)」…文末の yesterday から，時制が過去で，The ramen dining が主語より，〈be 動詞＋過去分詞〉の受動態が適切。

5　（イ）「私は塩辛くてスパイシーな食べ物が好きなので，クッキーやチョコレートは食べません(=..., so I won't eat cookies or chocolates.)」…否定語のあとで「ＡでもＢでもない」を表す場合は，not ～ A or B を使う。

5　1　This is the easiest question I have ever seen.：省略された関係代名詞（ここでは最上級の形容詞 easiest より that）以下が〈have/has ever＋過去分詞〉の現在完了“経験”の文で，先行詞 question を修飾する文。文意「これは私が今まで見た中で１番易しい質問だ」

2　He suddenly stopped to see the beautiful sky.：・stop to ～「～するために立ち止まる」なお，stop ~ing は「～することをやめる」という意味を表す。文意「彼は美しい空を見るために突然立ち止まった」

3　My mother wanted me not to enter that school.：〈want＋人＋to ～〉「(人)に～してほしい」の to 以下（不定詞が表す内容）を否定する場合は，〈not to ～〉という形にする。文意「母は私がその学校に入学するのを望まなかった」

4　The book written by Osamu is difficult for students.：written や by より，〈過去分詞＋語句〉が後ろから前の名詞（ここでは book）を修飾する文。文意「オサムによって書かれたその本は生徒たちには難しい」

5　Please tell me which bus I should take.：間接疑問の文。〈疑問詞＋主語＋動詞〉の語順になることに注意。文意「どちらのバスに乗るべきか，私に教えてください」

6　【本文の要約】と下の図を参照。1　質問「ＰとＲの背の高さの差は何（cm）か？」…図から，（イ）が適切。

2　正しい文を２つ選ぶ問題。（ア）○「１番背が高いのはＰである」　（イ）「１番背が低いのは×Ｔである」…１番背が低いのはＳ。　（ウ）「１番背が高い人と１番背が低い人の差は×24 cmである」…22 cmが正しい。

（エ）「Ｑは平均身長より×背が高い」…Ｑの身長は 168 cmだから，平均身長（170 cm）より低い。

（オ）「Ｓの身長は×156 cmである」…Ｓの身長は 160 cm。　（カ）○「Ｒの身長は 176 cmである」

【本文の要約】

・これらの生徒たちの平均身長は 170 cmである。
・ＱはＲより８cm背が低く，Ｔより４cm背が高い。
・ＳはＲより 16 cm背が低い。
・ＰはＴより 18 cm背が高い。

図

左から，（低い）Ｓ →（4 cm）Ｔ →（4 cm）Ｑ →（8 cm）Ｒ →（6 cm）Ｐ（高い）の順になる。

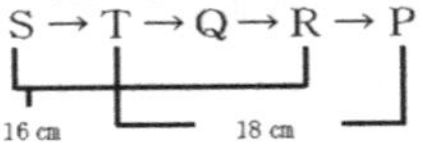

平均身長は，
｛Ｓ＋(Ｓ＋４)＋(Ｓ＋８)＋(Ｓ＋16)＋(Ｓ＋22)｝÷５＝170
より，Ｓ＝160 cm
よって，Ｔ＝164 cm，Ｑ＝168 cm，Ｒ＝176 cm，Ｐ＝182 cm

7　【本文の要約】参照。

1　前にある smell「匂いがする」より，（エ）smell が適切。

2　同文の from citruses such as lemon, grapefruit....より，柑橘系の果物が入るから，第２段落３行目の orange が適切。

3　副詞 however より，第３段落１～３行目の内容「18 世紀では，コロンは高価で一部の人にしか買えなかった」と逆の意味の単語の(ア)common「一般的な／普通の」が適切。

4　質問「この文と一致するものはどれですか？」…第１段落２～３行目より，（エ）「ファリナはイタリアの自然

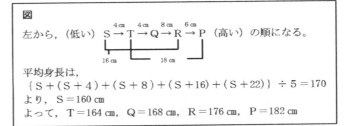

なものの匂いが恋しかった」が適切。(ア)「彼の故郷の気候は彼にとって×寒すぎるものだった」　(イ)「彼の町の雰囲気は故郷と×ほとんど同じだった」　(ウ)「ファリナは×ドイツのある町で生まれた」

5　質問「この文と一致するものはどれですか？」…第２段落１行目より，(ア)「当時の人々は，バティストという名前をよく聞いた」が適切。(イ)「ファリナは×花の香水を初めてつくった人物だった」　(ウ)「ファリナは魔法の水を作るために，×ドイツによくあるものを使った」　(エ)「彼の魔法の水の名前は×イタリアにある彼の新天地に由来した」

6　質問「18 世紀のたいていの人々に関して，この文と一致するものはどれですか？」…第３段落２～３行目より(ア)「彼らは低価格でコロンを手に入れることはできなかった」が適切。　(イ)×「彼らは風呂が嫌いだった，それで臭いを気にしなかった」…本文にない内容。　(ウ)×「彼らは体臭を隠すためにコロンを欲しがった」…上流階級の人々についての内容。　(エ)×「彼らは選べる香りがたくさんあり，それらを手軽に使えた」…本文にない内容。

7　質問「この文の題名として最もふさわしいものはどれですか？」…(ウ)「ヨハンのライフワーク（一生の仕事）が適切。(ア)「魔法の水の歴史」，(イ)「ケルンの柑橘類と花々」，(エ)「良い香りを保つ最高の方法」は不適切。

【本文の要約】

ヨハン・マリア・ファリナ（イタリア語名：ジョヴァンニ・マリーア・ファリーナ）は，ドイツのケルンで新しい生活を始めました。その町の気候は寒く，故郷とは大違いでした。4(エ)彼の大好きな植物の香りがする場所はどこにもありませんでした。故郷を強く思うあまり，彼は自分の大好きな香り，つまり，故郷イタリアの匂いがする魔法の水の開発を手掛けたのでした。

1708 年，彼は兄弟のジャン・バティスト（5(ア)当時はおそらく誰もがこの名前だったのでしょう）に自分の作った水について手紙を書きました。「私は，イタリアの春の朝，山の花々，そして雨上がりのオレンジの花を思い出させる香りを発見した」

ファリナは発明家でもあり，詩人でもありました。彼はその魔法の水に，新しい故郷ケルン（コロン）にちなんだ名前をつけました。70～90%のアルコールをベースに，レモン，グレープフルーツ，ライム，ベルガモット，②オレンジなどの柑橘類の精油が入っていました。また彼は，ラベンダー，タイム，ローズマリー，ジャスミンといった花から，そしてタバコからさえ取り出した精油を使ったのです。1709 年，彼は自分の会社を設立し，この魔法の水を販売しました

彼の発明は上流階級の人々の間で大変な人気となりました。18 世紀の人々は頻繁に風呂に入らなかったので，体臭を消すものが必要でした。6(ア)コロン１瓶の値段で，平均的な（収入の）人を半年以上養うことができると言われましたたいていの人には買えないものだったのです。しかしながら今日では，オー・デ・コロン（もしくは「コロン」）は，多くの人々にとって③(ア)一般的なものになっています。洋服ブランド，薬局，そして自動車会社でさえ，いろいろな会社が自社（ブランド）の香水を販売しており，私たちは様々な香りを手軽に楽しむことができます。あなたはどんな香りが好きですか？

《2020　理科　解説》

1　(1)　(ウ)○…１．北半球では，冬に偏西風が最も強くなる。　２～４．赤道付近の北太平洋で発生した熱帯低気圧のうち，中心付近の最大風速が17.2m/s 以上になったものを台風という。　５．台風の目では，下降気流が生じていて，雲がほとんどなく，晴れている。その周辺では激しい上昇気流によって積乱雲が発達し，激しい雨が降る

6，7．北にある気温が低く，湿ったオホーツク海気団と，南にある気温が高く，湿った小笠原気団が等しい勢力でぶつかると停滞前線ができる。夏が近づいて小笠原気団の勢力が強まっていくときが梅雨，夏の終わりに小笠原気団の勢力が弱まっていくときが秋雨である。

(3)　(ⅰ)ア○…等圧線の間隔がせまいところほど，強い風がふく。　(ⅱ)ア○…高気圧の中心の近くにあるイとウでは雨が降っていないと考えられる。　(ⅲ)等圧線は，太線の1000hPaを基準に4hPaごとに引き20hPaごとに太線にする。エのすぐ上にかかれている「996」は，その数値がかかっている太線の等圧線の気圧を表しているのではなく，低気圧の中心の気圧を表しているから，この太線の等圧線は996hPaより4hPa高い1000hPaであり，エでの気圧は1000hPaよりさらに4hPa高い1004hPaである。　(ⅳ)図の2019年10月9日15時から，$\frac{300(\mathrm{km})}{15(\mathrm{km/h})}$＝20(時間後)の2019年10月10日11時が正答となる。

2　(1)　水中にある物体には，物体が押しのけた水と同じ重さの上向きの力(浮力)がはたらく。図のように，体積200㎤のXがちょうど水中に沈むとき，Xが押しのける水は200㎤→200gである。Xの重さは100gだから，ネズミの重さは200－100＝100(g)である。

(2)　密度が0.8g/㎤の油の200㎤の重さは，0.8(g/㎤)×200(㎤)＝160(g)だから，図のように，体積200㎤のXがちょうど油の中に沈んだときにはたらく浮力は160gである。Xの重さは100gだから，ネズミの重さは160－100＝60(g)である。

(3)　Xにはたらく浮力が100＋150＝250(g)になればよい。つまり，200㎤での重さが250gになる液体の密度を求めればよいので，$\frac{250(\mathrm{g})}{200(\mathrm{cm^3})}$＝1.25(g/㎤)が正答となる。

(4)　(1)より，Xにかかる重さが100gになればよいから，ネズミの重さ150gのうち，150－100＝50(g)をばねばかりが引っ張るようにすればよい。100gの物体にはたらく重力の大きさを1Nとして，$\frac{50}{100}$＝0.5(N)が正答となる。

3　(1)　アルカリ性の水溶液と酸性の水溶液を混ぜ合わせると，たがいの性質を打ち消し合う中和が起こり，水と塩《えん》ができる。できる塩は水溶液の組み合わせによって決まっていて，(ア)と(エ)の中和でできる塩が食塩(塩化ナトリウム)である〔$NaOH + HCl \rightarrow NaCl + H_2O$〕。

(2)　BTB溶液は酸性で黄色になるから，(イ)，(エ)，(カ)が正答となる。なお，BTB溶液は中性で緑色，アルカリ性で青色になる。(ア)，(ウ)，(オ)はアルカリ性の水溶液である。

(3)　(イ)と(ウ)の中和〔$H_2SO_4 + Ba(OH)_2 \rightarrow BaSO_4 + 2H_2O$〕によってできる硫酸バリウムは水に溶けにくいため，白色沈殿が生じる。

(4)　塩酸の溶質である塩化水素は，水に溶けると水素イオンと塩化物イオンに電離する〔$HCl \rightarrow H^+ + Cl^-$〕。青色リトマス紙を赤く変色させる(酸性の原因となる)のは水素イオンである。水素イオンは陽イオンだから，電圧を加えると陰極側に移動する。

4　(1)　①×…草食動物であるウマの上あごには犬歯が1本ある。　②○…草食動物はウサギとウマとウシ，肉食動物はネコとライオンである。草食動物は，大臼歯の数が肉食動物よりも多い。　③△…表から歯の大きさについてはわからないので，どちらともいえない。

(2)　表で，ウシと同じ草食動物であるウサギとウマのA～Cにあたる部分の歯の数がすべて3になっていることに着目する。

(3)　①ライオンは，目が前向きについていることで(両目で)立体的に見ることができる範囲が広くなり，獲物との距離がはかりやすい。なお，シマウマは，目が横向きについていることで視野が広くなり，敵を見つけやすい。②シマウマは，草を門歯でかみ切り，臼歯ですりつぶすので，これらの歯が発達している。なお，ライオンは，肉を引きさくための犬歯が発達している。　③比較的消化されやすい肉を食べるライオンの腸は体長の４倍程で，それほど長くない。なお，消化されにくい草を食べるシマウマの腸は体長の10倍以上もある。　④ライオンのあしの裏には肉球があり，音を立てずに獲物に近づくことができる。なお，シマウマのあしにはひづめがあり，敵から逃げるために長時間走っても割れにくい丈夫なつくりになっている。

―《2020　社会　解説》―

1　問２　中国文明では，亀の甲や水牛の肩甲骨などに彫られた，中国最古の象形文字の甲骨文字が使用された。

問３　写真２の兵馬俑は，秦の始皇帝の墓に7000体ほど並べられた。

問４　「殷」と「秦」の間には「周」という王朝も成立した。

問５　イスラエルの都市エルサレムは，ユダヤ教，キリスト教，イスラム教の聖地とされている。

問６　1993年のオスロ合意で，イスラエルとＰＬＯが交渉し，パレスチナ暫定自治協定が成立した。パレスチナ紛争の発端は，1948年に建国されたイスラエルに多くのユダヤ人が移住するようになり，その地に住んでいたパレスチナ人が追い出されて難民となってしまったことにある。

問８　ルネサンス(文芸復興)は，14～16世紀のヨーロッパで起こった，古代ギリシャ・ローマ文化の再現で，ミケランジェロのダビデ像やレオナルド・ダ・ビンチの「モナ・リザ」などが有名である。

問９　レーニン率いる革命政府は史上初の社会主義政府だった。

問10　ベトナム戦争は，中国やソ連(社会主義国)が支援する北ベトナムと，アメリカ(資本主義国)が支援する南ベトナムとの間で起こった。1973年にアメリカがベトナムから撤退し，1975年に北ベトナムが南ベトナムに勝利した。

2　問１　イの大阪府堺市にある大仙古墳が正しい。アは日光東照宮(栃木県)，ウは姫路城(兵庫県)，エは富岡製糸場(群馬県)。

問２　Ｂは北海道だから(イ)が正しい。　(ア)弥生時代，北海道では狩猟や漁を中心とした生活が続いていて稲作は伝わっていなかった。　(ウ)ロシアからラクスマンが来航したのは根室である。　(エ)アイヌ民族の保護は平成時代以降である。

問３　Ｃは沖縄県だから(エ)が正しい。　(ア)尚巴志は中山王であり，那覇は沖縄本島南部に位置する。　(イ)琉球処分(1872年～1879年)は下関条約(1895年)前である。　(ウ)沖縄返還(1972年)は朝鮮戦争開始(1950年)後である。

問４　(イ)大化の改新(645年)→大宝律令の制定(701年)→墾田永年私財法(743年)

問５　(オ)桓武天皇は，奈良の仏教勢力との関係を断ち，律令政治を立て直すため，都を京都の長岡京，次いで平安京に移した。

問６　隠岐のイを選ぶ。1221年，源氏の将軍が３代で途絶えたのをきっかけに，後鳥羽上皇は鎌倉幕府打倒をかかげて挙兵した。承久の乱後，幕府は西国の武士や朝廷の監視を目的に，京都に六波羅探題を置き，幕府の支配は九州～関東に及んだ。アは対馬，ウは佐渡島，エは奥尻島。

問７　８代将軍徳川吉宗による享保の改革の(エ)が正しい。(ア)は11代将軍徳川家斉，(イ)は初代将軍徳川家康，(ウ)は老中水野忠邦による天保の改革，(オ)は５代将軍徳川綱吉の政策である。

問８　Ｈは愛知県であるが，(エ)は美濃国(岐阜県)出身の明智光秀についての記述だから誤り。(ア)は織田信長，(イ)は豊臣秀吉，(ウ)は徳川家康についての記述である。

問９　(イ)の「滅ぼした」が誤り。島津氏は豊臣秀吉の九州征伐で敗れたが，その後許され，朝鮮出兵時に尽力した。

問 10　Ｊは東北地方であるが，(エ)は北海道のアイヌ民族についての記述だから誤り。また，コシャマインは室町時代に戦った蝦夷の首長である。

3 問１Ａ　エジプトの国境が直線的なのは，19 世紀のヨーロッパ諸国によるアフリカ植民地化の際，緯線や経線を利用して国境が決められ，独立後もそのまま使用しているからである。　Ｂ　サハラ砂漠は世界最大の砂漠である。

問２　アパルトヘイトの廃止に尽力したネルソン・マンデラは，1994 年，南アフリカ共和国初の黒人の大統領となった。

問３　モノカルチャー経済は，景気や国際情勢などに左右されやすく，価格の変動が大きいため，安定した収入を得ることが難しいという問題がある。

問４設問①　カカオ豆はチョコレートやココアの主原料である。　設問③　(エ)コートジボワールをはじめとするギニア湾沿岸では，プランテーション農業によるカカオ豆の生産が盛んである。

問５　緯度０度の赤道はアフリカ大陸のビクトリア湖を通るので，ウを選ぶ。

問６　(ア)南スーダンがスーダンから独立した内戦の背景には，民族・宗教間の対立や，石油の支配権をめぐる対立などがあった。

問７　(イ)が正しい。ＩＬＯは国際労働機関，ＮＰＯは非営利組織，ＯＥＣＤは経済協力開発機構，ＬＬＤＣは後発開発途上国の略称である。

問８　(エ)が正しい。ＧＡＴＴは関税および貿易に関する一般協定，ＡＰＥＣはアジア太平洋経済協力，ＪＩＣＡは国際協力機構，ＵＮＩＣＥＦは国連児童基金の略称である。

問９　(ウ)「あ」を難民受け入れを積極的に行っているドイツ，「う」を先進国の中で最も難民の受け入れが少ない日本と判断できるので，「い」はイギリスとなる。

問 10　(イ)が正しい。かつてはエチオピアや南アフリカ共和国を除くアフリカのほぼ全域がヨーロッパの国々の植民地であったが，第二次世界大戦後に民族運動が高まり，1960 年前後につぎつぎと独立国が誕生した。　(ア)アフリカ中部は熱帯に属するので，温帯の西岸海洋性気候や地中海性気候ではない。　(ウ)問１Ａの下線部参照。(エ)アマゾン川は南アメリカ大陸にある。

4 問１　(カ)国税において，最多のＡを所得税収，次いで多いＣを消費税収と判断する。

問２　(ウ)が誤り。固定資産税は国税ではなく地方税(市町村税)である。

問３　所得を公平に分配するため，租税制度などを通じて所得を移すことを「所得の再分配」という。累進課税制度も再分配の機能をもつ。

問４　(ア)が正しい。　Ｅ．少子高齢化が進む中で，社会保険料を納める働く世代が減少する一方，年金や医療保険給付を受ける高齢者が増えている。　Ｆ．地方財政の格差を是正するために国から交付される依存財源には，使いみちが限定されてない「地方交付税交付金」と，使いみちが限定されている「国庫支出金」がある。　Ｇ．国債は，税収の不足を補うために国が発行する債券である。

問５　(エ)を選ぶ。2020 年時点の消費税は，デンマークが 25%，台湾が５%，タイが７%，イギリスが 20%。中国の増値税は品目や特定の条件によって４段階(13%，９%，６%，３%)に分かれる。

5 問１　(オ)が正しい。ニューヨークはアメリカ，ジュネーブはスイス，ブリュッセルはベルギーの都市である。

問２　(ウ)自国が攻撃されていなくても，自国と密接な関係にある国が攻撃されたとき，共同して防衛にあたる権利を「集団的自衛権」と言う。

問３　(イ)が誤り。日本は安全保障理事会の常任理事国ではない。安全保障理事会には大国一致の原則があり，常任理事国が１国でも反対すればその議案は否決される。また，常任理事国は核保有国でもある。

問４　①は(ケ)，②は(ア)を選ぶ。ＵＮＥＳＣＯは国連教育科学文化機関，ＵＮＩＤＯは国連工業開発機関，ＩＭＦは国際通貨基金，ＷＴＯは世界貿易機関，ＵＮＣＴＡＤは国連貿易開発会議，ＩＡＥＡは国際原子力機関，ＵＮＤＰは国連開発計画，ＷＨＯは世界保健機関，ＵＰＵは万国郵便連合の略称である。

6　**問１**　(ウ)二酸化炭素の多い中国・インド・ロシアは，2000 年以降に経済発展したＢＲＩＣＳに含まれる。

問３①　リオデジャネイロはブラジルの都市である。　②　(ウ)が誤り。パリ協定は，2015 年の国連気候変動枠組条約第 21 回締約国会議(ＣＯＰ21)で調印された。

問４　キャップ・アンド・トレードは，温室効果ガスの排出枠(キャップ)を定め，排出枠が余った国や企業と，排出枠を超えて排出してしまった国や企業との間でトレードする制度である。

■ ご使用にあたってのお願い・ご注意

（1）問題文等の非掲載

著作権上の都合により，問題文や図表などの一部を掲載できない場合があります。

誠に申し訳ございませんが，ご了承くださいますようお願いいたします。

（2）過去問における時事性

過去問題集は，学習指導要領の改訂や社会状況の変化，新たな発見などにより，現在とは異なる表記や解説になっている場合があります。過去問の特性上，出題当時のままで出版していますので，あらかじめご了承ください。

（3）配点

学校等から配点が公表されている場合は，記載しています。公表されていない場合は，記載していません。

独自の予想配点は，出題者の意図と異なる場合があり，お客様が学習するうえで誤った判断をしてしまう恐れがあるため記載していません。

（4）無断複製等の禁止

購入された個人のお客様が，ご家庭でご自身またはご家族の学習のためにコピーをすることは可能ですが，それ以外の目的でコピー，スキャン，転載（ブログ，ＳＮＳなどでの公開を含みます）などをすることは法律により禁止されています。学校や学習塾などで，児童生徒のためにコピーをして使用することも法律により禁止されています。

ご不明な点や，違法な疑いのある行為を確認された場合は，弊社までご連絡ください。

（5）けがに注意

この問題集は針を外して使用します。針を外すときは，けがをしないように注意してください。また，表紙カバーや問題用紙の端で手指を傷つけないように十分注意してください。

（6）正誤

制作には万全を期しておりますが，万が一誤りなどがございましたら，弊社までご連絡ください。

なお，誤りが判明した場合は，弊社ウェブサイトの「ご購入者様のページ」に掲載しておりますので，そちらもご確認ください。

■ お問い合わせ

解答例，解説，印刷，製本など，問題集発行におけるすべての責任は弊社にあります。

ご不明な点がございましたら，弊社ウェブサイトの「お問い合わせ」フォームよりご連絡ください。迅速に対応いたしますが，営業日の都合で回答に数日を要する場合があります。

ご入力いただいたメールアドレス宛に自動返信メールをお送りしています。自動返信メールが届かない場合は，「よくある質問」の「メールの問い合わせに対し返信がありません。」の項目をご確認ください。

また弊社営業日（平日）は，午前９時から午後５時まで，電話でのお問い合わせも受け付けています。

2025春

株式会社教英出版

〒422-8054　静岡県静岡市駿河区南安倍３丁目 12-28

TEL　054-288-2131　　FAX　054-288-2133

URL　https://kyoei-syuppan.net/

MAIL siteform@kyoei-syuppan.net

学校別問題集

北海道

①札幌北斗高等学校
②北星学園大学附属高等学校
③東海大学付属札幌高等学校
④立命館慶祥高等学校
⑤北海高等学校
⑥北見藤高等学校
⑦札幌光星高等学校
⑧函館ラ・サール高等学校
⑨札幌大谷高等学校
⑩北海道科学大学高等学校
⑪遺愛女子高等学校
⑫札幌龍谷学園高等学校
⑬札幌日本大学高等学校
⑭札幌第一高等学校
⑮旭川実業高等学校
⑯北海学園札幌高等学校

青森県

①八戸工業大学第二高等学校

宮城県

①聖和学園高等学校(A日程)
②聖和学園高等学校(B日程)
③東北学院高等学校(A日程)
④東北学院高等学校(B日程)
⑤仙台大学附属明成高等学校
⑥仙台城南高等学校
⑦東北学院榴ケ岡高等学校
⑧古川学園高等学校
⑨仙台育英学園高等学校(A日程)
⑩仙台育英学園高等学校(B日程)
⑪聖ウルスラ学院英智高等学校
⑫宮城学院高等学校
⑬東北生活文化大学高等学校
⑭東北高等学校
⑮常盤木学園高等学校
⑯仙台白百合学園高等学校
⑰尚絅学院高等学校(A日程)
⑱尚絅学院高等学校(B日程)

山形県

①日本大学山形高等学校
②惺山高等学校
③東北文教大学山形城北高等学校
④東海大学山形高等学校
⑤山形学院高等学校

福島県

①日本大学東北高等学校

新潟県

①中越高等学校
②新潟第一高等学校
③東京学館新潟高等学校
④日本文理高等学校
⑤新潟青陵高等学校
⑥帝京長岡高等学校
⑦北越高等学校
⑧新潟明訓高等学校

富山県

①高岡第一高等学校
②富山第一高等学校

石川県

①金沢高等学校
②金沢学院大学附属高等学校
③遊学館高等学校
④星稜高等学校
⑤鵬学園高等学校

山梨県

①駿台甲府高等学校
②山梨学院高等学校(特進)
③山梨学院高等学校(進学)
④山梨英和高等学校

岐阜県

①鶯谷高等学校
②富田高等学校
③岐阜東高等学校
④岐阜聖徳学園高等学校
⑤大垣日本大学高等学校
⑥美濃加茂高等学校
⑦済美高等学校

静岡県

①御殿場西高等学校
②知徳高等学校
③日本大学三島高等学校
④沼津中央高等学校
⑤飛龍高等学校
⑥桐陽高等学校
⑦加藤学園高等学校
⑧加藤学園暁秀高等学校
⑨誠恵高等学校
⑩星陵高等学校
⑪静岡県富士見高等学校
⑫清水国際高等学校
⑬静岡サレジオ高等学校
⑭東海大学付属静岡翔洋高等学校
⑮静岡大成高等学校
⑯静岡英和女学院高等学校
⑰城南静岡高等学校
⑱静岡女子高等学校
⑲ 常葉大学附属常葉高等学校
常葉大学附属橘高等学校
常葉大学附属菊川高等学校
⑳静岡北高等学校
㉑静岡学園高等学校
㉒焼津高等学校
㉓藤枝明誠高等学校
㉔静清高等学校
㉕磐田東高等学校
㉖浜松学院高等学校
㉗浜松修学舎高等学校
㉘浜松開誠館高等学校
㉙浜松学芸高等学校
㉚浜松聖星高等学校
㉛浜松日体高等学校
㉜聖隷クリストファー高等学校
㉝浜松啓陽高等学校
㉞オイスカ浜松国際高等学校

愛知県

①[国立]愛知教育大学附属高等学校
②愛知高等学校
③名古屋経済大学市邨高等学校
④名古屋経済大学高蔵高等学校
⑤名古屋大谷高等学校
⑥享栄高等学校
⑦椙山女学園高等学校
⑧大同大学大同高等学校
⑨日本福祉大学付属高等学校
⑩中京大学附属中京高等学校
⑪至学館高等学校
⑫東海高等学校
⑬名古屋たちばな高等学校
⑭東邦高等学校
⑮名古屋高等学校
⑯名古屋工業高等学校
⑰名古屋葵大学高等学校
(名古屋女子大学高等学校)
⑱中部大学第一高等学校
⑲桜花学園高等学校
⑳愛知工業大学名電高等学校
㉑愛知みずほ大学瑞穂高等学校
㉒名城大学附属高等学校
㉓修文学院高等学校
㉔愛知啓成高等学校
㉕聖カピタニオ女子高等学校
㉖滝高等学校
㉗中部大学春日丘高等学校
㉘清林館高等学校
㉙愛知黎明高等学校
㉚岡崎城西高等学校
㉛人間環境大学附属岡崎高等学校
㉜桜丘高等学校

㉝光ヶ丘女子高等学校
㉞藤ノ花女子高等学校
㉟栄徳高等学校
㊱同朋高等学校
㊲星城高等学校
㊳安城学園高等学校
㊴愛知産業大学三河高等学校
㊵大成高等学校
㊶豊田大谷高等学校
㊷東海学園高等学校
㊸名古屋国際高等学校
㊹啓明学館高等学校
㊺聖霊高等学校
㊻誠信高等学校
㊼誉高等学校
㊽杜若高等学校
㊾菊華高等学校
㊿豊川高等学校

三重県

①暁高等学校(3年制)
②暁高等学校(6年制)
③海星高等学校
④四日市メリノール学院高等学校
⑤鈴鹿高等学校
⑥高田高等学校
⑦三重高等学校
⑧皇學館高等学校
⑨伊勢学園高等学校
⑩津田学園高等学校

滋賀県

①近江高等学校

大阪府

①上宮高等学校
②大阪高等学校
③興國高等学校
④清風高等学校
⑤早稲田大阪高等学校
（早稲田摂陵高等学校）
⑥大商学園高等学校
⑦浪速高等学校
⑧大阪夕陽丘学園高等学校
⑨大阪成蹊女子高等学校
⑩四天王寺高等学校
⑪梅花高等学校
⑫追手門学院高等学校
⑬大阪学院大学高等学校
⑭大阪学芸高等学校
⑮常翔学園高等学校
⑯大阪桐蔭高等学校
⑰関西大倉高等学校
⑱近畿大学附属高等学校
⑲金光大阪高等学校
⑳星翔高等学校
㉑阪南大学高等学校
㉒箕面自由学園高等学校
㉓桃山学院高等学校
㉔関西大学北陽高等学校

兵庫県

①雲雀丘学園高等学校
②園田学園高等学校
③関西学院高等部
④灘高等学校
⑤神戸龍谷高等学校
⑥神戸第一高等学校
⑦神港学園高等学校
⑧神戸学院大学附属高等学校
⑨神戸弘陵学園高等学校
⑩彩星工科高等学校
⑪神戸野田高等学校
⑫滝川高等学校
⑬須磨学園高等学校
⑭神戸星城高等学校
⑮啓明学院高等学校
⑯神戸国際大学附属高等学校
⑰滝川第二高等学校
⑱三田松聖高等学校
⑲姫路女学院高等学校
⑳東洋大学附属姫路高等学校
㉑日ノ本学園高等学校
㉒市川高等学校
㉓近畿大学附属豊岡高等学校
㉔夙川高等学校
㉕仁川学院高等学校
㉖育英高等学校

奈良県

①西大和学園高等学校

岡山県

①[県立]岡山朝日高等学校
②清心女子高等学校
③就実高等学校
（特別進学コース〈ハイグレード・アドバンス〉）
④就実高等学校
（特別進学チャレンジコース・総合進学コース）
⑤岡山白陵高等学校
⑥山陽学園高等学校
⑦関西高等学校
⑧おかやま山陽高等学校
⑨岡山商科大学附属高等学校
⑩倉敷高等学校
⑪岡山学芸館高等学校(1期1日目)
⑫岡山学芸館高等学校(1期2日目)
⑬倉敷翠松高等学校
⑭岡山理科大学附属高等学校
⑮創志学園高等学校
⑯明誠学院高等学校
⑰岡山龍谷高等学校

広島県

①[国立]広島大学附属高等学校
②[国立]広島大学附属福山高等学校
③修道高等学校
④崇徳高等学校
⑤広島修道大学ひろしま協創高等学校
⑥比治山女子高等学校
⑦呉港高等学校
⑧清水ヶ丘高等学校
⑨盈進高等学校
⑩尾道高等学校
⑪如水館高等学校
⑫広島新庄高等学校
⑬広島文教大学附属高等学校
⑭銀河学院高等学校
⑮安田女子高等学校
⑯山陽高等学校
⑰広島工業大学高等学校
⑱広陵高等学校
⑲近畿大学附属広島高等学校福山校
⑳武田高等学校
㉑広島県瀬戸内高等学校(特別進学)
㉒広島県瀬戸内高等学校(一般)
㉓広島国際学院高等学校
㉔近畿大学附属広島高等学校東広島校
㉕広島桜が丘高等学校

山口県

①高水高等学校
②野田学園高等学校
③宇部フロンティア大学付属香川高等学校
（普通科〈特進・進学コース〉）
④宇部フロンティア大学付属香川高等学校
（生活デザイン・食物調理・保育科）
⑤宇部鴻城高等学校

徳島県

①徳島文理高等学校

香川県

①香川誠陵高等学校
②大手前高松高等学校

愛媛県

①愛光高等学校
②済美高等学校
③FC今治高等学校
④新田高等学校
⑤聖カタリナ学園高等学校

福岡県

①福岡大学附属若葉高等学校
②精華女子高等学校(専願試験)
③精華女子高等学校(前期試験)
④西南学院高等学校
⑤筑紫女学園高等学校
⑥中村学園女子高等学校(専願入試)
⑦中村学園女子高等学校(前期入試)
⑧博多女子高等学校
⑨博多高等学校
⑩東福岡高等学校
⑪福岡大学附属大濠高等学校
⑫自由ケ丘高等学校
⑬常磐高等学校
⑭東筑紫学園高等学校
⑮敬愛高等学校
⑯久留米大学附設高等学校
⑰久留米信愛高等学校
⑱福岡海星女子学院高等学校
⑲誠修高等学校
⑳筑陽学園高等学校(専願入試)
㉑筑陽学園高等学校(前期入試)
㉒真颯館高等学校
㉓筑紫台高等学校
㉔純真高等学校
㉕福岡舞鶴高等学校
㉖折尾愛真高等学校
㉗九州国際大学付属高等学校
㉘祐誠高等学校
㉙西日本短期大学附属高等学校
㉚東海大学付属福岡高等学校
㉛慶成高等学校
㉜高稜高等学校
㉝中村学園三陽高等学校
㉞柳川高等学校
㉟沖学園高等学校
㊱福岡常葉高等学校
㊲九州産業大学付属九州高等学校
㊳近畿大学附属福岡高等学校
㊴大牟田高等学校
㊵久留米学園高等学校
㊶福岡工業大学附属城東高等学校
(専願入試)
㊷福岡工業大学附属城東高等学校
(前期入試)
㊸八女学院高等学校
㊹星琳高等学校
㊺九州産業大学付属九州産業高等学校
㊻福岡雙葉高等学校

佐賀県

①龍谷高等学校
②佐賀学園高等学校
③佐賀女子短期大学付属佐賀女子高等学校
④弘学館高等学校
⑤東明館高等学校
⑥佐賀清和高等学校
⑦早稲田佐賀高等学校

長崎県

①海星高等学校(奨学生試験)
②海星高等学校(一般入試)
③活水高等学校
④純心女子高等学校
⑤長崎南山高等学校
⑥長崎日本大学高等学校(特別入試)
⑦長崎日本大学高等学校(一次入試)
⑧青雲高等学校
⑨向陽高等学校
⑩創成館高等学校
⑪鎮西学院高等学校

熊本県

①真和高等学校
②九州学院高等学校
(奨学生・専願生)
③九州学院高等学校
(一般生)
④ルーテル学院高等学校
(専願入試・奨学入試)
⑤ルーテル学院高等学校
(一般入試)
⑥熊本信愛女学院高等学校
⑦熊本学園大学付属高等学校
(奨学生試験・専願生試験)
⑧熊本学園大学付属高等学校
(一般生試験)
⑨熊本中央高等学校
⑩尚絅高等学校
⑪文徳高等学校
⑫熊本マリスト学園高等学校
⑬慶誠高等学校

大分県

①大分高等学校

宮崎県

①鵬翔高等学校
②宮崎日本大学高等学校
③宮崎学園高等学校
④日向学院高等学校
⑤宮崎第一高等学校
(文理科)
⑥宮崎第一高等学校
(普通科・国際マルチメディア科・電気科)

鹿児島県

①鹿児島高等学校
②鹿児島実業高等学校
③樟南高等学校
④れいめい高等学校
⑤ラ・サール高等学校

新刊
もっと過去問シリーズ

愛知県

愛知高等学校
7年分(数学・英語)
中京大学附属中京高等学校
7年分(数学・英語)
東海高等学校
7年分(数学・英語)
名古屋高等学校
7年分(数学・英語)
愛知工業大学名電高等学校
7年分(数学・英語)
名城大学附属高等学校
7年分(数学・英語)
滝高等学校
7年分(数学・英語)

※もっと過去問シリーズは入学試験の実施教科に関わらず、数学と英語のみの収録となります。

教英出版
〒422-8054
静岡県静岡市駿河区南安倍3丁目12－28
TEL 054-288-2131
FAX 054-288-2133
詳しくは教英出版で検索
教英出版 検索
URL https://kyoei-syuppan.net/

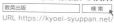

解答はすべてマークシートに記入すること。

国語一

（40分）

※百点満点・解答用紙・配点非公表

一　次の文章は志賀直哉の小説『母の死と新しい母』の一節である。明治二十八年八月三十日、主人公であり兄弟・姉妹の多い「私」（十三歳）の母が三十三歳という若さで亡くなった。それから二か月後、「私」の家では新しい母を迎えることになった。実の母を亡くして毎日泣き、祖母と風呂でよく悲しんだ「私」は、百日も経たないうちに新しい母を待ち焦がれるようになった。赤坂の八百勘で新しい母の式と披露宴があった。本文はこれに続く場面である。これを読み、後の問いに答えなさい。

　翌朝私が起きたときには母はもう何かちょっとした用をしていた。私は㋐エン側の簀子《すのこ》＊1で顔を洗ったが、いつもやるように手で洟《はな》＊2が何となくかめなかった。

　顔を洗うとすぐハンケチを出して母を探した。母は茶の間の次の薄暗い部屋で用をしていた。私は何かa口ごもりながらそれを渡した。「ありがとう。」こう言って美しい母は親しげに私の顔をのぞき込んだ。二人だけで口をきいたのはこれが初めてであった。

　渡すと私はエン側を片足でA二度ずつ跳ぶ駆け方をして書生部屋に来た。書生部屋に別に用があったのでもなかったが。

　その晩だったと思う。寝てから、「今晩はお母さんのほうでおやすみになりませんか。」と女中＊3が父の使いで来た。行くと、寝ていた母は床を半分空けて、「お入りなさい。」と言った。

　父も㋑機ゲンがよかった。父は「子宝といって子ほどの宝はないものだ。」こんなことを繰り返し繰り返し言い出した。B私はくすぐられるような、何かいたたまらないような気持ちがしてきた。

　私の幼年時代には父は主に釜山《ぷさん》＊4と金沢に行っていた。私は祖父母と母の手で育てられた。［ Ⅰ ］一緒にいた母さえ、祖母のb盲目的な激しい愛情を受けている私にはもう愛する㋒ヨ地がなかったらしかった。［ Ⅱ ］父はもう愛を与えるヨ地を私の中にどこにも見いだすことができなかったに相違ない。この感じは感じとしてそのときでもあったから、私には［ X ］がC何となく空々しく聴きなされたのである。――それより母に対して気の毒な気がした。

　父が眠ってから母と話した。しばらくして私は祖父母の寝間へ帰ってきた。

　「何のお話をしてきた。」祖母がきいたが、「お話なんかしなかった。」と答えてすぐ夜着の襟《えり》に顔を埋めて眠ったふうをした。そして独り何となくうれしい心持ちを静かに味わった。

　皆が新しい母を褒めた。それが私には㋓愉カイだった。そしてこのときはもう実母の死も㋔ジュン然たる過去に送り込まれてしまった、――少なくともそんな気がしてきた。祖母も死んだ母のことをD決して言わなくなった。私も決してそれを口に出さなかった。祖母と二人だけになってもその話は決してしなくなった。

（『母の死と新しい母』志賀直哉）

語注
＊1　簀子・・・竹や木で編んだむしろ。すだれ。
＊2　洟・・・・はな。はなじる。はなみず。
＊3　女中・・・家庭や旅館・料理屋などに雇われて、炊事・掃除その他の用をする女性を言った語。お手伝いさん。
＊4　釜山・・・大韓民国南東部に位置する広域市。

問一　――㋐～㋔のカタカナに関して、傍線部と同じ漢字を含むものを次から選びなさい。解答番号は［1］から［5］。

㋐「エン側」解答番号は［1］。
①都市改革でエン突がなくなる。　②彼はエン距離通勤をしている。
③運動会がエン期になる。　④彼はエンの下の力持ちだ。
⑤彼女のエン技力に魅了される。

㋑「機ゲン」解答番号は［2］。
①ゲン素記号を暗記する。　②娘は野菜がキラいだ。
③ゲン因を追求する。　④彼女は犬をニクんでいる。
⑤ゲン役時代の栄光。

㋒「ヨ地」解答番号は［3］。
①被災地でヨ震が続く。　②未来を占いでヨ言する。
③補助金が付ヨされた。　④父は浮ヨ絵に関心がある。
⑤甘い香りにヨいしれる。

㋓「愉カイ」解答番号は［4］。
①町中にカイ盗が現れた。　②ココチよい風が吹く。
③難題をココロヨく引き受けた。　④病気の父をカイ抱する。
⑤意見のカイ釈が食い違う。

㋔「ジュン然」解答番号は［5］。
①従ジュンな犬を飼う。　②ジュン調に物事が進む。
③技術が一定の水ジュンに達する。　④単ジュンな文章を書く。
⑤ジュン滑に物事が進む。

国語二

問二　----a「口ごもり」・b「盲目」の語句の意味の組み合わせとして適当なものを一つ選びなさい。解答番号は 6 。

①　a　言うことをためらう様子　　b　物事に熱中する様
②　a　相手に怖じけずはきはきと話す様子　　b　暗闇で目が見えない様
③　a　言葉がこもってはっきりしない様子　　b　他のものが目に入らない様
④　a　相手の態度を見て話す様子　　b　理性的な判断ができない様

問三　 Ⅰ ・ Ⅱ に入る適語を次からそれぞれ選びなさい。解答番号はそれぞれ Ⅰ は 7 ・ Ⅱ は 8 。

①　まして　②　なぜなら　③　そして　④　言わば　⑤　しかし　⑥　要するに

問四　――A「二度ずつ跳ぶ駆け方」の行動の理由として正しいものを一つ選びなさい。解答番号は 9 。

①　新しい母と初めて話したことが恥ずかしくなり、その場にいられなくなったから。
②　新しい母と二人きりで話すことができ、喜ばしい気持ちになったから。
③　娘とたわいのないことではあるが話すことができ、達成感で満たされていたから。
④　新しい母の反応が愛おしく思われ、このひとときを早く女中に知らせたかったから。

問五　――B「私はくすぐられるような、何かいたたまらないような気持ちがしてきた」の理由として適当なものを一つ選びなさい。解答番号は 10 。

①　死んだ母との思い出があふれ出したから。
②　荘厳で厳格な父親に褒められたから。
③　両親と一緒に寝ることが恥ずかしく思われたから。
④　新しい母に申し訳ないと思ったから。

問六　 X に入る適語を一つ選びなさい。解答番号は 11 。

①　愛情　②　子宝　③　幸福　④　賛美　⑤　過去

問七　――C「何となく空々しく聴きなされたのである」の私の気持ちとして、適当なものを一つ選びなさい。解答番号は 12 。

①　母親が子供をたくさん産んで、兄弟、姉妹が多かったが、母親が亡くなったさびしさは、どうすることもできないというむなしい気持ち。
②　兄弟、姉妹に恵まれていても、母親が亡くなるとすぐに父親が再婚したことは、とても許せることではないという腹立たしい気持ち。
③　新しい母親が来たところで、兄弟、姉妹の多いことからくる生活苦は、すぐに解消されるわけではないという腹立たしい気持ち。
④　以前から愛情を示したこともないのに、父親が子供は財産だと言って父親ぶりを見せつけることは、真実味がないというむなしい気持ち。

問八　――Dにおいて、「決して」を三度使っている理由として適当なものを一つ選びなさい。解答番号は 13 。

①　新しい母や父と新たな関係を築こうとする私の強い決意の表れであるから。
②　強い決意で実母への思いを断ち切ることが新しい母への謝罪になると考えたから。
③　新しい母が来たことをきっかけに、実母の死を受け入れなければならないと考えたから。
④　実母との記憶は、今の家族にとって弊害でしかないと自分に言い聞かせようとしたから。

問九　この文章の各文末は、ほとんどが「た」「だ」で統一されている。これは、文章表現上どのような効果をあげているか。適当なものを一つ選びなさい。解答番号は 14 。

①　主人公の少年時代の追憶の気持ちを醸し出させる効果。
②　主人公の生き生きとした行動や心情を感じさせる効果。
③　主人公の多感な少年時代の思い出を克明に描く効果。
④　主人公の忘れてしまいたい経験を思い起こさせる効果。

二　次の文章を読み、後の問いに答えなさい。

なぜ私たちは、私的な感覚である痛みを、「痛い」という言葉と対応させ、その言葉で表現することができるのか。この問いに対して、A ウィトゲンシュタインは次のような革命的な答えを示しました。

彼によれば、「私」の考えや感覚と言葉の間には、そもそも対応関係などはありません。そうではなく、ただ、その場そのときのルールに拠ると「痛い」と言うことが適切だから、「私」は「痛い」と言うのです。

対応関係がそもそもない！これはびっくり㋐仰テンな発想です。彼が考えていたのはこういうことです。私たちは、言葉を話すとき、その場のルールに基づいて、そのときそのときにもっとも適した言葉を選んで話しています。この「ルール」が大切なのです。私たちがあるときにある言葉を発するのは、その言葉に対応する何かが私たちのなかにあるからではなく、そのときにはそう言うのが最善だから、そういうふうに私たちのコミュニケーションのルールが決まっているからにほかなりません。

だから、「なぜ私たちは、私的な感覚を、ある言葉に対応させて表現し、他者に伝えることができるのか？」という問いは、考えてもしかたのないことなのです。『私』はなぜ、自分の感じているこの痛みと、『いたい』という3文字とを対応させることができているのか」なんて、そもそも示すことができません。しかし、そんなことなどわからなくても「私」は（多くの場合、自分でも意識せずに）その場のルールに従うことで、その言葉を選んで使い、他者とやりとりができている。その分には何の㋑シ障もないのです。

ウィトゲンシュタインは、このように一定のルールに基づいて交わされる言葉のあり方を、「言語ゲーム」と呼びました。これは、私たちの言葉に対するイメージを大きく変える発想です。しかし、B 同時に、日常的な言葉のやりとりがどのように成り立っているかをうまく説明してくれる考え方でもあります。

もう一度、たんすの角に足の小指をぶつけたときのことを考えてみましょう。そのときあなたは「痛い！」と言うわけですが、しかし、どこかに足の小指をぶつけたとき、どんな状況でも必ず「痛い！」と言うわけではないでしょう。たとえばあなたがものすごく偉い人と話していて、礼儀正しくしていなければならないとき、ふとした弾みでたんすの角に足の小指をぶつけても、きっと「痛い！」と叫んだりはしないはずです。何か大きな災害が起こり、あわてて家を出て避難するとき、たんすの角に足の小指をぶつけたとしても「痛い！」とは言わず、ともかく先を急いで走るかもしれません。あるいは、廊下を歩いていて、角を曲がったところに置いてあったたんすの角に足の小指をぶつけ、転びそうになったとしたら、むしろ「誰だよ！こんなところにたんすなんて置いたのは！」などと言うかもしれません。

ある状況では「痛い」と言うのに、別の状況では「痛い」と言わない。なぜでしょうか。もしも「言葉は私的な感覚と結びついて発せられるものだ」と捉えるなら、その理由はうまく説明できません。しかし言語ゲームの理論に従えば、簡単に説明できます。つまり私たちは、言葉を私的な感覚と対応させて話しているのではなく、自分の置かれている状況において、その場での最善のアクションとなるような言葉を話しているにすぎないから、ということです。

ただし、ここで注意しておくべきことがあります。それは、言語ゲームにおいて私たちが従うルールは決して一つではない、ということです。いや、そもそもそうしたルールは、公式／非公式といった区別もなければ、ルールブックも存在しません。確かにそこにはルールがありますが、そのルールには無数のバリエーションが存在し、そして刻々と変化しつづけていくのです。

言葉をこのように捉えるなら、C Twitter[*1]で日々繰り広げられているコミュニケーションは、実は極めて複雑な言語ゲームなのだと考えることができるでしょう。

Twitterの「つぶやき」は、「ひとりごと」という形で語られます。しかも、140字という字数制限があるため、そこに記される情報はかなりシンプルであり、いったいどのような意図で、どのような文脈のなかで書かれたものなのか、背景が見にくくなっています。

X、「つぶやき」を目にした人は、それを自分に都合のよいルールに基づいて解釈し、反応することができます。たとえて言うなら、何のスポーツをしているのかわからない相手から飛んできたボールに、自分がプレーしているスポーツの㋒流ギでリアクションするような状況です。もしもあなたが野球をしているならバットで打ち返すでしょうし、バレーボールをしているなら㋓強レツなレシーブを決めるでしょう。

Y、そうしたリアクションは、当然のことながら、相手の立場からすれば不適切な対応になりえます。相手はサッカーをしているつもりなのに、そのボールをあなたがバットで打ち返してくるかもしれないからです。Twitter上で起こるトラブルの多くは、そうした言語ゲームの誤解に基づくものなのではないでしょうか。

Z、フォロワー[*2]が100人の人の投稿が、フォロワーが10万人の人にリツイート[*3]されたとしましょう。すると、その投稿の持つ意味合いはずいぶん変わってしまいます。それもまたスポーツにたとえて考えるなら、友達と一緒に公園でサッカーをプレーしていたはずなのに、何かの魔法によって突然、満員のスタジアムにワープさせられたような状況です。友達の前だからこそできるふざけたプレーも、スタジアムのまんなかでやれば「不適切だ」とされてブーイングを浴びるかもしれません。これも、言語ゲームのルールが急変することによって生じるトラブルである、と考えることができるでしょう。

（『SNSの哲学』戸谷洋志）

語注
＊1　Twitter・・・ツイッター社が提供するミニ・ブログのサービス。現在は名称がXになっている。
＊2　フォロワー・・・ツイッターにおいて自分のことをフォローしている他のユーザー。
＊3　リツイート・・・ツイッターにおいて、他人が投稿した文（ツイート）を引用して再投稿すること。

国語 四

問一 ——㋐〜㋓のカタカナに関して、傍線部と同じ漢字を含むものを次から選びなさい。解答番号は[15]から[18]。

㋐「仰テン」解答番号は[15]。

①急テン直下 ②七テン八倒
③画竜テン睛 ④テン真爛漫
⑤心機一テン

㋑「シ障」解答番号は[16]。

①シ離滅裂 ②国シ無双
③白シ委任 ④朝三暮シ
⑤君シ豹変

㋒「流ギ」解答番号は[17]。

①ギ会に出席する。 ②行ギ良くする。
③命令に抗ギする。 ④本来の意ギを考える。
⑤ギ惑を否定する。

㋓「強レツ」解答番号は[18]。

①犯人をレン行する。 ②経年レッ化する。
③行レツに並ぶ。 ④表面に亀レツが入る。
⑤レッ火のごとく怒る。

問二 空欄[X]・[Y]・[Z]に入る言葉として適当なものをそれぞれ選びなさい。解答番号について[X]は[19]・[Y]は[20]・[Z]は[21]。

①しかし ②だからこそ ③さて ④あるいは ⑤たとえば ⑥つまり

問三 ——A「ウィトゲンシュタインは次のような革命的な答えを示しました」とあるが、ウィトゲンシュタインが示した答えとして適当なものを一つ選びなさい。解答番号は[22]。

①私たちの中にある私だけにしかわからない考えや感覚を、言葉と合体させることによって、他者と共有させるようなルールが存在している。
②考えや感覚と言葉の間にはそもそも対応関係などはないが、その時その時の状況に合わせて感覚と言葉の対応関係を新たに作り直している。
③そもそも私たちは考えや感覚に対応した言葉を選び取っているのではなく、言葉によって私たちの感覚が切り分けられて認識できるようになっている。
④私たちは、コミュニケーションのルールに従って最善の言葉を発するにすぎず、言葉に対応する何かが私たちの中にあるわけではない。
⑤その場その時に適した言葉を話すことで、私たちの私的な感覚は変化してしまうので、言語と感覚の対応関係について考えてもしかたがない。

問四 ——B「同時に、日常的な言葉のやりとりがどのように成り立っているかをうまく説明してくれる考え方でもあります」とあるが、ウィトゲンシュタインの言語ゲームの理論は、ここでいう日常の言葉のやりとりを説明するときにどのような点で優れているのか。答えとして適当なものを一つ選びなさい。解答番号は[23]。

①似たような感覚を感じていても人は状況によって別の言葉を発する理由を説明できる点。
②人がその場その場でどのような言葉を発すれば、最善のアクションとなるのかを教えてくれる点。
③偉い人の前では礼儀正しくしていなければならないと、人が感じる理由を説明することができる点。
④言葉は私的な感覚と結びついて発せられるものだという理論が間違っていることを示すことができる点。
⑤コミュニケーションにおける不都合は、すべて言語ルールに無数のバリエーションがあるためであることを示す点。

問五 ——C「Twitterで日々繰り広げられているコミュニケーションは、実は極めて複雑な言語ゲームなのだ」とあるが、Twitterが複雑な言語ゲームになる要因として**適当ではないもの**を次の選択肢の中から**二つ選びなさい**。解答番号は[24]・[25]。

①フォロワー数が多い人にリツイートされることによって、仲間内に向けた投稿が大勢の目に触れること。
②投稿内容を見た人が、それを自分なりの言語ゲームのルールで解釈して反応することができること。
③考えや感覚に裏付けられた言葉ではなく、その場その場の状況に合わせた言葉を発してしまう構造になっていること。
④字数制限があり、どのような意図や文脈で投稿したのかということがわかりにくくなっていること。
⑤友達と公園でサッカーをしたという投稿は、スタジアムでプレーしたと受け取られて反応されてしまうこと。

問六　この文章について述べた文として適当なものを**二つ選びなさい**。解答番号は 26 ・ 27 。

① 「痛い！」や、「誰だよ！こんなところにたんすなんて置いたのは！」といった感情的な表現によって、論理的には受け入れにくい主張を情緒に訴えかけて説得している。
② 「考えてもしかたのないことなのです」といった冷笑的な態度によって、SNSによる言語コミュニケーションの無意味さを説いている。
③ 「ウィトゲンシュタイン」といった海外の哲学者の論を引用することで自分の主張を権威づけるとともに、その論を知らない読者を露骨に排除している。
④ 「言語」や「痛い！」といった言葉を繰り返し使用することで、文章にリズムをつけ心地よい印象をつくりだしている。
⑤ 「たんすの角に足の小指をぶつけたとき」などの具体例を豊富に用いることでコミュニケーションの仕組みについて、常識に反する主張を受け入れやすくしている。
⑥ 前半で解説した「言語ゲーム」の理論を、後半ではTwitterに適用することで、Twitterでトラブルが起きる理由を分析している。

三

次の文章を読んで、後の問いに答えなさい。

むかし、男ありけり。人のむすめを盗みて、武蔵野へ a率て行くほどに、盗人になりにければ、A国の守にからめられにけり。女をばくさむらのなかに置きて、逃げにけり。道来る人、「この野は盗人あなり。」とて、火つけむとす。女、bわびて、

武蔵野は今日はな焼きそ若草のBつまもこもれり我もこもれり

とよみけるを聞きて、女をばとりて、ともに率て往にけり。

語注
＊1　武蔵野・・・・現在の東京都、埼玉県、神奈川県にあたる旧国名。
＊2　道来る人・・・・国司の配下の追っ手の者。
＊3　若草の・・・・若草のみずみずしく美しい様子から、「つま」にかかる枕詞。

問一　----a「率て」・b「わびて」の本文中の意味として適当なものを一つ選びなさい。解答番号aは 28 ・bは 29 。

a 「率て」　① 急いで　② 連れて　③ こっそり　④ 強引に
b 「わびて」　① 謝って　② 良くて　③ 困り果てて　④ 堂々と

問二　――A「国の守にからめられにけり」の意味として最も適当なものを次から一つ選びなさい。解答番号は 30 。

① 国境を守る軍隊に捕らえられた。
② 国境を越えられず、捕らえられた。
③ 国を治める国司に捕らえられた。
④ 国を支配する神に捕らえられた。

問三　――B「つま」について後のⅠ・Ⅱの問に答えなさい。

Ⅰ、漢字で書くときに適当なものを一つ選びなさい。解答番号は 31 。

① 妻　② 夫　③ 守　④ 男

Ⅱ、この語から分かる「むすめ」の心情として適当なものを一つ選びなさい。解答番号は 32 。

① 「国の守」に感謝する気持ち
② 「盗人」を嫌う気持ち
③ 「男」を愛する気持ち
④ 「道来る人」に焼かれたくない気持ち

問四　本文の和歌にはどのような気持ちを込められているか、適当なものを一つ選びなさい。解答番号は 33 。

① 「男」に無理矢理連れ去られたため、その男と共に過ごしたくはないという思い。
② 「男」に武蔵野へ強引に連れてこられたので、せめて残してきた人に会いたいという思い。
③ 「男」と同意して武蔵野までたどり着いたが、気が変わって自分だけが助かりたいという思い。
④ 「男」と駆け落ちしたものの、命の危機を前に、男の命を助けたいという思い。

問五　『伊勢物語』が書かれた年代として適当なものを一つ選びなさい。解答番号は 34 。

① 奈良時代　② 平安時代　③ 室町時代　④ 鎌倉時代

数学1

(40分)

答えはすべて別紙のマークシートに記入しなさい。
分数で答えるときは，それ以上約分できない分数で答えなさい。
また，答えに$\sqrt{\ }$を含む場合は，$\sqrt{\ }$の中は最も小さな自然数になる形で答えなさい。
問題の文中の[　]には，符号 −，または数字0～9が入ります。
ア，イ，ウ，…の一つ一つは，これらのいずれか一つに対応します。それらをマークシートのア，イ，ウ，…で示された解答欄にマークしなさい。

1 次の[ア]～[ニ]に当てはまる適切な符号または数字を選び，マークしなさい。

(1) $\dfrac{3}{4}-\dfrac{2}{5}+\dfrac{5}{8}=\dfrac{\boxed{ア}\boxed{イ}}{\boxed{ウ}\boxed{エ}}$ である。

(2) $-6^2\times\dfrac{1}{4}+0.75\div\dfrac{1}{2^4}=\boxed{オ}$ である。

(3) $\dfrac{3x+y}{5}-\dfrac{2x-y}{3}=\dfrac{\boxed{カ}x+\boxed{キ}y}{\boxed{ク}\boxed{ケ}}$ である。

(4) $34.5^2-24.5^2=\boxed{コ}\boxed{サ}\boxed{シ}$ である。

(5) 連立方程式 $\begin{cases}\dfrac{x}{4}+\dfrac{y}{3}=\dfrac{1}{2}\\ 2x+3y=5\end{cases}$ を解くと，$x=\boxed{ス}\boxed{セ}$，$y=\boxed{ソ}$ である。

(6) $x^2+xy-6y^2$ を因数分解すると，$(x+\boxed{タ}y)(x-\boxed{チ}y)$ である。

(7) $x=2\sqrt{3}-3\sqrt{2}$，$y=\sqrt{2}+\sqrt{3}$ のとき，$x^2+xy-6y^2=\boxed{ツ}\boxed{テ}\boxed{ト}\sqrt{\boxed{ナ}}$ である。

(8) 不等式 $\sqrt{13}<x<\sqrt{29}$ を満たす整数xは[ニ]個ある。

2 次の[ア]～[ナ]に当てはまる適切な符号または数字を選び，マークしなさい。

(1) 次の小さい順に並べられた9個のデータについて最も正しい箱ひげ図は[ア]である。
データ：1，5，7，8，9，12，22，22，26

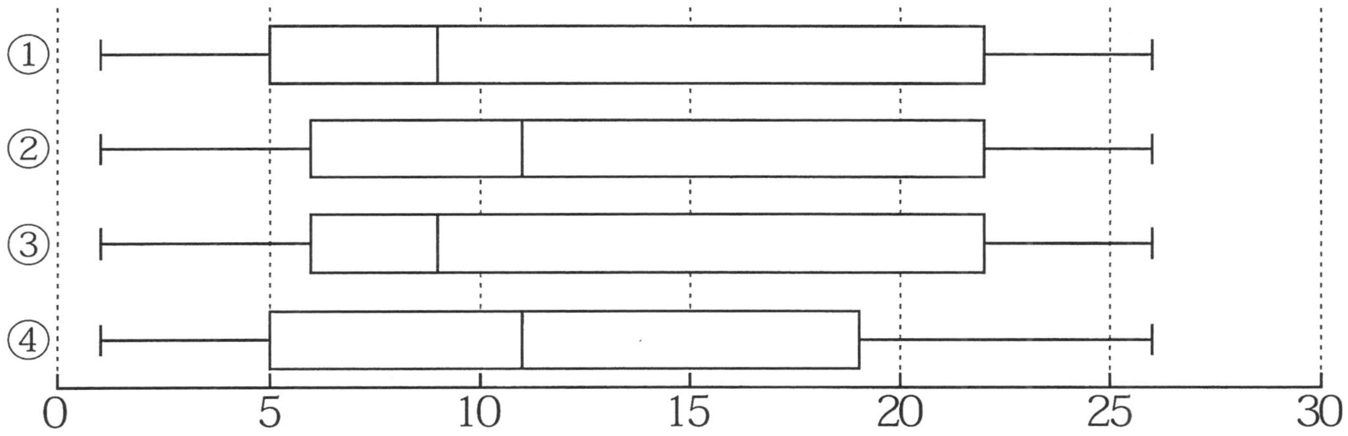

数　学　2

（2）　1，2，3，4の数字が書かれた4枚のカードがある。4枚のカードを並び替えて4桁の整数をつくる。このとき，2024より小さい整数は$\boxed{\text{イ}}$通りである。

（3）　1から6までの目のあるサイコロA，Bを同時に投げる。Aで出た目の値をa，Bで出た目の値をbとするとき，$\dfrac{b}{a}$が整数となる確率は$\dfrac{\boxed{\text{ウ}}}{\boxed{\text{エ}}\boxed{\text{オ}}}$である。ただし，1から6のどの目が出ることも同様に確からしいものとする。

（4）　A，Bの2人が周囲4kmの公園のまわりを同時に同じ場所を出発して，それぞれ一定の速さでまわる。同じ方向にまわると，40分後にはじめてAがBに追いつき，反対方向にまわると，8分後にはじめて出会う。このとき，Bの速さは分速$\boxed{\text{カ}}\boxed{\text{キ}}\boxed{\text{ク}}$mである。

（5）　右の図は，ある立方体の展開図である。もとの立方体に対して，点A，B，Cを通るように切断する。断面の形を次の選択肢の中から選び，$\boxed{\text{ケ}}$にマークしなさい。

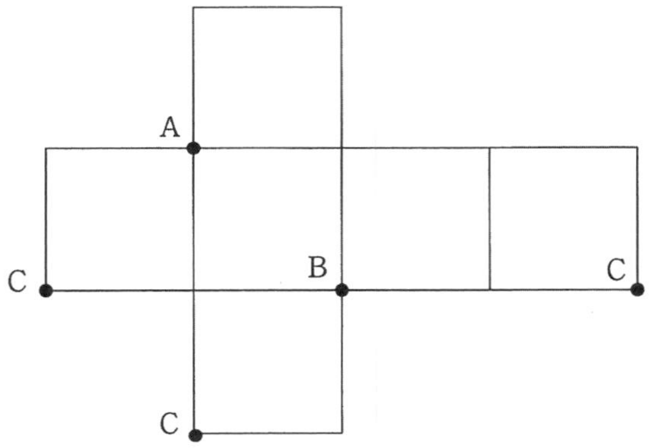

選択肢：①正方形
②正方形ではない長方形
③正三角形
④正三角形ではない二等辺三角形

（6）　右の図のように，円周を10等分する点がある。ABとCDの交点をEとするとき，∠BED＝$\boxed{\text{コ}}\boxed{\text{サ}}\boxed{\text{シ}}$°である。

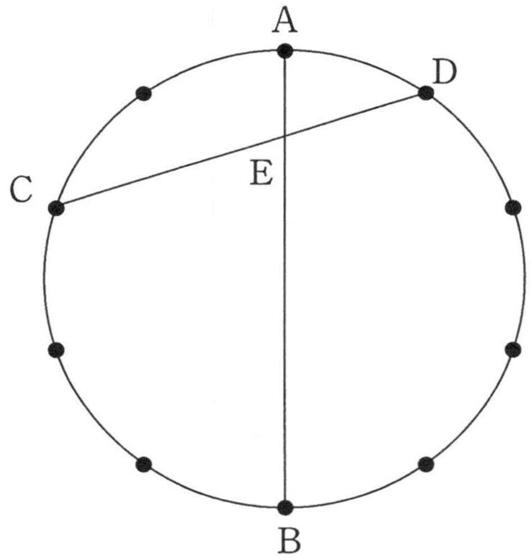

（7）　右の図は1辺が8の正方形ABCDであり，その各辺の中点をE，F，G，Hとする。斜線部分の面積は$\boxed{\text{ス}}\boxed{\text{セ}}-\boxed{\text{ソ}}\pi$である。

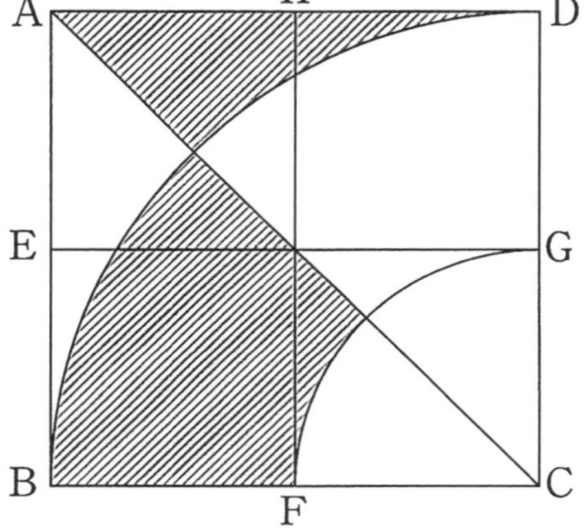

(8)　次の図は長方形ABCDであり，ADの中点をE，BCの中点をFとする。
また，BEとACの交点をG，BEとAFの交点をH，BDとAFの交点をI，BDとACの交点をJとする。
長方形ABCDの面積は，四角形GHIJの面積の $\boxed{タ}\boxed{チ}$ 倍である。

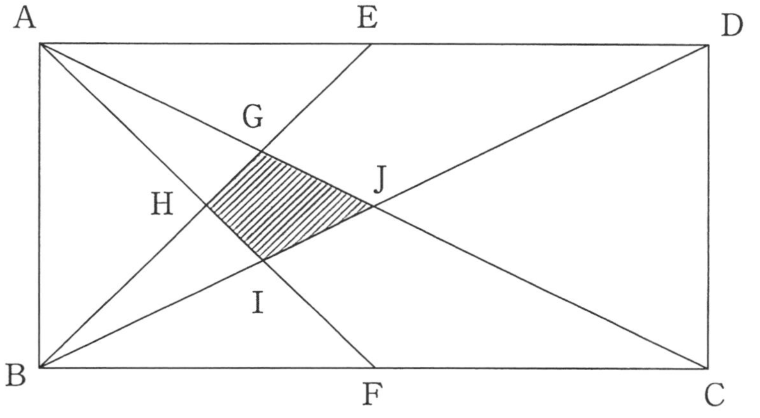

(9)　次の図で，$y=ax^2\ (a>0)$ 上に点A，B，$y=-\dfrac{1}{4}x^2$ 上に点D，y軸上に点Cがある。
点Cのy座標は-10，点Bのx座標は-1，点Dのx座標は4であり，四角形ABCDは平行四辺形である。
このとき，直線CDの傾きは $\dfrac{\boxed{ツ}}{\boxed{テ}}$ であり，$a=\dfrac{\boxed{ト}}{\boxed{ナ}}$ である。

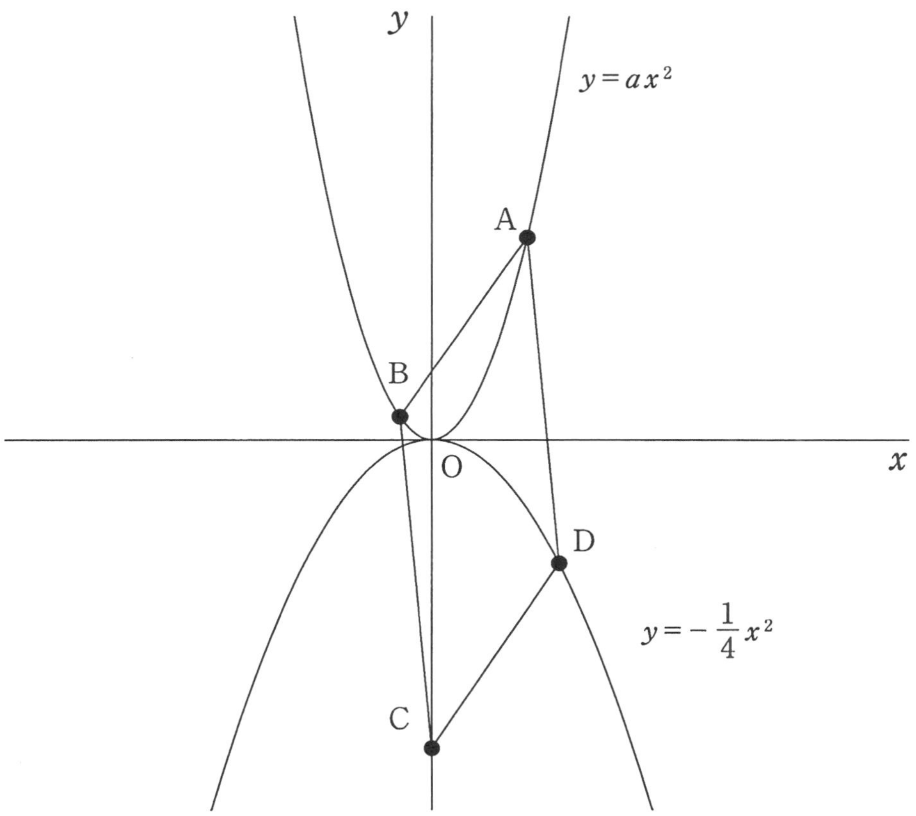

令和６年度　入学試験問題

※100点満点・解答用紙・配点非公表

至学館高等学校

解答はすべてマークシートに記入すること。

英　語　1

（40分）

A. 以下の定義に合う英単語を選択肢①～⑥の中から選び、記号で答えなさい。

(1) The way of moving people from a dangerous place to a safer one, especially during emergencies or disasters. [1]
(2) Games and activities that people do to have fun and stay healthy. [2]
(3) The shaking of the ground that happens suddenly because of movements under the ground. [3]
(4) Special clothes that everyone in a group, like a school, wears to look the same. [4]
(5) The part of your body that you stand on and walk with. [5]
(6) A doctor who takes care of your teeth and helps keep your mouth healthy. [6]

【選択肢】 ① uniform　② evacuation　③ dentist　④ earthquake　⑤ feet　⑥ sports

B. 対話の内容が成立するように [　　] に入る文として最も適切な英文を①～④の中から選び、記号で答えなさい。

(1) A: Do you know where my keys are?
B: Did you check your jacket pocket? [7]
A: Oh… yes, they were there. Thank you.
① That's not my problem.　② I have no idea.
③ Maybe they're there.　④ I know how to find them.

(2) A: The Shigakukan soccer team is going to win the championship, right?
B: [8] They've been practicing really hard.
A: Let's go to watch their game next weekend.
① I don't think so.　② The weather will be sunny tomorrow.
③ They lost the game yesterday.　④ It's possible.

(3) A: Can I help you?
B: Yes, please. I'm looking for a T-shirt.
A: How about this one?
B: I like the color. [9]
A: Shall I show you a bigger one?
① But it's too small for me.　② Thank you, but I'm just looking.
③ I'll take it.　④ How much is it?

(4) A: Shall we play basketball next Sunday?
B: Sorry, I can't. [10] So I can't go with you.
A: All right. I'll do my homework at home.
① I must meet you.　② I have nothing to do.
③ I have a lot of things to do.　④ I must do my homework with you.

(5) A: Have you finished your homework yet?
B: [11]
A: Really? Why are you reading a book now?
B: I need to read this book to do the homework.
① Yes, I finished it yesterday.　② No, not yet.
③ I don't have any homework.　④ Sure, I have a lot of homework.

(6) A: Do you want to order some more dishes?
B: [12]
A: I see. How about some water?
① OK! Let's wash the dishes.　② Sure. I will make cookies.
③ Please help yourself.　④ No, thank you. I'm full.

英　語　2

C. 以下の英文の空欄に当てはまる最も適切な語を①～④の中から選び、記号で答えなさい。

(1) I was late for school today [13] my teacher got angry.
① but　② because　③ so　④ or

(2) [14] you open the window? — Sure.
① Could　② May　③ Should　④ Must

(3) Listen to me carefully, [15] you will miss important information.
① and　② but　③ or　④ so

(4) Thank you very much [16] your present.
① to　② of　③ for　④ with

(5) Would you [17] some cookies? — No, thanks.
① take　② give　③ like　④ get

(6) I haven't eaten lunch [18]. I am so busy.
① yet　② already　③ never　④ ever

D. 以下の英文の（　）内の語を正しい形に直すとき、適切な語（句）を①～④の中から選び、記号で答えなさい。

(1) This painting is (famous) than that one. [19]
① famouser　② more famous　③ the famousest　④ the most famous

(2) Nagoya is worth (visit). [20]
① visits　② visiting　③ visited　④ to visit

(3) If she (know) the truth, she would tell you. [21]
① knows　② knew　③ known　④ knowing

(4) Please finish (write) your report by tomorrow. [22]
① to write　② writing　③ wrote　④ written

(5) He was (study) English when I visited him. [23]
① studies　② studied　③ studying　④ to study

(6) This is his car and that is (I). [24]
① my　② me　③ mine　④ myself

E. 以下の英文を正しく並べかえたとき（　）の中の３番目と５番目に来る語（句）を記号で答えなさい。

(1) It is (① us / ② save / ③ to / ④ for / ⑤ the environment / ⑥ important).　3番目 [25]　5番目 [26]
(2) My father (① homework / ② often / ③ me / ④ helps / ⑤my / ⑥ do).　3番目 [27]　5番目 [28]
(3) I bought some (① summer / ② to / ③ books / ④ vacation / ⑤ read / ⑥ in).　3番目 [29]　5番目 [30]
(4) (① stars / ② night / ③ seen / ④ at / ⑤ be / ⑥ can) in this area.　3番目 [31]　5番目 [32]
(5) Can you (① where / ② house / ③ tell / ④ is / ⑤ your / ⑥ me)?　3番目 [33]　5番目 [34]

F. 以下の表と会話文を読み取り、設問について記号で答えなさい。

SHIGAKUKAN MARKET

Best Supermarket In Town

Sugar 300g ¥ 200	**Butter** 400g ¥ 400	**Honey** 200g ¥ 500
Fresh Cream 200ml ¥ 300	**Eggs** 1 pack(10eggs) ¥ 300	**Strawberries** 1 pack ¥ 600

From 9 AM to 10 AM on weekdays get one pack of eggs for ¥200.

From 4 PM on January 30th (Tue) get ¥ 50 discount on all food products

Flour 500g ¥ 200

*Pay with a Shigakukan card, and recieve a ¥100 coupon to use next time you shop.
*Download our app, to recieve one free pack of strawberries.
*Buy our products on your PC or smartphone. Visit www.smarket.com

Ingredients

90g sugar
60g flour
10g butter
10g honey
400ml fresh cream
2 eggs
1 pack of strawberries

※注
app: アプリ　ad: 広告
ingredients: 材料

Situation: Yumi is talking with her brother, Ken.

Yumi: Next Wednesday is Mom's birthday. What shall we give her?
Ken: Last year we gave her a bag. Do you know something she wants this year?
Yumi: No idea…
Ken: Neither do I.
Yumi: I think we should cook something for her instead of buying a present.
Ken: How about baking a birthday cake?
Yumi: That's a good idea! Mom will be very happy!!
Ken: Look at this recipe, it looks easy to make. These are the ingredients we need to make it.
Yumi: We have sugar, flour and honey at home. I'm free in the morning next Tuesday so I will go to Shigakukan Market and buy the others. This ad says we can buy a pack of eggs for 200 yen!
Ken: I can go there at around 5 pm after school and get a discount. Also, I will download the app. It will be much cheaper!
Yumi: Thank you! Mom works late at night on weekdays. Let's finish baking the cake before she comes home.
Ken: Good! Let's keep it a secret and surprise her!

(1) When is their mother's birthday? [35]
① January 30th　② January 31st　③ February 1st　④ February 2nd

(2) What does "Neither do I." mean? [36]
① He has a good idea.
② He thinks it's good to cook something for his mother's birthday.
③ He can't think of any ideas.
④ He knows what his mother wants for her birthday.

(3) How much will Ken spend at Shigakukan Market? [37]
① 1600 yen　② 1400 yen　③ 1000 yen　④ 850 yen

(4) Why do they decide that Ken will go to the supermarket? [38]
① Because he can go there on Tuesday morning.
② Because he has a Shigkukan card.
③ Because he can go there on Tuesday evening.
④ Because he has the app for the supermarket.

(5) Ken will go to the supermarket and pay with his Shigakukan card this time. So he can use a coupon next time. How much will he pay for butter and a pack of eggs when he goes there on the next day at 9:00? [39]
① 700 yen　② 600 yen　③ 550 yen　④ 500 yen

(6) How can you do online shopping? [40]
① By downloading the app　② By looking at the ad
③ By visiting the website　④ By going to Shigakukan Market

G. 以下の英文を読み、設問に記号で答えなさい。

Temperatures in summer is becoming higher and higher around the world. It is often said that wearing black clothing increases heat. However, lately, it has become clear that other colors have the same effect. So, what colors are good for summer clothing? "There are colors *1closely related to black," explained Toshiaki Ichinose, a Researcher at *2the National Institute for Environmental Studies. He's studying the relationship between heat and clothing color. From the sun, the Earth receives "*3radiant energy." *4Objects have different *5reflectivity of radiant energy *6based on color, and energy not reflected is *7absorbed and turned into heat. As a result, black clothing with low reflectivity keeps heat more, while white clothing with high reflectivity keeps heat less.

In 2019, Ichinose's research team put shirts of nine colors under sunlight for about 5 minutes and measured the temperatures using a *8thermography camera. The results showed the surface temperatures from lower to higher in this order: white → yellow → gray → red → purple → blue → green → dark green → black. The surface temperatures of white and yellow shirts were around 30℃. On the other hand, black and dark green shirts were over 45℃. Ichinose explains, "Results could be different based on clothing *9dyes, but when *10expanding the testing to include *11invisible light, we found that green is similar to black. These two colors can be put in one group."

So, to stay cool in hot weather, what color of clothing should you wear? White, yellow, gray, and red clothing are better, especially when you spend a long time in the sun. On the other hand, it's advised to *12avoid black, dark green, green, blue, and purple clothing.

※注
*1 : closely 密接に　*2 : the National Institute for Environmental Studies 国立環境研究所　*3 : radiant energy 放射エネルギー
*4 : objects 物体　*5 : reflectivity 反射率　*6 : based on ～に基づいて　*7 : absorb ～を吸収する
*8 : thermography camera サーモグラフィーカメラ　*9 : dye 染める　*10 : expanding 広げると　*11 : invisible 見えない
*12 : avoid 避ける

(1) 本文中に出てくる研究者は何を調査しているか①～④の中から選び、記号で答えなさい。 41
① 気温と心理的影響の関係　　② 気温と環境の関係
③ 暑さと服の色の関係　　④ 洋服のデザインと色の関係

(2) 色について最近になって明らかになったことは何か①～④の中から選び、記号で答えなさい。 42
① 黒い服の着用が全く暑さに影響を与えないことが分かった
② 黒だけでなく他の色も暑さを増すことが分かった
③ 黒い服を着ると暑さが軽減されることが分かった
④ 黒い服を着ることは暑さに影響を与えないことが分かった

(3) 物体の色が熱エネルギーの反射率に与える影響について正しいものを①～④の中から選び、記号で答えなさい。 43
① 色によって反射率は変化せず、熱エネルギーに影響を与えない
② 反射率が高いほど熱エネルギーが保持される
③ 反射率が低いほど熱エネルギーが保持される
④ 色による影響は無視できる

(4) 2019年に一ノ瀬さんの研究チームが行った実験について正しいものを①～④の中から選び、記号で答えなさい。 44
① 7色のシャツを5分間日光に当てる実験を行った
② サーモグラフィーカメラで様々な色のシャツを着た人の体温を測った
③ シャツの色と表面温度の関係を調査する実験で、色による違いが明らかになった
④ 植物の成長に影響を与える光の種類を調査する実験で、新しい成果が得られた

(5) 本文によると、選択肢の中で黒に最も近い関係にある色は何色か①～④の中から選び、記号で答えなさい。 45
① 緑　　② 白　　③ 青　　④ 赤

(6) 夏の服に適した色はどれか①～④の中から選び、記号で答えなさい。 46
① 赤、緑　　② 黒、紫　　③ オレンジ、ピンク　　④ 白、黄

(7) 本文の内容と一致していない文を①～④の中から選び、記号で答えなさい。 47
① The temperature is rising more and more these days.
② Black clothes have high reflectivity.
③ According to a scientist, black and green belong to the same group.
④ When you go out during the daytime in summer, you should wear white clothes.

(8) この文章につけるタイトルとして適切なものを①～④の中から選び、記号で答えなさい。 48
① How to wear clothes
② Choice of size of clothes
③ Global boiling
④ Relationship between heat and clothes color

令和6年度　入学試験問題

至学館高等学校

すべてマークシートに記入すること。

理　科　1

(40分)

※100点満点・解答用紙・配点非公表

1　以下の文を読み、以下の問い答えなさい。

　現在、日本ではリニア中央新幹線の開通を目指しており、新幹線以上の高速で移動する手段になると期待されています。
　このリニア中央新幹線には、線路の両側面・床面と車両自体に電磁石が設置されており、この電磁石同士が反発したり引っ張り合ったりする事で、重い車両を浮遊させて走行します。この磁石は、特に超伝導磁石と呼ばれており、$_1$電磁石と似たような性質を持ち、電流を流し続けることで磁力を作り出します。
　このリニア中央新幹線には大きな課題が2つあります。1つ目は、$_2$電力消費が激しいという点です。前述の超伝導磁石は、磁力を作り出すために$_3$大規模な電力が必要になります。そのため、安定的に多くの電力が必要になり、現在の新幹線よりもコストが掛かる事が懸念されています。2つ目は、線路開通予定のコースについてです。このコースは、全体の8割近くが山岳地域の地下をトンネルによって通過していきます。しかし、山岳地域の地下には多くの$_4$リスクがあると考えられています。
　しかし、一方で2023年度の$_5$台風接近に伴う$_6$豪雨災害によって新幹線が機能不全に陥る事がありました。そういった際に、別の選択肢としてこのような手段が存在すれば、経済的な損失などを抑えられるという意見もあります。
　※注 電磁石とは、コイルに電流を流すと電磁誘導を生じ、鉄心が一時的に磁石となる物質の事です。

問1．下線部1の電磁石は、コイルに電流を流すと磁界が発生する物質です。下記のイラストはコイルを簡易的に表しています。コイル上の矢印は、電流の向きを表しています。このイラストにおいて、この時の磁界の向きを答えなさい。 1

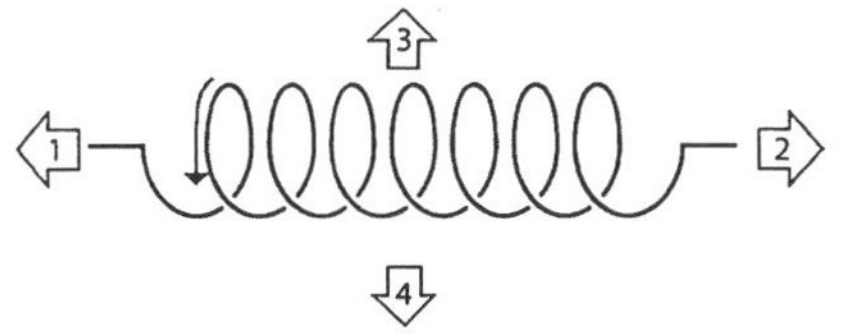

問2．下線部2について、リニア中央新幹線が時速500 kmで走行し、その時の消費電力が1時間あたり3万5000 kwとします。出発から停車まで等速で移動し名古屋と東京で運行した時、必要とする電力として最も近い数値を求めなさい。ただし、東京 - 名古屋間は350 kmであるとします。 2

①1.5万kw　②2.5万kw　③3.5万kw　④4.5万kw　⑤5.5万kw

問3．下線部3について、現在、新幹線は東京 - 名古屋間を1日に約300本（片道）が運行しています。リニア中央新幹線が東京 - 名古屋間を1日に300本運行する場合に必要な電力量を、問2の問題文の数値を用いて計算し、必要とする電力として最も近い数値を求めなさい。 3

①150万kw　②450万kw　③750万kw　④1050万kw　⑤1450万kw

問4．下線部3について、現在の太陽光パネルは、1平方メートルあたりで1時間あたり3.5 kwの発電が可能です。このパネルをバンテリンドームの屋根に敷き詰めてリニア中央新幹線の電力に用いることとします。リニア中央新幹線で名古屋から東京まで移動する場合、バンテリンドームでの発電で1日最大何往復できるか、最も近い数値を答えなさい。ただし、敷き詰められる太陽光パネルの面積は3万平方メートルで、10時間同じ強さの太陽光が発生していると仮定します。 4

①20往復　②40往復　③60往復　④80往復　⑤100往復

問5．リニア中央新幹線の予定コースは地図中のルートに近いと言われている。このルート上に存在する山脈名として正しいものを答えなさい。 5

① 赤石山脈　② 鈴鹿山脈　③ 日高山脈
④ 奥羽山脈　⑤ 飛騨山脈

問6．下線部4について、問5の山脈がある事を前提として、このリニア中央新幹線の予定コースに存在すると考えられる。このコースにおいて、リスクと考えられる災害を1つ答えなさい。 6

① 液状化　② 地震　③ 火山噴火　④ 津波　⑤ 火災旋風

問7．下線部5に関する文章を読み、（　）に当てはまる語句の組み合わせを表から1つ選び答えなさい。 7

　台風とは、（　ア　）帯で出来る（　イ　）気圧が発達して発生するものである。これは、激しい（　ウ　）気流を伴って積乱雲を作り、基本的に前線を伴わない。
また、台風の風は中心に向かって（　エ　）回りであり、日本に向かって（　オ　）風によって東に向かって進路を取る事が知られている。

	ア	イ	ウ	エ	オ
①	熱	低	上昇	反時計	偏西
②	熱	高	下降	時計	貿易
③	温	高	下降	反時計	貿易
④	温	低	上昇	時計	偏西

問8．下線部6について、近年は「線状降水帯」という災害が頻発している。2023年8月には台風が通過後に静岡周辺にてこれが発生し大きな被害をもたらした。この線状降水帯についての説明として、正しいものを1つ答えなさい。 8

① 線状降水帯は、高速で通過する雨雲の事である。
② 線状降水帯は、長さ10 km未満の雨雲である。
③ 線状降水帯は、高気圧の近くに発生する。
④ 線状降水帯は、積乱雲の集まりである。

理　科　2

2 植物のはたらきを観察するため、試験管Ａ，Ｂ，Ｃを用意し、実験①をおこなった。さらにすべての試験管に、青色のBTB溶液を加え、息を吹きかけ緑色にした状態で、明るい場所に１時間おくという実験②をおこなった。実験①の操作内容と、実験②の結果をまとめたものが以下の表である。

試験管	実験①の操作内容	実験②の結果
A	水とオオカナダモを入れた	青色になった
B	水とオオカナダモを入れ、試験管のまわりをアルミ箔で覆い、光が当たらないようにした	黄色になった
C	水のみを入れた	緑色のままだった

問１．実験①の試験管Ａでは、オオカナダモの表面に小さな泡が観察された。この泡に多く含まれている気体は何だと考えられるか次の中から選びなさい。[9]

① 酸素　② 水素　③ 窒素　④ 二酸化炭素

問２．実験②の試験管Ｂで色の変化が見られたのは、植物の何というはたらきのためか答えなさい。[10]

① 蒸散　② 光合成　③ 蒸発　④ 呼吸

問３．試験管ＡとＢで起こっていた現象として、正しい文章を次の中からそれぞれ選びなさい。
Ａ[11]　Ｂ[12]

① 光合成のみ行われ、呼吸は行われていない。
② 呼吸のみ行われ、光合成は行われていない。
③ 光合成と呼吸が行われたが光合成の方がさかんだった。
④ 光合成と呼吸が行われたが呼吸の方がさかんだった。

問４．試験管Ｃのように、比較のために調べようとする事柄以外の条件を同じにしておこなう実験を何というか答えなさい。[13]

① 対比実験　② 対照実験　③ 対称実験　④ 比較実験

3 試験管ＡとＢとＣにそれぞれ水とオオカナダモを入れた実験をおこなった。下の表は、実験開始13時から２時間おきに、それぞれの試験管の中の二酸化炭素の割合を測定した結果である。ただし、試験管Ｃは暗所に置いた。

	時間ごとの、試験管内の二酸化炭素の量（%）			
	開始時	２時間後	４時間後	６時間後
試験管Ａ	0.80	0.50	0.40	0.40
試験管Ｂ	0.80	0.85	0.95	1.15
試験管Ｃ	0.80	0.90	1.05	1.25

問１．全期間の平均値として、光合成量が少ないのは試験管ＡとＢのどちらの試験管のオオカナダモか答えなさい。[14]

① 試験管Ａ　② 試験管Ｂ　③ 試験管ＡとＢは同じ　④ 表からはわからない

問２．この実験のオオカナダモの呼吸と光合成について表からわかることは何か答えなさい。[15]

① 試験管Ａのオオカナダモは開始してからの２時間において、もっとも盛んに光合成している。
② どの試験管でも４時間後から６時間後までの２時間は、オオカナダモは呼吸をしていない。
③ ２時間後から４時間後までの２時間において、試験管Ａのオオカナダモが光合成で取り入れた二酸化炭素と呼吸で放出した二酸化炭素の量は等しい。
④ オオカナダモが呼吸で放出した二酸化炭素の量は、開始時・２時間後・３時間後・４時間後・６時間後の、どの時間においても一定である。

4 次の各問いに答えなさい。

問１．以下の原子の中で、元素記号がアルファベット２文字であるものはどれか答えなさい。[16]

① 塩素　② 酸素　③ 水素　④ 炭素

問２．ゾウリムシが持つ収縮胞のはたらきはどれか答えなさい。[17]

① 運動　② 消化　③ 食べ物を取り込む　④ 体内の水分の排出

問３．太陽や星座を構成する星など、自ら光を発する天体をなんというか答えなさい。[18]

① 恒星　② 衛星　③ すい星　④惑星

問４．夏の真夜中、南の空によく見える星座はどれか答えなさい。[19]

① しし座　② さそり座　③ おうし座　④ みずがめ座

問５．活断層について誤っている記述はどれか答えなさい。[20]

① 今後もそこで地震が発生する可能性がある。
② 日本にはほとんど存在しない。
③ これまでに繰り返し活動していた。
④ 地層が切れるようにずれたものである。

令和6年度　入学試験問題

至学館高等学校

解答はすべてマークシートに記入すること。

※100 点満点・解答用紙・配点非公表

社　会　1　(40分)

[1] 以下の文章を読んで設問に答えなさい。

ロシアによるウクライナへの侵攻が続いています。ウクライナは、将来的に軍事同盟への加盟を目指しています。フランスはこれを支持する方針に転換しました。これまでフランスは、アメリカやドイツと共に慎重な姿勢をとっていましたが、ロシアに圧力をかけ、ウクライナにもロシアとの和平交渉を促す上で有効と判断しました。2023 年 8 月現在、スウェーデンが加盟を申請中です。また、2023 年 4 月に正式に加盟したのが、フィンランドです。

問1　下線部について、ウクライナが加盟を目指している世界最大の軍事同盟とは何か、1つ選びなさい。[1]

① ヨーロッパ連合　② 北大西洋条約機構　③ ワルシャワ条約機構
④ パレスチナ解放機構　⑤ 東南アジア諸国連合

問2　日本は軍事同盟との連携を強化するため、2027 年までに防衛費の増強を計画している。
対 GDP 比何％の防衛費の増強を目標としているか、1つ選びなさい。[2]

① 1%　② 2%　③ 3%　④ 4%　⑤ 5%

問3　次の①～⑤のうち、フィヨルドの特徴を述べているものはどれか、1つ選びなさい。[3]

① 河川が運んできた細かい土砂が堆積して作られた地形である。
② 山地が海に沈み込むことで作られた入り組んだ形の海岸線である。
③ 氷河によって削られた広く深い谷に海水が入り込んで作られた地形である。
④ 浅い海底が隆起することで作られた地形で、長い砂浜が続いている。
⑤ 雨水や地下水によって岩石の表面が溶解し、侵食されることによって生まれた地形である。

問4　図に示された山のうち、環太平洋造山帯・アルプスヒマラヤ造山帯に属さない山はどれか、1つ選びなさい。[4]

① モンブラン　② キリマンジャロ　③ エベレスト
④ マッキンリー　⑤ アコンガクア

問5　2023 年 5 月、広島でサミットが開催された。日本が議長国となるのはこれで 7 回目である。
次のうち、サミットの会場となっていない場所を 1 つ選びなさい。[5]

① 洞爺湖　② 平泉　③ 東京　④ 伊勢志摩　⑤ 沖縄

問6　サミットでは先進国 7 カ国のリーダーが話し合いを行う。7 カ国に含まれていない国はどれか、1つ選びなさい。[6]

① 中国　② カナダ　③ イタリア　④ フランス　⑤ ドイツ

問7　2023 年 5 月の広島サミットにて、核兵器廃絶に関する「広島ビジョン」が示された。
2017 年に採択された「核兵器禁止条約」に参加していない国を 1 つ選びなさい。[7]

① タイ　② フィリピン　③ ニュージーランド　④ 日本　⑤ オーストリア

問8　バイデン大統領が平和記念資料館を訪問し、「核戦争がもたらした破壊的な現実を力強く思い出させるものだった」と振り返った。さらに G7 は「核兵器のない世界」の実現を向けた取り組みを続けることを確認したと述べた。広島には、原爆ドームがある。1996 年に世界遺産に登録されている。世界遺産の組み合わせとして誤っているものを 1 つ選びなさい。[8]

① 法隆寺－奈良県　② 平泉－岩手県　③ 石見銀山－鳥取県
④ 厳島神社－広島県　⑤ 三内丸山遺跡－青森県

問9　戦後 78 年を迎えた 2023 年、広島市の平和教育副教材から学校の図書館にも設置されている「漫画」が削除された。この漫画では、原爆が投下された広島で、戦中戦後の苦難の時代を生き抜こうとする少年の姿が描かれている。この「漫画」の作品名を次の中から 1 つ選びなさい。[9]

① ブラックジャック　② アルキメデスの大戦　③ アドルフに告ぐ
④ カムイ伝　⑤ はだしのゲン

社　会　2

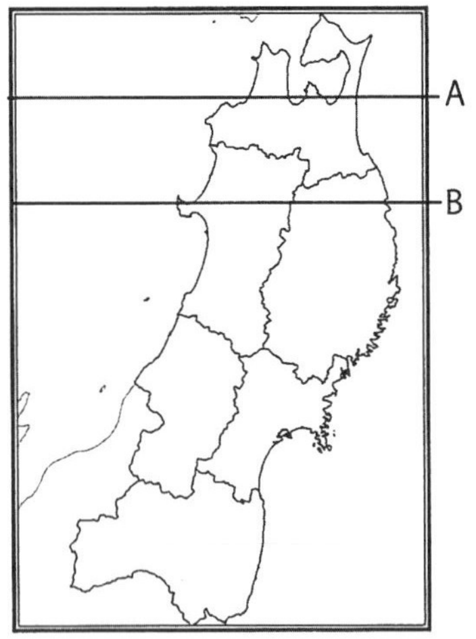

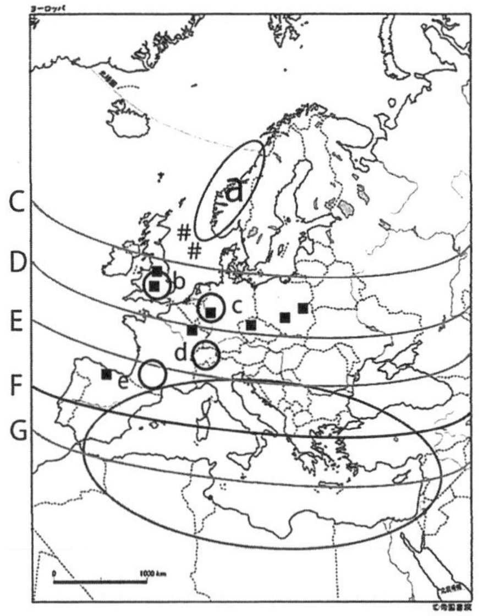

問 10　日本の東北地方に引かれた緯線Ａ～Ｂとヨーロッパに引かれた緯線Ｃ～Ｇがある。
北緯 40°の組み合わせとして正しいものを１つ選びなさい。 10

	日本地図	ヨーロッパ
①	A	C
②	A	D
③	A	E
④	B	F
⑤	B	G

問 11　スイスにあるトーマ湖を源流とするライン川は、複数の国を流れる国際河川です。この河口にあるヨーロッパ最大の港、通称「ユーロポート」は、どこの国にあるか正しいものを１つ選びなさい。 11

① ドイツ　② オランダ　③ ベルギー　④ フランス　⑤ スペイン

問 12　図中の記号に適する資源名を次の中からそれぞれ１つずつ選びなさい。■＝ 12 　#＝ 13

① 鉄鉱石　② 石炭　③ 石灰石　④ 石油　⑤ 天然ガス

問 13　地図中のａ～ｅは、ヨーロッパにおける工業地域を示している。次の①～⑤は、いずれかの特徴を述べたものである。ａ～ｅに当てはまるものをそれぞれ選びなさい。

ａ＝ 14 　ｂ＝ 15 　ｃ＝ 16 　ｄ＝ 17 　ｅ＝ 18

① すぐれた時計を数多く生み出した。精密機械工業や製薬産業が発達している。
② 豊富な電力を利用してアルミニウム工業が発達している。
③ 工業の中心がかつての重工業からエレクトロニクスや環境・医療技術などに移行している。
④ 産業革命期より製鉄業や機械工業が盛んである。
⑤ 学術研究都市であり、航空機の最終組み立てなどの産業が盛んである。

問 14　地図中の地中海の沿岸地域では、地中海式農業が盛んに行われている。この農業で作られていない作物を次の①～⑤の中から１つ選びなさい。 19

① レモン　② オリーブ　③ ブドウ　④ オレンジ　⑤ トウモロコシ

問 15　2023 年５月、フランスで開催された第 76 回カンヌ映画祭で、北野武監督の６年ぶりの新作「首」が公式上映された。この作品は「本能寺の変」がテーマとなっている。「本能寺の変」が起こった頃、ドイツでは宗教改革が起こった。その影響もあり、東アジアに宣教師たちがキリスト教を布教しに来るようになった。1549 年、イエズス会のフランシスコ＝ザビエルが来日した場所はどこか、正しいものを１つ選びなさい。 20

① 沖縄　② 長崎　③ 鹿児島　④ 福岡　⑤ 佐賀

問 16　ザビエルの来日からさかのぼること数年。1543 年、種子島に鉄砲が伝来した。鉄砲を伝えた人物やザビエルは、それぞれどこの国の人か、次の中から正しい組み合わせを選びなさい。 21

	＜鉄砲を伝えた人物の国＞	＜ザビエルの国＞
①	ポルトガル	スペイン
②	中国	スペイン
③	オランダ	スペイン
④	スペイン	ポルトガル
⑤	中国	ポルトガル

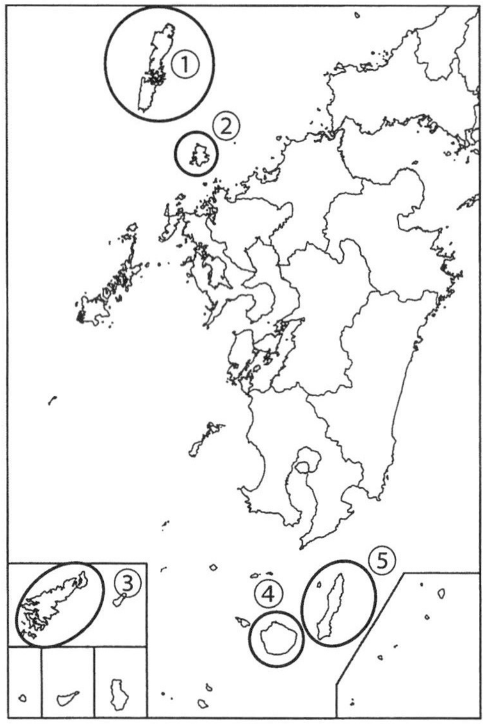

問 17　鉄砲の伝来した種子島とはどこか。地図中の①～⑤から正しい場所を１つ選びなさい。 22

問 18　ドイツをはじめとしたヨーロッパ各地では、工業の発展を優先したために発生した公害によって、森が枯れたり、銅像が溶けたり、歴史的な建造物が被害を受けている。
この公害とは何か１つ選びなさい。 23

① 酸性雨　② 地球温暖化　③ 熱帯林の破壊
④ オゾン層の破壊　⑤ 砂漠化

問 19　ヨーロッパでは、環境の保全に対する意識が高く、それはライフスタイルにも影響を与えている。自動車で最寄りの駅まで行き、そこから電車やバスに乗り換えて移動するなどの取り組みをしている。これを何というか次の中から１つ選びなさい。 24

① モーダルシフト
② ジャストインタイム
③ パークアンドライド
④ トレーサビリティー
⑤ カーボンニュートラル

問 20　2015 年に採択されたパリ協定は、気候変動問題に関する国際的な枠組みである。具体的には、地球温暖化の原因となる温室効果ガスの削減目標が策定された。温室効果ガスの代表である二酸化炭素について、排出量の多い上位３カ国の組み合わせとして正しいものを１つ選びなさい。 25

① 1 位 アメリカ　2 位 中国　3 位 日本
② 1 位 アメリカ　2 位 日本　3 位 中国
③ 1 位 中国　2 位 アメリカ　3 位 日本
④ 1 位 中国　2 位 アメリカ　3 位 EU
⑤ 1 位 中国　2 位 EU　3 位 アメリカ

社　会　3

2 以下の文章と表を読んで設問に答えなさい。

2023年の3月には、野球の世界大会WBCの第5回大会が開催され、日本は2大会ぶり3度目の優勝を果たしました。かねてからこの大会は、参加国が少なく、野球の世界的な普及が課題とされてきましたが、この第5回の大会は史上最多となる20にもわたる国と地域の参加があり、今後の大会規模の広がりにも大きく期待の持てる大会となりました。

以下の表はその参加国・地域の一覧です。

プールA	プールB
パナマ オランダ キューバ イタリア チャイニーズ・タイペイ	日本 韓国 オーストラリア 中国 チェコ共和国

プールC	プールD
アメリカ合衆国 メキシコ コロンビア カナダ イギリス	プエルトリコ ベネズエラ ドミニカ共和国 イスラエル ニカラグア

（野球日本代表　侍ジャパンオフィシャルサイトより引用）

問1　パナマはその国名がつくパナマ運河が、年間13,003隻（2022年度 パナマ大使館）の貨物船を行き来させる巨大な運河として世界的に有名である。以下のグラフは2022年度のパナマ運河利用国の上位4位までをまとめたものである。空欄【A】【B】に入る国名の組み合わせとして正しいものを1つ選びなさい。 26

順位	国名	貨物量（単位：ロングトン）
1	アメリカ合衆国	213,900,246
2	中国	61,953,043
3	【 A 】	38,539,423
4	【 B 】	30,198,738

（https://www.panama.emb-japan.go.jpより引用）

①【 A 】：日本　【 B 】：チリ　　②【 A 】：チリ　【 B 】：日本
③【 A 】：韓国　【 B 】：ブラジル　　④【 A 】：ブラジル　【 B 】：韓国

問2　キューバは、1962年にソ連が核ミサイル基地建設を行ったことがきっかけで、米ソ間の緊張が高まった「キューバ危機」で知られる国家である。この当時のアメリカ大統領として正しい人物を1人選びなさい。 27

① アイゼンハウアー　② ケネディ　③ ジョンソン
④ ニクソン　⑤ フォード

問3　日本に野球が伝わったのは、1872年に第一大学区第一番中学のアメリカ人教師が日本人生徒に伝えたことがその起源となっている。この1872年に明治政府が定めた、学校制度や教員養成に関する基本的な規定をなんというか。正しいものを1つ選びなさい。 28

① 学校教育法　② 教育基本法　③ 教育勅語
④ 学制　⑤ 教育令

問4　韓国と日本は隣国であることから領土に関わる問題が存在している。その原因となる竹島の場所はどこか。地図中から正しい場所を1つ選びなさい。 29

【地図】

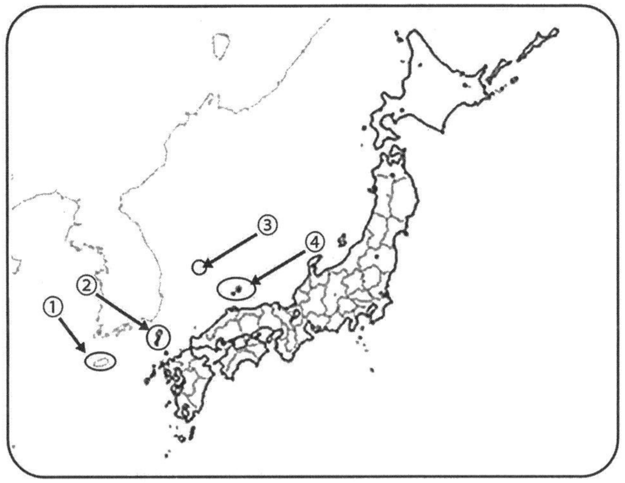

問5　日本では、現代でも中国の春秋・戦国時代や三国志を題材にした映画や漫画で作品が数多く作られている。戦国時代を終結に導き、始皇帝によって創られた国家をなんというか。正しいものを1つ選びなさい。 30

① 魏　② 燕　③ 秦　④ 呉　⑤ 蜀

問6　アメリカは、第4回WBCの優勝チームであるが、大会のあった2017年の1月には、第45代大統領であるドナルド＝トランプが大統領に就任した。この時ドナルド＝トランプが所属していた政党として正しいものを1つ選びなさい。 31

① 共和党　② 民主党　③ 労働党　④ 自由党　⑤ 保守党

問7　カナダは、2020年にメキシコ・アメリカを含む三カ国で経済協定を新たに締結した。この協定をなんというか。正しいものを1つ選びなさい。 32

①ＯＰＥＣ　②ＡＳＥＡＮ　③ＥＦＴＡ　④ＵＳＭＣＡ　⑤ＢＲＩＣＳ

問8　イギリスは、女性が君主として国家を治めていた歴史のある国家であり、2022年9月に崩御したイギリスの前国家元首も女性であった。前国家元首と現国家元首の組み合わせとして正しいものを1つ選びなさい。（2024年1月現在） 33

① 前国家元首：エリザベス1世　現国家元首：チャールズ2世
② 前国家元首：エリザベス1世　現国家元首：チャールズ3世
③ 前国家元首：エリザベス2世　現国家元首：チャールズ2世
④ 前国家元首：エリザベス2世　現国家元首：チャールズ3世

社　会　4

③ 以下の文章を読んで設問に答えなさい。

2023年は、国連人権高等弁務官事務所創設の国際合意がなされてから30周年という節目の年となりました。しかし、「すべての人のための人権の完全な実現は未だ道半ばである」と、ヴォルカー＝ターク国連人権高等弁務官は述べています。

昨今、様々な場面で取り上げられている人権の成り立ちは、王権神授説を掲げ絶対王政を敷いた国家権力に対して、その力を制限して民衆を守るために作り上げられたものです。その根幹にあるのは、「神は自分の体を模して人間を作ったため、神は人間を愛している」というキリスト教的思想から端を発する自然法思想によるものであります。そのため、「王といえども、神と法の下にある」という考えのもと、キリスト教が広く信じられているヨーロッパを中心に人権思想は広がりを見せました。

しかし、日本では同じ頃にキリスト教を受け入れず鎖国政策を行なったこともあり、当時広がりつつあった人権思想がそのまま導入されることはありませんでした。その結果として、日本に基本的人権の思想が広がったのは、第二次世界大戦後に基本的人権が憲法に取り入れられてからとなったのです。

年	できごと
1215年	大憲章（マグナカルタ）が発布される
1517年	ルターによる宗教改革が始まる
1637年	島原の乱
1641年	日本で鎖国の体制が整う
1643年	ルイ14世が即位
	【　　X　　】
1861年	南北戦争開始
1867年	明治政府樹立
1874年	自由民権運動が始まる
1889年	大日本帝国憲法制定
1919年	ワイマール憲法が発布される
1946年	日本国憲法制定
1948年	世界人権宣言

問1　神から与えられた自然権を守るために、抵抗権･革命権を行使しても良いと唱えた啓蒙思想家は誰か。正しいものを1つ選びなさい。[34]

①モンテスキュー　②ロック　③ルソー　④ホッブズ

問2　ルターは宗教改革の活動の中で、ルネサンス期に開発・発展した「ある道具」の活用を行なって、聖書の教えを多くの民衆に伝えた。そのある道具とそれを改良した人物として正しい組み合わせを1つ選びなさい。[35]

①道具：活版印刷機
　改良した人物：グーテンベルク
②道具：地球儀
　改良した人物：トスカネリ
③道具：地球儀
　改良した人物：グーテンベルク
④道具：活版印刷機
　改良した人物：トスカネリ

問3　島原のある天草地方は、潜伏キリシタンが多く住んでいたという歴史的背景から世界文化遺産に登録されている。文化遺産として登録されている日本の世界遺産を正しいものを1つ選びなさい。[36]

①白神山地　②富士山　③犬山城　④屋久島　⑤名古屋城

問4　江戸幕府は、鎖国中も特定の国との貿易は継続していた。江戸幕府と貿易を継続した国の土地の特徴として正しいものを1つ選びなさい。[37]

①面積はおよそ日本の25倍の963万平方キロメートルである。
②日本と同じ島国で、経度0度に位置している。
③ユーラシア大陸の最西端にある。
④国土の約4分の1が海面より低い干拓地である。

問5　ルイ14世の絶対王政を象徴する言葉として正しいものを1つ選びなさい。[38]

①王は国家第一の下僕である　②朕は国家なり
③王は君臨すれど統治せず　④王は狐と獅子を選ぶべきである

問6　以下の文章Ⅰ～Ⅲは、年表中の【　X　】に入る出来事である。文章Ⅰ～Ⅲの順番として正しいものを1つ選びなさい。[39]

Ⅰ：名誉革命が起こり、権利の章典が採択された。
Ⅱ：フランス革命の最中、フランス人権宣言が採択された。
Ⅲ：アメリカ独立戦争の最中、アメリカ独立宣言が採択された。

①Ⅰ→Ⅱ→Ⅲ　②Ⅰ→Ⅲ→Ⅱ　③Ⅱ→Ⅰ→Ⅲ
④Ⅱ→Ⅲ→Ⅰ　⑤Ⅲ→Ⅰ→Ⅱ　⑥Ⅲ→Ⅱ→Ⅰ

問7　南北戦争では、アメリカの北部側によって奴隷解放宣言が採択された。北部の主要産業には奴隷が必要なかったことが理由として挙げられる。当時のアメリカ北部・南部の主要産業として正しい組み合わせを1つ選びなさい。[40]

①北部：商工業
　南部：綿のプランテーション
②北部：綿のプランテーション
　南部：商工業
③北部：水産業
　南部：羊毛の加工
④北部：羊毛の加工
　南部：水産業

問8　自由民権運動の中心人物であった板垣退助は、1882年に演説中、暴漢に襲われた。その時「板垣死すとも自由は死せず」と周りに伝えたとされている。この事件が起こった場所として正しいものを1つ選びなさい。[41]

①愛知県　②岐阜県　③三重県　④静岡県　⑤長野県

問9　大日本帝国憲法を説明した文章として正しいものを1つ選びなさい。[42]

①大日本帝国憲法は1889年の11月29日に公布された。
②大日本帝国憲法には地方自治についての規定があり、首長は住民による投票によって選ばれていた。
③人権は「臣民ノ権利」として認められ、法律によってその自由が制限されることはなかった。
④主権は天皇にあり、帝国議会は天皇の持つ立法権を協賛する機関であった。

問10　世界で初めてワイマール憲法によって認められた権利として正しいものを1つ選びなさい。[43]

①平等権　②自由権　③参政権　④社会権

問11　日本や世界の憲法について述べた文章として誤っているものを1つ選びなさい。[44]

①世界の現行の憲法は改正されていることがあるが、日本国憲法は1度も改正されたことがない。
②アメリカ合衆国憲法は、現在有効である憲法の中では世界最古である。
③日本国憲法は世界各国の憲法と同様に公務員の労働基本権が認められている。
④イギリスには成文憲法が存在しない。

問12　日本国憲法では、平和主義を基本理念として戦力の不保持を掲げているが、それと類似した理念として平時の非武装・永世中立を掲げている中央アメリカの国家として正しいものを1つ選びなさい。[45]

①メキシコ　②ニカラグア　③ブラジル　④コスタリカ　⑤ドミニカ共和国

社　会　5

問 13　日本国憲法の基本理念として、基本的人権の尊重の記載があるが、以下の文章は人権の中のどの権利について関係のある文章となるか。それぞれ正しいものを１つ選びなさい。

(1)　両親は仏教徒であるが、自分はキリスト教の信者となった。［46］

①　自由権　　②　平等権　　③　社会権　　④　参政権

(2)　大都市でも、田舎でも選挙の当選者数が１名であったことから「一票の格差」問題が発生した。［47］

①　自由権　　②　平等権　　③　社会権　　④　参政権

問 14　日本国憲法には、参政権が保障されている。2021 年に実施された衆議院議員総選挙は、総務省の発表によると投票率が 55.93％ であった。年代別の投票率が一番低かったのはどの年代か。正しいものを１つ選びなさい。［48］

①　10 代　　②　20 代　　③　30 代　　④　40 代　　⑤　50 代　　⑥　60 代

問 15　世界人権宣言は初めて人権保障の目的と基準を国際的に示したものであったが、法的拘束力はなく、方針として採択されたものであった。世界人権宣言に規定された権利に法的拘束力を持たせるため採択された法令をなんというか。正しいものを１つ選びなさい。［49］

①　大西洋憲章　　②　国際連合憲章　　③　国際人権規約　　④　子どもの権利条約

問 16　男女雇用機会均等法は 2020 年の６月に改正された。その改正内容として正しいものを１つ選びなさい。
［50］

①　女性であることを理由に差別的扱いをすることを禁止された。
②　男女ともに性別を理由に差別的扱いをすることを禁止された。
③　時間外・休日・深夜勤務についての男女共通の規制が追加された。
④　職場におけるセクシャルハラスメントの防止対策が強化された。

解答はすべてマークシートに記入すること。

国語 一

(40分)

※百点満点・解答用紙・配点非公表

一 次の文章を読み、後の問いに答えなさい。

《ファッション雑誌編集者の藍は、六年前に取材で、とあるペットショップを訪れた。そこで見たものは、大きくなり、売れなくなった子犬は殺処分されるという現実だった。これを記事にしようとしたが、お蔵入りとなってしまった。また、藍はそのときに出会った殺処分待ちのゴールデンレトリーバーのリラを引き取り、郊外へ引っ越して飼うことにした。月日が経ち、リラが末期がんに侵され、いつ命を落としてもおかしくない状態になってしまった。この状況を知る、藍の上司・北條、同僚の奈津美に藍は支えられながら、仕事と看病の両立をしていた。仕事場が自宅から遠く、帰りが終電になることも多いことから、最近は元恋人の浩介もリラの看病を手伝っている。この場面で藍は、奈津美と協力し、六年前に書いてお蔵入りになった記事を元に、新たな企画を提案しようと会議に急いで出席している場面である。》

会議室に、編集部員全員が顔を揃えた。

各自、分厚い書類を携えている。どの顔にも緊張感が(ア)タダヨう。いつもの企画会議より、濃度の高い空気が張り詰めている。

私と奈津美は最後に席に着いた。全員が私たちの到着を待っていた。私は［Ⅰ］を切らしながら、コピーしたてのまだあたたかい企画書を、aとんとん、とテーブルの上で揃える。

「じゃ、始めましょうか。赤塚さんから」

北條さんが口火を切った。

私と奈津美は、同時に小さく深呼吸した。

何とか間に合った。こんなに(イ)ム中で企画書を書いたのは初めてのような気がした。二百メートルの(ウ)キョウ泳みたいだ。全力で泳ぎきった。けれど、まだゴールじゃない。これを通さなければ、ゴールじゃないのだ。

A自信があった。快心の出来だった。

*1『マドンナも本気！　セレブのペット事情・命のチャリティー』

これでマドンナのインタビューも取る、と決めた。他誌は絶対にこのテーマを思いついていないはずだ。あのマドンナから特別なコメントを引き出せる、と確信した。

そして何より、もしこの企画が成功したら。少しでも小さな命を救えるかもしれない。

麻衣子の*2プレゼンに入った。私の(エ)ジュン番は次だ。緊張が一気に高まってくる。

その瞬間、テーブルの上に置いた携帯がbブルブルと震え始めた。

すぐに切ろうとして、手を止めた。

浩介だ。

鋭い矢のように、B悪い予感が胸を貫いた。私は躊躇《ちゅうちょ》したが、こっそりと電話に出た。

「藍。いま、話せるか」

私はひそひそ声で答えた。

「会議中なの。手短になら」

激しい動悸《どうき》がc津波のように高まる。次の言葉を聞くことを、私は全身で恐れていた。

「リラが……危ない。息がすごく浅い。目も、もう見えてないみたいだ」

沈んだ声だった。

「まだ、がんばってる。でも、もう……」

私は目をつぶった。

耳の奥に、リラの苦しげな呼吸が聞こえてくる。まぶたの裏に、目やにだらけの閉じかけたリラの目が見える。力なく萎《しお》れるしっぽが見える。

リラの声がする。

ずっといっしょにあるいてる？

「ごめん。あたし……行けない」

私は途切れ途切れに囁《ささ》いた。

「どうしてもだめなのか。リラは、君を待ってるよ。君が帰って来るまで、きっと待ってるよ。だって、いつだって」

C浩介の声が震えている。

「いつだって、リラは君を待っていたじゃないか」

D胸にずしんと何かが落ちてきた。［Ⅱ］がつんと熱くなった。

わかってる。

でも……。

「ごめんっ」

私は叫んで、電話を切った。

まぶたをじっと押さえてから顔を上げると、会議室がしんとなっている。

私はあわてて［Ⅲ］を下げた。

「すみません、お騒がせして。会議、続けてください」

全員、E無言で静まり返っている。

「会議？　もう終わったわよ」

北條さんの声が響いた。みんながいっせいに彼女のほうを向いた。

「最後はあなたの番だったけど。それは明日に延期にしましょう。いいわよね」

国語 二

北條さんがぐるっと会議室を見渡した。全員、思い思いにうなずいている。私はぎゅっと企画書を握りしめた。北條さんは怒ったように私に言った。

「どうしたの。もうここにいる必要ないわよ。早く行って」

私は立ち上がった。大きく一礼した。会議室を飛び出し、エレベーターに飛び乗った。

全速力で駅へ走りながら、浩介に電話をする。

「浩介っ。あたし、すぐ帰るから。リラは、リラはそれまで……」

待っててくれるよね。

神様。

ああ、神様、神様。

どうかお願いです。

あと、一時間だけ。

F一緒に歩けなくなってしまうほどの遠くへ、いますぐにリラを連れて行かないでください。

もうすぐこの電車が駅に着きます。そしたら私、ホームに飛び降りて、全速力で走って、改札抜けて、タクシーに飛び乗って、一秒でも早くリラのところに帰るんですから。

リラは、君が帰って来るのを待ってるんだよ。

浩介が、さっき電話でGそう言ってたんですから。

リラは、私が帰るまで、絶対待っててくれるんですから。

この六年間、あの子はいつだって、私の帰りを待っていてくれたんですから。

待ち続けていてくれたんですから。

だから、だから神様。

あと、一時間だけ。

（原田マハ『一分間だけ』）

語注
＊1　マドンナ・・・アメリカの女性シンガーソングライター。無類の動物好き。
＊2　プレゼン・・・プレゼンテーションの略。自分の考えを他者が理解しやすいように、目に見える形で示すこと。

問一　――㋐～㋓のカタカナに関して、傍線部と同じ漢字を含むものを次から選びなさい。解答番号は [1] から [4] 。

㋐「タダヨう」
① 無人島にヒョウチャクする。
② 富士山は日本で一番のヒョウコウである。
③ 生徒会選挙でトウヒョウする。
④ 彼の絵は高いヒョウカを得ている。

㋑「ム中」
① ジム作業を行う。
② ムリ難題を押しつけられる。
③ 無我ムチュウで取り組む。
④ 世界情勢が五里ムチュウである。

㋒「キョウ泳」
① 能楽堂へキョウゲンを観に行く。
② 青少年にアクエイキョウを与える。
③ 彼はドキョウがある。
④ 体育祭のキョウギを決める。

㋓「ジュン番」
① ジュンカン型社会を目指す。
② 遠足は、雨天ジュンエンとなった。
③ 最低限の機能はヒョウジュン装備されている。
④ 聖地ジュンレイの旅に出る。

問二　――a「とんとん」・b「ブルブル」・c「津波のように」に使われている表現技法の組み合わせとして適当なものを一つ選びなさい。解答番号は [5] 。

① a 擬音語　b 擬態語　c 直喩
② a 擬音語　b 擬人法　c 直喩
③ a 擬態語　b 擬音語　c 隠喩
④ a 擬態語　b 擬人法　c 隠喩

問三　[Ⅰ]・[Ⅱ]・[Ⅲ] に入る適語を次からそれぞれ選びなさい。解答番号は [6] から [8] 。

① しびれ　② 頭　③ 胸　④ 眉　⑤ 目頭　⑥ 息

問四　――A、「自信があった。快心の出来だった」と「藍」が思っている理由として適当なものを一つ選びなさい。解答番号は [9] 。

① 他誌が思いつかないようなインタビューテーマを思いつき、マドンナから特別なコメントを引き出せると確信しているから。
② 他誌が思いつかないようなインタビューテーマを思いつき、マドンナの独占インタビューを獲得できると確信しているから。
③ 多くの小さな命を救えるような記事を書く上で必要なマドンナのインタビューを自分が担当できるという自信があるから。
④ 多くの小さな命を救えるような記事をファッション誌で書くという他誌では思いつかないテーマに自信があるから。

国語 三

問五　――B、「悪い予感」の内容として適当なものを一つ選びなさい。解答番号は [10] 。
①　自信のある企画と同じような企画を考えていること。
②　リラの容態が急変し、プレゼンが失敗すること。
③　リラの容態が急変し、命が危ないこと。
④　マドンナが急病のため、来日できなくなったこと。

問六　――C、「浩介の声が震えている」理由として不適当なものを一つ選びなさい。解答番号は [11] 。
①　リラの藍を思う気持ちがわかるから。
②　藍がリラの最期に立ち会えないから。
③　リラが藍を最後まで待っているから。
④　リラが手の届かない所へ行ってしまったから。

問七　――D、「胸にずしんと何かが落ちてきた」とはどういうことかを説明したものとして適当なものを一つ選びなさい。解答番号は [12] 。
①　リラはいつでも藍のことを待ってくれているという事実を突きつけられたということ。
②　リラの死によって、命の儚《はかな》さ・大切さを思い知らされたということ。
③　仕事を最優先に行動してきたことで、周りを考えられない自分を突きつけられたということ。
④　浩介の思いに応えることができず、また別れることになること。

問八　――E、「無言で静まり返っている」とあるが、その理由として適当なものを一つ選びなさい。解答番号は [13] 。
①　愛犬の状況が悪化したことを感じ、言葉が出ない状況だから。
②　上司たちが藍の様子を見て、心中を察したから。
③　上司の北條さんが、藍に怒っていたから。
④　愛犬の状況よりもプレゼンを優先したことを軽蔑しているから。

問九　――F、「一緒に歩けなくなってしまうほどの遠く」とは何を表しているのか、適当なものを一つ選びなさい。解答番号は [14] 。
①　北條にリラを引き取られること。
②　浩介にリラを引き取られること。
③　命を落としてしまうこと。
④　病状が悪化し、歩けなくなること。

問十　――G、「そう言ってた」の「そう」が指す内容として適当なものを次から一つ選びなさい。解答番号は [15] 。
①　「リラが……危ない。息がすごく浅い。目も、もう見えてないみたいだ」
②　「まだ、がんばってる。でも、もう……」
③　「ごめん。あたし……行けない」
④　「リラは、君を待ってるよ。君が帰って来るまで、きっと待ってるよ。」

二　次の文章を読み、後の問いに答えなさい。

僧侶の衣装は、華麗なものも⑦シッソなものも、どれもよく目立つ。法王の衣装、司祭の衣装、尼僧の衣装、修行僧の衣装。Aそれらは身をそっくりくるむほどに隠し、黒や白、黄色といったきわめてシンボリックな「異色」を好む。そして剃髪《ていはつ》をはじめとする非凡なヘアスタイル。この世の日常を捨てた人、この世を超えた世界にかかわる人として、俗人とは異なる〈異形〉の存在であることが、外見からしても一目でわかる。

【　X　】その〈異形〉の存在にも、明確な㋑コウセイのルールがある。衣のかたち、色、合わせ方、数珠など、あらゆる細部に宗派ごとの㋒トクチョウがあり、それが別の宗教集団との差異のしるしにもなっている。つまり、それは制服の㋓テンケイでもある。

【　Y　】、〈異形〉である限りにおいてこの世界の外部と通じ、B制服であるという点でこの社会の内部の一特殊集団であるわけだ。

〔　①　〕だが、衣装は見るものであると同時に、着るものでもある。では、衣服をまとうという行為、化粧をするという行為は、どういう意味でC宗教とつながりがあるのだろうか。

〔　②　〕世界というのはわたしたちの理解を超えている。【　Z　】その一部であるわたしたち自身もわたしたちの理解を超えている。そういう不可解なもの、超自然的なものと交わる一つの技法としておそらく宗教はある。解脱《げだつ》とか救済といったいかにも宗教語といった言葉があるが、これも解脱は自己を自己自身からできるだけ遠ざける技術であり、救済は自己と異なるものを内に呼び込む技術だと考えればわかりやすいと教えてくれたのは、宗教学者である友人、植島啓司*1である。

宗教は、見えないものに包まれてまるで夢みながら生きているような生活の中で、「すべてのものを緩やかに結びつけてしまう連想の技術」なのだと彼はいう。教養というのもたぶんそういう連想というか解釈の一つであろうが、Dもっと興味深いのは、世界を解釈するというよりも、自分をそっくり世界の側にゆだねてしまう、あるいは自分が世界に誘拐されてしまうというエクスタティック*2（脱自的）な技術のほ

国語　四

うだ。

宗教は自分を超えた何ものかへ向かって回路を開く技術としてあるのであり、宗教に修行や瞑想、舞踊や香道といった身体訓練、感覚訓練が伴うのもそのためだ。実際、自ら恍惚[*3]状態の中に入るために、宗教儀礼では習慣的な生理のリズムから自分を外す試みがなされる。㋔断食や不眠、性的な禁欲、あるいは異様な香りや音、あるいはダンスによる身体運動の執拗《しつよう》な反復。そういう感覚の揺さぶりの中で人は恍惚や㋕陶酔という、世界に自分が拉致されるような状態の中に入っていく。

【③】ファッションにも E ほぼ同じことがいえる。ファッションには人とともにこの世界の内部に深く入っていく制服という面が必ずあるが、同時にファッションは人をその世界の外部に連れ出そうとする。別の存在になろう、と人々を誘惑するのだ。それを意識においてというより、からだの外から内から、つまり視覚や皮膚感覚など全感覚を通して行うのだ。《 i 》の技法としてである。

【④】いまでこそナチュラル・メイクとかいって、素顔を演出するかのような化粧法が主流であるが、もともとメイクというのは非日常の異装であった。美顔術ではなくて、鳥や獣や霊になるまさに変身とエクスタシーの技法、呪術的な技法としてあった。だから宇宙的（コスミック）と同じく「コスモス」を語源とするコスメティックという名で呼ばれてきたのだ。

現代のファッションは服装や化粧が、自分とは別の存在になるという、そういうコスミックな《 ii 》の F 媒体であることをやめて、自分の別のイメージを演出するというただの《 iii 》の手段へと、自らの力を削いできた、G ただそれだけのことだ。そのぶん、ファッションと宗教の関係は見えにくくなっているが、もともとはファッションと宗教はほとんど同質の身体パフォーマンスとしてあった。

（鷲田清一『てつがくを着て、まちを歩こう』ちくま学芸文庫）

語注
＊1　植島啓司・・・日本の宗教人類学者。ネパール、タイ、スペインなどで宗教人類学調査を続けている。
＊2　エクスタティック・・・主観と客観の境をこえうっとりする状態。瞑想、祈り、舞踏、宗教的儀礼などによってこの境地に入る。
＊3　恍惚・・・心を奪われてうっとりするさま。

問一　二重傍線部㋐～㋓に相当する漢字を含むものを、次の語群①～⑤のうちからそれぞれ一つ選び答えなさい。また、二重傍線部㋔・㋕については正しい読みをそれぞれ一つ選び答えなさい。解答番号は 1 から 6 。

㋐「シッソ」
① 大臣がシッセキされる。
② シツギに答える。
③ 刑がシッコウされる。
④ シツレイな対応。
⑤ シツドを調整する。

㋑「コウセイ」
① 大学のコウギをうける。
② コウカ的な食事をする。
③ 都市コウソウを練る。
④ 空からコウカする。
⑤ 生徒会にリッコウホする。

㋒「トクチョウ」
① 事件をチョウサする。
② 能力をチョウエツする。
③ 他人をチョウショウする。
④ 軍のチョウヘイに逆らう。
⑤ 異国の文化をソンチョウする。

㋓「テンケイ」
① ケイシャが酷い道。
② ケイモウ活動を行なう。
③ モケイを創作する。
④ 作文のケイシキにこだわる。
⑤ 自然のオンケイをうける。

㋔「断食」
① ダンショク
② ダンシク
③ ダンクウ
④ ダンシ
⑤ ダンジキ

㋕「陶酔」
① スイキョウ
② トウト
③ キョウザメ
④ トウスイ
⑤ キョウス

問二　次の一文が入る箇所を空欄【①】～【④】から選び記号で答えなさい。解答番号は 7 。

外見という視点からすると、衣装と宗教の関係は以上のようにみえる。

問三　【　】部X・Y・Zに入る適語を次の選択肢からそれぞれ選び答えなさい。解答番号は 8 から 10 。

① そして　② 要するに　③ たしかに　④ あるいは　⑤ しかし

問四　――Aの理由として適当なものを、次の選択肢から一つ選びなさい。解答番号は 11 。

① 非凡なスタイルを通して、社会の内なる特殊な集団であることを表すため。
② 際立つ色にすることによって、別の宗教集団との差異を際立たせるため。
③ 宗派ごとの異なる色で、世界のさまざまな解釈のしかたを象徴するため。
④ 俗人とは違う非日常の装いで、日常性を超えた世界にいることを示すため。

問五　――B、「制服」を筆者はどのようなものと考えているか、次の選択肢から一つ選びなさい。解答番号は 12 。

① 人をその世界の外部に連れ出そうとしてくれる衣装。
② 全体の統一感を想起させ、集団の特異性をかもしだす衣装。
③ 別の集団とは異なるしるしにもなり、明確な決まりをもつ衣装。
④ 明確なルールにのっとってつくられた、よく目立つ衣装。

問六　――C、本文に述べられている「宗教」の役割として正しいものを、次の選択肢から二つ選びなさい。
解答番号は 13 ・ 14 。（順不同）

①自分が理解できないものや自然とのかかわりを生み出す役割。
②自分を自己の固定された概念から遠ざけてくれる役割。
③自分を越えた何ものかに向かっての道筋を示す役割。
④見えないものを可視化し、様々なものを連想させる役割。
⑤非凡な衣装や髪型を通し、新たな一面を発見させてくれる役割。

問七　――D、なぜ「もっと興味深い」のか、その理由として正しいものを次の選択肢から一つ選びなさい。解答番号は 15 。

①宗教の不可解なものの可視化作用が、ファッションと共通しているから。
②宗教のエクスタティックなパフォーマンスがファッションに通じるから。
③宗教の自分をすべて世界側にゆだねてしまう作用が、衣服文化の差異のように感じられるから。
④宗教の異様な香りや音といった感覚が、現代の衣服文化の起源のように感じられるから。

問八　――E、「ほぼ同じこと」とはどのようなことを指しているのか、次の選択肢から一つ選びなさい。解答番号は 16 。

①体の感覚を通じて、自分を別の存在にする手段であること。
②人を全世界の内部へ浸透させていく手段であること。
③奇抜な衣装や香りを通して、相手に畏敬の念を抱かせる手段。
④感覚の訓練や非凡な日常スタイルにより、自己の確立を促してくれる手段。

問九　――F、「媒体」と同じ意味の語句を次の選択肢から一つ選びなさい。解答番号は 17 。

①モラトリアム　②レトリック
③メディア　④ナショナリズム
⑤イノベーション

問十　――G、「ただそれだけのことだ。」とあるが、筆者は何を言おうとしているのか。次の選択肢から一つ選びなさい。
解答番号は 18 。

①現代は制服が受け入れられ、ファッションが変身の媒体になりにくい時代だ。
②現代のファッションがイメージの演出に移っただけのことで、流行は変化するものだ。
③ファッションは現代において軽薄になったが、本来は宗教的なものだ。
④ファッションの現象は装い程度になったが、本質は宗教と同様に非日常性があるものだ。

問十一　《　》部ｉ・ii・iiiにあてはまる組合せとして正しいものを、次の選択肢から一つ選びなさい。解答番号は 19 。

①ｉ 演出　ii 変身　iii 装い
②ｉ 変身　ii 進化　iii 解釈
③ｉ 変身　ii 変身　iii 装い
④ｉ 演出　ii 進化　iii 解釈

問十二　本文の論の進め方の説明として最も適当なものを、次の選択肢から一つ選びなさい。解答番号は 20 。

①宗教の衣装に言及し、ファッションも変身の技法である点で同質だと分析する。
②宗教は世界の外と内を行き交うのに、ファッションは内にとどまると評価する。
③宗教の衣装の外見の特色を挙げ、ファッションにも同じ性格があると指摘する。
④宗教の衣装が異形と制服の両面を持つのに、ファッションは前者だけだと批判する。

三 次の文章を読んで、後の問いに答えなさい。（本文の ------ 左側は現代語訳です。）

《姫君（中将姫）は三歳の頃に実母を亡くした。その後、七歳の頃に北の方（継母）がやってきた。姫君は北の方を本当の母のように慕っていた。しかし、北の方は姫君をひどく憎み、殺そうと考えていた。北の方がやってきた後、姫君は僧侶を招き、*1称讃《しょうさん》浄土御経の教えを乞い、毎日読み、亡き母の弔いをしていた。》

人物相関図

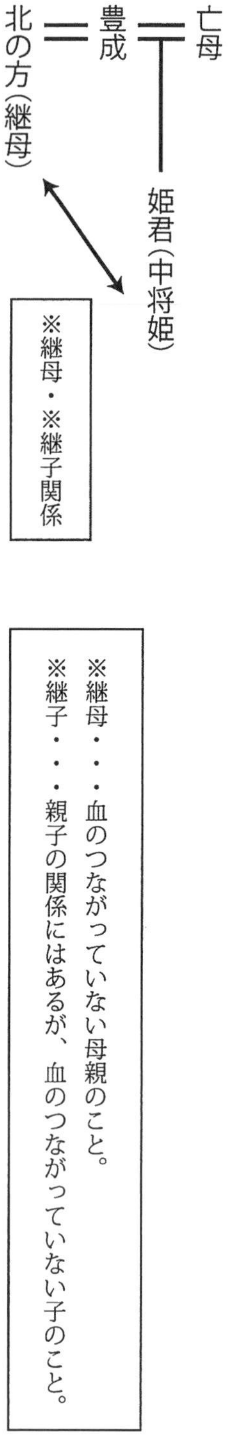
亡母
豊成
北の方（継母）
姫君（中将姫）
※継母・※継子関係
※継母・・・血のつながっていない母親のこと。
※継子・・・親子の関係にはあるが、血のつながっていない子のこと。

姫君、十三にもならせ給へば、容顔美麗にして天下無双の人にて渡らせ給へば（天下に二人といないほどの人でいらっしゃるので、）、帝よりは后《きさき》に立ち給ふべき由、勅使（帝の使いが、）、
度々重なりければ、豊成も喜び給ひて、その御喜びは限りなし。A北の方は安《やす》からず思《おぼ》し召し（おもしろくないとお思いになり、）、
B人を語らひて（人を仲間に引き入れて、）、冠を着せ、束帯させ、中将姫の御局《つぼね》へ出で入る由をさせ、豊成に仰せけるは、
「姫君如何なる事も出で来ん時、『生《な》さぬ仲なれば』などと仰せられ候ふかな。姫君の御方を忍びて御覧候へ」（「姫君にどんなことでも起こった時は、『継母・継子の関係だから』などとおっしゃるな。姫君の部屋をこっそりご覧なさいませ」）と、
様々讒奏《ざんそう》し給へば（告げ口をなさったので、）、豊成、ある日の暮れ方に、姫君の御方を北の方諸共《もろとも》に御覧ずれば、二十ばかりの男、
*2直垂《ひたたれ》に*3折烏帽子《おりえぼし》着たるが罷《まか》り出でけり（退出してきた。）。
継母、豊成に仰せけるは、「日頃、妾《わらわ》が申しつるはa空言《そらごと》か。女の身の習ひ、一人に契《ちぎ》りを結ぶは世の常の事（一人と結ばれることが世の中での当たり前のこと。）。ある時は冠を着、
装束の人もあり。ある時は*4立烏帽子《たちえぼし》に直垂着たる人もあり。またある時は*5薄衣《うすぎぬ》引き被《かず》きたる者もあり。見れば、法師なり。
かやうにb数多《あまた》に見え給ふ事の儚《はかな》さよ」と空泣《そらな》き（泣くふり）しつつ仰せければ、豊成聞こし召し、「人の持つまじきものは女子なり（「人がもつべきではないのは女子である。）。
母最期の時、強《あなが》ちにいとほしみをなしつるほどに（一途に姫君に愛情をかけていた）、如何《いか》にもして世にあらせん（どのようにしてでも世間の評判を得させよう）と思ひつるに、口惜しき振舞ひ（残念な振る舞い）しけるこそ悲しけれ。
明日《みょうにち》にもなるならば、Cこの事漏れ聞こえ、禁中（宮中）の物笑ひは豊成が女子にはしかじ」と思し召し、武士《もののふ》を召し、
「汝《なんじ》、*6紀伊国有田郡雲雀山《ひばりやま》といふ所にてD頭《こうべ》を刎《は》ねよ。後の供養《きょうよう》をばよくよくせよ」と仰せければ、武士承《うけたまわ》り、
「三代相恩の主君の仰せを背き申すに及ばず」（「三代に渡り仕えている主君の申し出に背くことはいたしません」）とて、姫君をc具し奉り、彼《か》の山の奥に御供申す。E大臣殿の御定の趣、
詳しく申したりければ、姫君、聞こし召し、「我、前世の宿業拙《つたな》くして（前世での行いが悪くて、）、F人の偽りにより汝が手に掛かり、消えなん事力及ばず（死ぬことも仕方がない。）。
さりながら、G少しの暇《いとま》を得させよ。その故は、我七歳の頃より称讃浄土御経を受け奉り、毎日母尊霊《そんれい》に手向《たむ》け奉り、
今日はいまだ読まず。且《か》つうは（一方では）父の御祈りのため、且つうは母亡魂、出離生死《しゅつりしょうじ》・頓証菩提《とんしょうぼだい》（苦しみから逃れ、悟りの境地に入る）の御ため、または、
自らが剣の先に掛かりなば（死ぬのであるならば、）、*7修羅《しゅら》の苦しみをも免れ、浄土の道の導《しるべ》ともせん」と仰せられければ、
武士、岩木にあらざれば、しばらく時をぞ移しける（しばらく待ってくれた。）。

（『中将姫本地』による）

語注
*1 称讃浄土御経・・・仏教経典の一つ。　*2 直垂・・・男性用和服の一種。　*3 折烏帽子・4立烏帽子・・・成人男性用の帽子の一種。
*5 薄衣・・・薄い着物。主に僧侶が着るもの。　*6 紀伊国有田郡雲雀山・・・現在の和歌山県有田市にある雲雀山。
*7 修羅・・・阿修羅の住む、争いや怒りの絶えない世界。

国語 七

問一 ～～～ a「空言」b「数多」c「具し奉る」の本文中の意味として適当なものを次から一つ選びなさい。
解答番号は 1 から 3 。

a「空言」
① 真実
② 空に向けた言葉
③ 嘘
④ 空想

b「数多」
① たくさん
② よく
③ きれいに
④ 悠々と

c「具し奉る」
① 誘拐申しあげる
② 連れ戻し申しあげる
③ 誘い申しあげる
④ 連れ申しあげる

問二 ――A、「北の方は安からず思し召し」とあるが、「北の方」が「安からず」思った理由として適当なものを次から一つ選びなさい。解答番号は 4 。
① 帝が姫君の存在を知っていることから、次は自分に声がかかるのではないかと期待しているから。
② 姫君が美しく成長し、帝から后として迎えたいと伝えられていることに豊成たちが喜んでいるから。
③ 姫君が美しく成長し、世間の人が帝の后にふさわしいと思っている話を聞いて嫉妬しているから。
④ 姫君が自分の近くからいなくなってしまうことを想像すると寂しくて仕方がないから。

問三 ――B、「人を語らひて、冠を着せ、束帯させ、中将姫の御局へ出で入る由をさせ」とあるが、「北の方」がこのようにさせた意図は何か、**不適当なもの**を次から一つ選びなさい。解答番号は 5 。
① 姫君に新たな男を紹介し、姫君自身に帝の后になることを諦めさせるため。
② 豊成に娘が帝の后になることを諦めさせるため。
③ 姫君が帝の后になる前に複数の男を通わせているように周囲に思わせるため。
④ 豊成に娘が不謹慎な行為をしているように思わせるため。

問四 ――C、「この事」が指す内容として適当なものを一つ選びなさい。解答番号は 6 。
① 北の方が姫君をいじめていること。
② 姫君が将来の夫候補を見定めていること。
③ 姫君が帝以外の大臣を愛していること。
④ 姫君が複数の男を自分の元に通わせていること。

問五 ――D、「頭を刎ねよ」とあるが、豊成がこのように考えた理由として適当なものを一つ選びなさい。解答番号は 7 。
① 姫君が帝とは違う男を夫にしたいと言ってきたから。
② 姫君に裏切られたことで、北の方の考え方に賛同したから。
③ 姫君が親の愛情を裏切ったことで、豊成自身が宮中の笑いものになることが耐えられないから。
④ 姫君が親の愛情を裏切ったことで、妻が姫君に愛情をかけていたことが思い出され、許せないから。

問六 ――E、「大臣殿の御定の趣」とは具体的にどのようなことか、適当なものを一つ選びなさい。解答番号は 8 。
① 亡き母が成仏できるように、姫君を殺すこと。
② 北の方の幸せのために、姫君を殺すこと。
③ 姫君の命を奪った後、しっかりと供養すること。
④ 姫君の命を奪った後、亡き母の供養をすること。

問七 ――F、「人の偽り」とは、誰のどのようなことか、適当なものを一つ選びなさい。解答番号は 9 。
① 北の方の、姫君が複数の男を自分の元に通わせているという作り話を豊成に話したこと。
② 帝の、姫君が複数の男を自分の元に通わせている事実に激怒していること。
③ 豊成の、亡き母の嘘の遺言を信じていること。
④ 勅使の、姫君が複数の男を通わせているという帝への報告。

問八 ――G、「少し暇を得させよ」と姫君が言った理由として**不適当なもの**を一つ選びなさい。解答番号は 10 。
① 姫君が、自分自身が成仏できるようにと読経するため。
② 姫君が、豊成の行く末を祈るために読経するため。
③ 姫君が、亡き母の成仏のために読経するため。
④ 姫君が、帝の行く末を祈るために読経するため。

国語 八

四 次の各問いに答えなさい。

問一 (Ⅰ)『蟹工船』 (Ⅱ)『雪国』 (Ⅲ)『黒い雨』 の作者を、それぞれの次の語群から一つ選びなさい。解答番号は 1 から 3 。

《語群》

① 田山花袋　② 島崎藤村　③ 川端康成　④ 太宰治　⑤ 井伏鱒二

⑥ 三島由紀夫　⑦ 夏目漱石　⑧ 小林多喜二　⑨ 高村光太郎　⑩ 宮沢賢治

問二 次のⅠ～Ⅲの語の意味として適当なものを選択肢①～⑥の中よりそれぞれ選びなさい。解答番号は 4 から 6 。

Ⅰ 封建　Ⅱ 振興　Ⅲ 概念

① 物事の基礎、土台

② 繰り返し行われ、決まりになった事柄

③ 対象に対して、一般的に思い浮かべる意味

④ 社会のために力を尽くして役立つこと

⑤ 君主が領地を諸侯に分けあたえ、統治すること

⑥ 学術や産業が盛んになること

※100点満点・解答用紙・配点非公表　　至学館高等学校

数　学　1

(40分)

答えはすべて別紙のマークシートに記入しなさい。
分数で答えるときは，それ以上約分できない分数で答えなさい。
また答えに$\sqrt{\ }$を含む場合は$\sqrt{\ }$の中は最も小さな自然数になる形で答えなさい。
問題の文中の□には、符号 −，または数字０～９が入ります。
ア，イ，ウ，…の一つ一つは，これらのいずれか一つに対応します。それらをマークシートのア，イ，ウ，…で示された解答欄にマークしなさい。

1 次の式を計算しなさい。

(1)　$7\div\left(\dfrac{1}{2}-\dfrac{1}{3}\div\dfrac{6}{7}\right)=$ アイ

(2)　$(2a-b+2)(2a-b-2)=$ ウ a^2- エ $ab+b^2-$ オ

(3)　$4.2^2+4.2\times5.6+2.8^2=$ カキ

2 次の問いに答えなさい。

(1)　$x=3(\sqrt{3}-\sqrt{2})$，$y=\sqrt{3}+\sqrt{2}$ のとき，$x^2+6xy+9y^2$の値は，アイウとなる。

(2)　$3xy-15x-y+5$を因数分解すると，(エ $x-$ オ)($y-$ カ)となる。

(3)　2次方程式$12x^2+12x-45=0$ を解くと，$x=\dfrac{キ}{ク}$，$-\dfrac{ケ}{コ}$となる。

(4)　不等式 $2-\pi<x<\dfrac{3+\sqrt{35}}{4}$ を満たす整数xはサ個である。

(5)　連立方程式 $\begin{cases}5x+3y=8\\3x+2y=7\end{cases}$ を解くと，$x=$ シス，$y=$ セソとなる。

3 右の図は沖縄県，長野県，北海道のある地点でのある年の8月の一か月間（31日間）における一日の平均気温のデータを箱ひげ図に表したものである。
正しいと判断できるものを次の①～④からすべて選び，答えなさい。

① 長野県の一日の平均気温の方が，北海道の一日の平均気温より高い日が16日以上ある。
② 沖縄県の一日の平均気温が29℃以上の日は7日である。
③ 北海道の一日の平均気温が17℃より低い日は8日以上ある。
④ 一日の平均気温が20℃以上26℃以下の日は，北海道だと8日以上あり，長野県だと16日以上あり，沖縄県にはない。

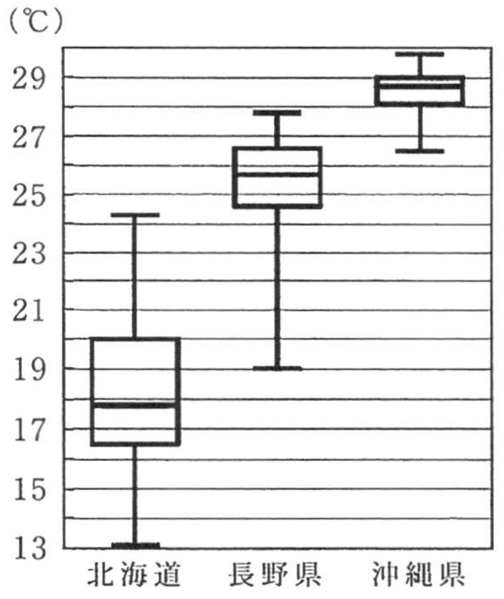

4 右のグラフはある飲食店で来店した30組について1組あたりの人数をまとめたものである。1組あたりの平均来店人数で正しいものを以下の選択肢から選び，答えなさい。

① 3.4　② 3.5　③ 3.6
④ 3.7　⑤ 3.8

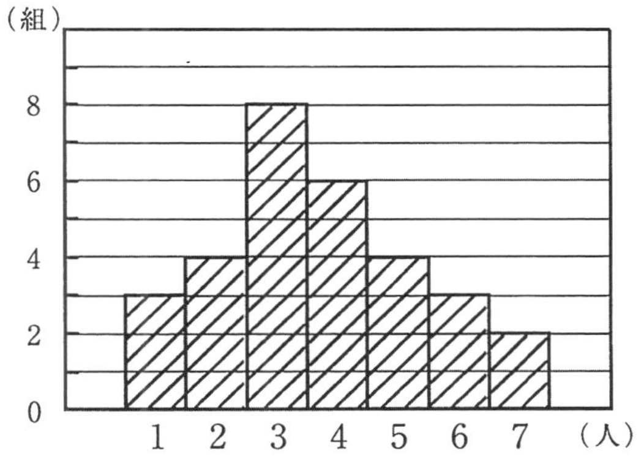

数　学　2

5 右の図のように円柱の中に球が入っている図形がある。
球は円柱の上面，下面，側面と接している。
球の半径を $3r$ とすると，円柱の体積は [ア][イ] πr^3 となる。

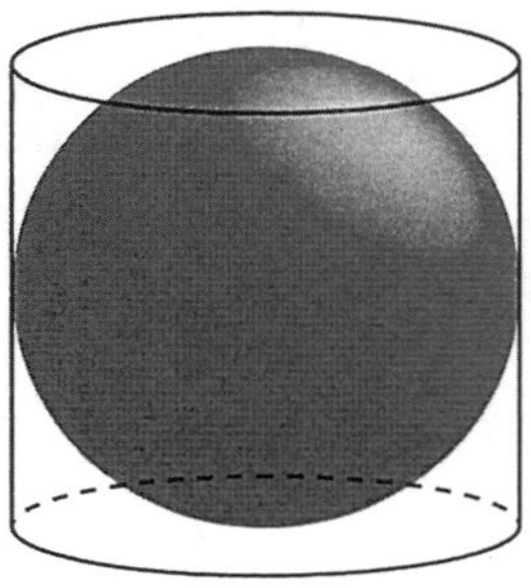

6 ①，②，③，④の4つのいびつな形のサイコロがある。
右の表は各サイコロを振って6の目が出た回数をまとめたものである。
この中で最も6の目が出やすいといえるのはサイコロ[ア]である。

サイコロの種類	①	②	③	④
6の目が出た回数	190	240	410	590
投げた総数	1000	1500	2000	3000

7 濃度10％の食塩水Aと，濃度8％の食塩水Bを4:5の比で混ぜたものを食塩水Cとする。
食塩水Cから400g水分を蒸発させると濃度16％になった。

（1）食塩水Aがxgあったとき，食塩水Cに含まれる食塩は $\frac{ア}{イ}x$gである。

（2）初めに混ぜた食塩水Aは[ウ][エ][オ]gである。

8 A地点からB地点を経てC地点まで180kmの道のりを自動車で行くのに，AB間を時速50km，BC間を時速80kmで進むと，162分かかった。AB間の距離は[ア][イ]kmである。

9 1から6までの目のあるサイコロA，Bを同時に投げる。Aで出た目の値をa，Bで出た目の値をbとするとき，$\sqrt{2ab}$が自然数となる確率は $\frac{ア}{イ}$ となる。ただし，1から6のどの目が出ることも同様に確からしいものとする。

10 A，Bの2チームが試合を行い，3勝した時点で優勝とする。はじめにAチームが勝ったときに，Aチームが優勝する勝敗の順は[ア]通りある。ただし，引き分けは無く，どちらかが3勝した時点でそれ以降の試合を行わないものとする。

数学 3

11 (1) 下の図において，
点C，点Eを含む弧である$\overset{\frown}{AD}$が14等分されている。
$\angle ABC=45°$のとき，$\angle AFC=$［ア］［イ］°である。

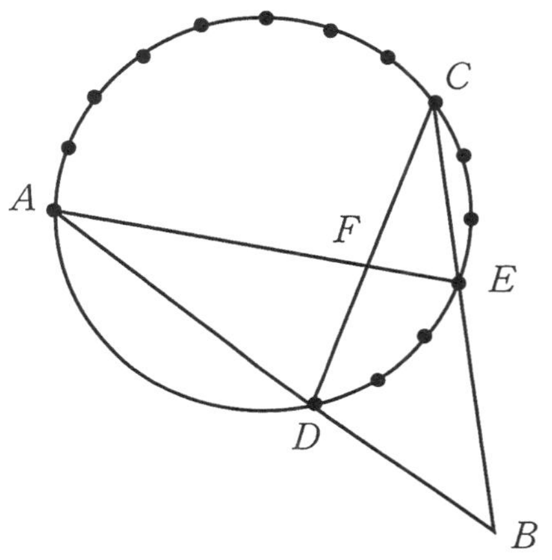

(2) 下の図において，$\triangle ABE \backsim \triangle DEF$である。
$AE:DF=5:3$のとき，$\triangle ABE$と$\triangle ABC$の面積比は
［ウ］：［エ］である。

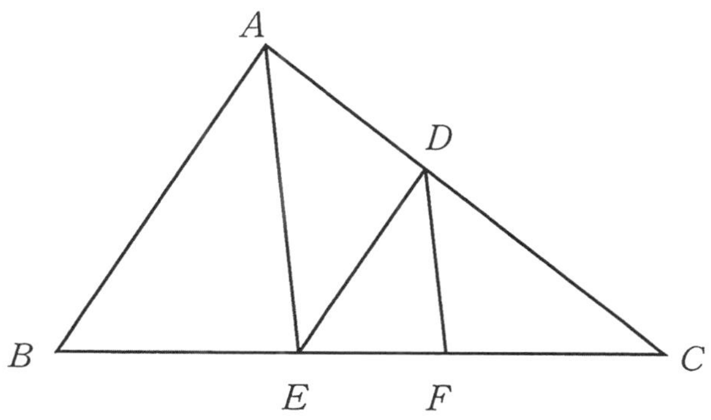

12 放物線 $y=\frac{1}{2}x^2$ と $y=\frac{1}{4}x^2$ がある。

$y=\frac{1}{2}x^2$上に点A，$y=\frac{1}{4}x^2$上に点Bをとる。

線分ABとy軸が平行であり，$AB=4$となる。

$\triangle ABC$の面積が8となるように$y=\frac{1}{4}x^2$上に点Cをとる。

このとき，直線BCは$y=$［ア］$x-$［イ］となる。

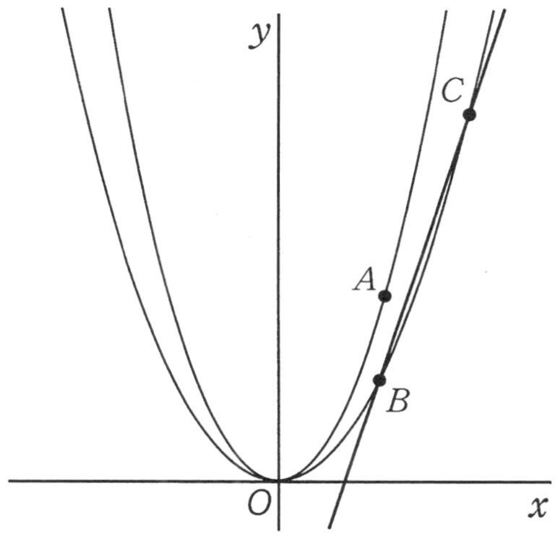

※100点満点・解答用紙・配点非公表　　至学館高等学校

英語 1 (40分)

A. 以下の定義に合う英単語を選択肢①～⑧の中から選び、番号で答えなさい。

(1) a group of houses and other buildings that is smaller than a town, usually in the country
(2) a building to keep important cultural, historical, or scientific objects
(3) the process of teaching or learning, especially in a school or college
(4) knowledge or skills gotten from doing, seeing, or touching things
(5) facts about a situation, person, event, etc.
(6) time you spend away from school or work
注：historical 歴史的な　scientific 科学的な

【選択肢】
① country　② education　③ experience　④ information　⑤ museum
⑥ subject　⑦ vacation　⑧ village

B. 以下の各グループの英単語はある共通点をもとに抽出されている。例を参考に各グループの英単語①～⑤のうちグループの条件にあてはまらない英単語を選び、記号で答えなさい。

例: run　rise　know　go　like
解答: like(likeは規則変化の動詞で、それ以外はすべて不規則変化の動詞)

(1) ① box　② dog　③ desk　④ cat　⑤ book
(2) ① swim　② begin　③ run　④ get　⑤ read
(3) ① young　② famous　③ easy　④ old　⑤ healthy
(4) ① money　② water　③ music　④ love　⑤ clock
(5) ① chair　② choose　③ March　④ machine　⑤ China
(6) ① say　② send　③ show　④ tell　⑤ buy

C. 以下の英文の空欄に当てはまる最も適切な語を記号で答えなさい。

(1) People asked the city (　　) a new parking area.
① to　② in　③ for　④ of

(2) I have been in Nagoya (　　) I was born.
① for　② when　③ before　④ since

(3) This T-shirt is a (　　) big for me.
① few　② little　③ many　④ much

(4) I didn't play soccer (　　) it was raining.
① if　② because　③ that　④ until

(5) The red box is smaller than the yellow one. The yellow box is smaller than the blue one.
The (　　) box is the biggest of the three.
① red　② yellow　③ blue　④ no

(6) The label on the bottle (　　), "Imported from Russia".
① writes　② tells　③ shows　④ says

D. 以下の英文の（　）内の語を正しい形に直すとき、適切な語（句）を記号で答えなさい。

(1) My father has two cats. He likes (they).
① they　② their　③ them　④ theirs

(2) I enjoyed (play) tennis yesterday.
① play　② playing　③ played　④ to play

(3) Fred was (study) Japanese in his room then.
① study　② studying　③ studied　④ has study

(4) If it (rain) tomorrow, we will go to the library.
① rainy　② rains　③ is raining　④ rained

(5) The dinner (cook) by my grandmother was very delicious.
① cooks　② cooking　③ cooked　④ was cooked

(6) Thank you! It' s (nice) gift I' ve ever received.
① the nicer　② a nice　③ nicest　④ the nicest

E. 以下の英文の（　）内の語を正しく並べかえたとき、3番目と5番目に来る語を記号で答えなさい。

(1) She (① her　② ask　③ to　④ take　⑤ him　⑥ will) to the zoo.
(2) (① balls　② in　③ there　④ many　⑤ are　⑥ how) the box?
(3) (① to　② may　③ your　④ speak　⑤ I　⑥ sister) Saki?
(4) Do (① when　② come　③ he　④ know　⑤ you　⑥ will) here?
(5) Meijo Park is (① of　② famous　③ parks　④ one　⑤ the　⑥ most) in Nagoya.

F. 以下の表と会話文を読み取り、設問に答えなさい。

Shigakukan Aquarium

Shigakukan Aquarium has many kinds of sea animals and this is the only aquarium having sea otters in Aichi prefecture. Visit our friends from the sea!

Admission Fee

	Weekdays	Weekends
Adult	2,800yen	3,000yen
Child (Ages 6-15)	1,600yen	1,800yen
Child (Ages 3-5)	800yen	1,000yen
Child (Under 3)	Free	

※High school students and university students can get a ¥300 discount. You need to show your student ID when you buy tickets.

Show Schedule

Sea Lion Show

Visit the Performance Stadium, and you'll have a chance to see the sea lions perform!

Times : 10:00, 11:30, 13:00, 15:30
Show Duration: Around 15 minutes
Note : The sea lions performance will differ depending on the time of the show.

Penguin Walk

Watch the Penguins walk around Aqua Street.
Time : 13:00
Duration : Around 10 minutes

Touch the Walrus

Watch a performance and take photos with our friends from the northern seas!
Times : 11:00, 14:00
Duration : Around 20 minutes

Restaurant

Opening hours : 9:30 ～ 13:00, 15:00 ～ 16:30
9:00 ～ 13:00, 15:00 ～ 17:00 (7/20 - 8/31)

Situation
This family has 3 adults (father, mother and Ted).
Ted is a high school student who has a student ID.

※語注 sea otter : ラッコ　sea lion : アシカ
duration : 所要時間　walrus : セイウチ

Ted : I'm not going to school tomorrow.
Mother : Why?
Ted : We have a holiday to celebrate the founding of our high school.
Father : Really? I have a good idea! How about going to Shigakukan Aquarium?
Mother : There are a lot of people there, right?
Father : Many people go there on the weekend, but tomorrow is Thursday!
Ted : Oh, great! I want to see the sea lion show there. It's very popular.
Mother : What time shall we see it?
Ted : Um… How about 13:00?
Mother : I don't agree. If we have lunch after the sea lion show, we can't have lunch in the restaurant. It closes at 13:00. We should see the sea lion show before lunch.
Father : OK! Shall we join "Touch the Walrus" at 11:00? After that, let's go to the sea lion show! Then, we can have lunch in the restaurant before it closes.
Ted : Awesome! I'm looking forward to going there!

(1) How much will this family pay to enter the aquarium?
① 8,400 yen　② 9,000 yen　③ 8,700 yen　④ 8,100 yen

(2) What time will they see the sea lion show?
① 10:00　② 11:00　③ 11:30　④ 13:00

(3) How much will Ted and his girlfriend who is 14 years old pay if they go to the aquarium next weekend?
① 4,400 yen　② 4,800 yen　③ 4,500 yen　④ 4,200 yen

(4) What day did the family talk about their plan?
① Wednesday　② Sunday　③ Tuesday　④ Friday

(5) Which show takes the most amount of time?
① sea lion show　② penguin walk　③ touch the walrus　④ sea otter show

(6) Why will Ted go to the aquarium the next day?
① Because it is a national holiday.　② Because it is Sunday.
③ Because it is his school's foundation day.　④ Because it is summer vacation.

G. 以下の英文を読み、設問に答えなさい。

The next Olympics will be held in Paris in 2024. The *modern Olympics began in *Athens, *Greece in 1896. For the first time in a long history, the Paris Olympics will *achieve “(1)gender equality.” It means the number of men and women is the same.

Women first joined the Olympics at the Paris Olympics in 1900. At that time, of the 997athletes, 22 were women and the percentage of them was only 2.2%. (2)This is because many people thought that “(3)sports are what boys do”. In the Tokyo Olympics in 1964, the Japanese women's volleyball team won a gold medal and was called “*Oriental Witches”, but the percentage of girls was still only 13.2%.

If only men join the Olympics, it will be less interesting, and it will not *fit with the times. For these reasons, the *IOC has actively *adopted women's events. Women's wrestling, the sport which is popular in Japan, is a new event that started in the 2004 Athens Olympics. In addition, recently, the number of (4)mixed events has increased. Both men and women participate together in these events. For example, at the Tokyo Olympics, mixed doubles were held for table tennis.

The *participation rate of women in the Olympics will continue to increase; 44.2% in the 2012 London Olympics, 45.6% in the 2016 Rio de Janeiro Olympics, and 48.8% in the Tokyo Olympics. Finally, it will be 50% at the Paris Olympics. Some people feel unhappy with (5)this trend. For example, some *Muslim people have an idea that (6)(①good/ ②do / ③girls / ④it / ⑤is / ⑥sports / ⑦for / ⑧to /⑨not). However, the IOC has encouraged participation in the Olympics from the Islamic world, and the number of participants has increased. It is *expected that more women around the world will have a chance to join sporting events.

※語注 *modern 近代の　*Athens アテネ　*Greece ギリシャ　*achieve ～を達成する
*Oriental Witches : 東洋の魔女　*fit with the times 時代に合う　*IOC : 国際オリンピック委員会
*adopt : ～を採用する　*participation : 参加　*Muslim : イスラム教の　*expect : ～を期待する

(1) 本文によると、(1)gender equality とはどのようなことですか。
① 男性と女性が同じルールでスポーツをすること　② 同じ人数の男性と女性がオリンピックに参加すること
③ 男性も女性もスポーツに関連した職業に就けること　④ 男性と女性が同じ額の賞金をもらえること

(2) 本文によると、(2)This とはどのようなことですか。
① 女性が1900年に初めてオリンピックに出場したこと
② 1900年のパリオリンピックよりも1964年の東京オリンピックの方が参加する女性の人数が多いこと
③ 2024年のパリオリンピックには同じ人数の男性と女性が参加すること
④ 1900年のパリオリンピック出場者の女性の割合がたった2%程度であること

(3) 本文によると、(3)sports are what boys do とはどのようなことですか。
① 男性は女性よりも一生懸命スポーツをしなければならない　② 男性は自分が取り組むスポーツを選ぶことができる
③ 男性はスポーツをするが、女性はするべきではない　④ すべての男性はスポーツをしなければならない

(4) 本文に書かれている、(4)mixed eventsの例を選びなさい。
① トライアスロンで選手たちが水泳、自転車、長距離走で競いあう　② 2人の女性選手がビーチバレーの試合に出場する
③ 男性選手と女性選手が柔道の団体戦に出場する　④ 様々な国の選手が一緒にサッカーの試合に出場する

(5) 本文によると、(5)this trend とはどのようなことですか。
① より多くのイスラム教徒がオリンピックに参加するようになっていること
② リオデジャネイロオリンピックよりも多くの選手がパリオリンピックに出場すること
③ 2012年のロンドンオリンピックでは女性選手の割合が44.2%であったこと
④ オリンピックにおける女性選手の割合が増えていること

(6) 下線部(6)の( )内の語を正しく並びかえ、4番目と7番目の語を記号で答えなさい。

(7) 本文の内容と合うものを2つ選び、記号で答えなさい。
① 最初の近代オリンピックは100年以上前にギリシャのアテネで開催された。
② 1964年の東京オリンピックで始めてオリンピックに女性選手が参加した。
③ 国際オリンピック委員会はオリンピックに参加する男性選手の人数を増やしたいと考えている。
④ 女性がオリンピックで参加した最初の競技は女子レスリングであった。
⑤ オリンピックにおける女性選手の割合は過去10年間増え続けている。
⑥ 国際オリンピック委員会はイスラム圏からのオリンピックへの参加を歓迎していない。

令和５年度　入学試験問題

至学館高等学校

解答は数字で選び、すべてマークシートに記入すること。

※100 点満点・解答用紙・配点非公表

理　科　１

(40分)

1　20 世紀に入り、日本には深海探査用に「しんかい 6500」という探査船がある。この船は、高い水圧に耐えられるように設計されている。水圧は、深度が深くなればなるほど強くなっていき、水面に近づくほど弱くなっていく。また、このしんかい 6500 は、全長 10m・幅 3m・高さ 3m というサイズであるものとする。下のイラストはイメージ図である。これについて、以下の問いに答えなさい。但し、110 のような数字は、1.1×10^2 のように表している。

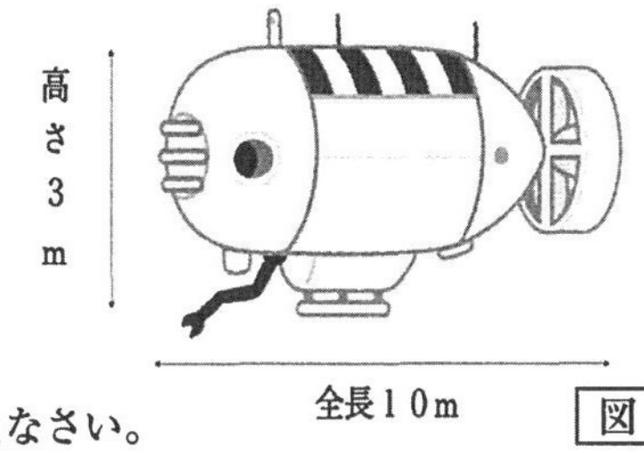

図１

問１.「しんかい 6500」が上面から海面までの深さが 1m になるように潜水したとする。この時、上面全体にかかる力を答えなさい。

① 30N　② 3×10^3 N
③ 3×10^4 N　④ 3×10^5 N

問２.「しんかい 6500」が 6500m に潜水したとして以下の問いに答えなさい。
（１）この時の上面にかかる水圧を答えなさい。

① 6.5×10^3 Pa　② 6.5×10^4 Pa　③ 6.5×10^5 Pa
④ 6.5×10^6 Pa　⑤ 6.5×10^7 Pa

（２）この時の上面にかかる力を答えとして、もっとも適当なものを答えなさい。

① 2×10^8 N　② 2×10^9 N　③ 6×10^8 N　④ 6×10^9 N

問３. 大気には水圧と同様に、大気圧という力が物質に加わる。これは標高が上がるほど弱くなっていく。標高０m の地表における大気圧の数値として、もっとも適当な数値を記号で答えなさい。

① 760 Pa　② 1013 Pa　③ 760 hPa　④ 1013 hPa

問４. 十分に膨らんだ状態の風船を、山の山頂に持っていった。この時、風船はどうなるかを選択肢よりもっとも適当なものを記号で答えなさい。

① 萎む　② 膨らむ　③ 変わらない

問５. 深海艇などの海中で航行する船舶はソナーというものを持っており、それによって船同士が位置を確認することができる。これは、音波によって物体を探知するものである。これについて、以下の問いに答えなさい。
（１）水中での音の進む速さとして、最も適当な数値をそれぞれ答えなさい。

① 秒速 5cm　② 秒速 340m　③ 秒速 1500m　④ 秒速 6000m

（２）宇宙のような空間での音の挙動として最も適当な答えを以下の選択肢より答えなさい。

① 大気中よりも早く伝わる　② 大気中よりも遅く伝わる　③ 音は伝わらない

2　以下の会話文を読み、次の問いに答えなさい。

Ａさん：最近ある映画を見ていたら、火星で作物を育てたりしていて、地球外に移住するのも悪くないかなと思ったんだ。地球のように環境を変えることも理論上はできるみたいだし、セカンドライフは惑星間移住をしてみたいな。
Ｂさん：残念ながら、そう簡単にはいけないよ。火星と地球の距離は、a 一番近くても約 7000 万 km で、一番遠いと２億 3000 万 km にもなるんだよ。環境を変えることも、できたとしても数百年単位の時間が必要みたいだし、すぐに住むことは難しいね。
Ａさん：え？そんなに遠いんだ。てっきり２～３日で行けるものかと思っていたよ。しかも、環境を変えるのも難しいんだ。じゃあ、月はどうだい？
Ｂさん：距離は近くても、b 月は天体としての質量が小さすぎて大気がないから、火星よりも生身で生活したりするのは難しいね。他に移住に適した c 惑星は無いの？
Ａさん：う～ん。地球と比較的近い金星は、大気の主成分は（　ア　）だから呼吸には向かないし、そもそも（　イ　）が地球よりも近くにあるから気温がとても高くて住めないね。
Ｂさん：そう簡単にはいかないね。地球の環境が悪化してるから、移住したいなと思ったんだけど。
Ａさん：地球にずっと住めるように、SDGs とかを勉強して環境に配慮した生活をしないとね。

問１. 文中の空欄に当てはまる語句として、もっとも適当なものを記号で答えなさい。

① 二酸化炭素　② 酸素　③ 水素　④ 太陽　⑤ 月　⑥ 土星　⑦ 木星　⑧ 水星

問２. 下線部 a について、使用する宇宙飛行機が秒速 15km であったとする。この時、地球との距離が一番近い時と地球との距離が一番遠い時で到着にどれくらいの差があるか。もっとも適当なものを記号で答えなさい。

① 40 日　② 60 日　③ 80 日　④ 100 日　⑤ 120 日　⑥ 140 日

問３. 下線部 a について、地球と火星で通信をした際に、通信が届くまで一番近い時で片道どれくらいかかるか、もっとも適当なものを記号で答えなさい。但し、通信は光の速度で進むものとし、光の速度は秒速 30 万 km で計算しなさい。

① 2 分　② 4 分　③ 6 分　④ 8 分　⑤ 10 分　⑥ 12 分

問４. 下線部 b について、この天体の総称としてもっとも適当なものを記号で答えなさい。

① 彗星　② 小惑星　③ 隕石　④ 太陽系外縁天体　⑤ 恒星　⑥ 衛星

問５. 下線部 c について、太陽系の惑星は地球型惑星と木星型惑星に大別できる。地球型惑星に分類できる惑星の数を記号で答えなさい。

① 2 つ　② 3 つ　③ 4 つ　④ 5 つ　⑤ 6 つ　⑥ 7 つ

理　科　2

3　二人の会話文を読み以下の問いに答えなさい。

Aさん：昨日、ホットケーキを作ったんだけど、ホットケーキってなんで膨らむのかな？
Bさん：焼きはじめると、プツプツと泡がでてくるよね。
Aさん：熱を加えることで、何か気体が発生しているのかな？
Bさん：ホットケーキの材料となる粉の中身を調べると、分かるかもしれないよ。ちょっとネットで調べてみようか。
Aさん：うん。お願い。
Bさん：あの粉の中身は…、小麦粉、砂糖、植物油脂、ベーキングパウダー、…
Aさん：この中で何か反応しそうなのは、ベーキングパウダーかな。
Bさん：ベーキングパウダーの主成分って、炭酸水素ナトリウムだよね。
Aさん：あ！炭酸水素ナトリウムって、加熱すると、何か発生するって、この前の理科の実験でやったね。
Bさん：炭酸水素ナトリウムの熱分解で気体Xが発生するよ。
Aさん：すごい！よく覚えているね。ってことは、気体Xが発生するから、ホットケーキは膨らむんだね。そういえば、もう1つ不思議に思ったことがあったんだ。
Bさん：どんなこと？
Aさん：おいしくなると思って、ブルーベリージャムと粉を混ぜて焼いたんだけど、途中で色が青紫色から緑色に変わったんだよね。おいしかったんだけど、なんでだろう？
Bさん：ブルーベリージャムの色素に原因があるのかも。面白そうだから、家で詳しく調べてみるよ。分かったら、教えるね。
Aさん：え？本当？ありがとう！

問1．気体Xの捕集方法として誤っているものを1つ選びなさい。

① 上方置換　② 下方置換　③ 水上置換

問2．気体Xに関する記述として誤っているものを1つ選びなさい。

① 石灰石にうすい塩酸を加えると発生する。
② 3つの原子から成る分子である。
③ 気体Xが水に溶けたものを炭酸水という。
④ 助燃性（物が燃えるのを助けるはたらき）をもつ。
⑤ 有機物を完全燃焼させると生じる物質である。

問3．炭酸水素ナトリウムを熱分解すると、気体X以外に液体Yと固体Zも生じる。液体Yに関する記述として誤っているものを1つ選びなさい。

① 人体内に多く存在する。
② 3種類の元素から成る分子である。
③ 青色の塩化コバルト紙を赤色に変色させる。
④ 液体Yの色は無色透明である。
⑤ 液体Yは固体になると、体積が大きくなる。

問4．Bさんがブルーベリーに含まれる色素を調べたところ、アントシアニンであることが分かった。アントシアニンは液性（酸性・中性・アルカリ性）により、色が変化することが知られている。Bさんが書いたメモを参考に、文章に当てはまる化学式及び語句を表から1つ選びなさい。ただし、気体Xは液性に影響しないものとする。

《メモ》　ブルーベリーに含まれる色素…アントシアニン
アントシアニンの色の変化
酸性　⇔　中性　⇔　アルカリ性
赤　⇆　ピンク　⇆　紫　⇆　青　⇆　緑　⇆　黄

ブルーベリージャム入りのホットケーキミックスの色が加熱して変化したのは、（　ア　）が（　イ　）に変化したことにより、ホットケーキミックスのpHの値が（　ウ　）なったためである。

	ア	イ	ウ
①	$NaHCO_3$	H_2O	小さく
②	$NaHCO_3$	H_2O	大きく
③	Na_2CO_3	$NaHCO_3$	小さく
④	Na_2CO_3	$NaHCO_3$	大きく
⑤	$NaHCO_3$	Na_2CO_3	小さく
⑥	$NaHCO_3$	Na_2CO_3	大きく

問5．炭酸水素ナトリウムはラムネ菓子などにも利用されている。ラムネ菓子の材料は炭酸水素ナトリウムとクエン酸（$C_6H_8O_7$）と粉糖で、炭酸水素ナトリウムとクエン酸が反応することにより、気体Xが発生する。ラムネ菓子を口にいれるとシュワシュワするのは、気体Xが発生しているためである。
以下に示したのは、炭酸水素ナトリウムとクエン酸（$C_6H_8O_7$）の化学反応式である。（　　）にあてはまる係数を1つずつ選びなさい。ただし、同じ記号を何度使ってもよいものとする。
式中の$Na_3C_6H_5O_7$は係数が1、H_2Oは係数が3であることを表している。

（ア）$C_6H_8O_7$ ＋（イ）炭酸水素ナトリウム　→　$Na_3C_6H_5O_7$ ＋ $3H_2O$ ＋（ウ）気体X

① 1　② 2　③ 3　④ 4　⑤ 5　⑥ 6　⑦ 7　⑧ 8

4　右の図は、エンドウの花びらの一部を模式的に示したものである。以下の問いに答えなさい。

図2

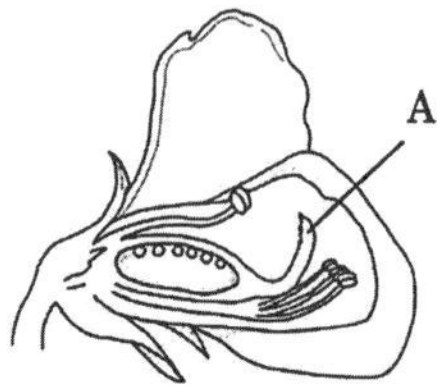

問1．右図のめしべの先端部分Aは、花粉がつきやすくなっている。Aの部分を何というか、正しいものを1つ選びなさい。

① 花柱　② おしべ　③ やく　④ 子房　⑤ 柱頭

問2．以下のエンドウとオランダイチゴに関する文章を読み、（　）に当てはまる語句の組み合わせを表から1つ選びなさい。

エンドウの先端部分Aに花粉がつくと、花粉から花粉管という管が出る。花粉管の中を通って精細胞が胚珠の卵細胞に達すると、受精し種子ができる。エンドウのような受精によって子孫を増やす方法を（　ア　）という。また、オランダイチゴは、ほふく茎とよばれる、地面をはう長い枝ができ、その先に新しい芽をつけて増える。このように子孫を増やす方法を（　イ　）という。
（　ア　）で生まれた新しい個体は、親と（　ウ　）組み合わせの遺伝子をもつが、（　イ　）で生まれた新しい個体は、親と（　エ　）組み合わせの遺伝子をもつ。

	ア	イ	ウ	エ
①	有性生殖	無性生殖	同じ	異なる
②	有性生殖	無性生殖	異なる	同じ
③	無性生殖	有性生殖	同じ	異なる
④	無性生殖	有性生殖	異なる	同じ

理　科　3

問３．エンドウの種子の形についての遺伝を調べるために、形質の異なる株どうしを交配し観察を行った。エンドウの純系の株を親として、子と孫の代の形質がどのようになるかを調べたところ、次のようなことが分かった。

> 種子の形が丸形のエンドウ（純系）と種子の形がしわ形のエンドウ（純系）を親としてかけあわせたところ、子の代の種子の形はすべて丸形となった。
> 子の代の種子の形が丸形のエンドウを自家受粉させたところ、孫の代の種子の形は丸形：しわ形＝（ ア ）：（ イ ）となった。

(1) 文章中の（ア）、（イ）に当てはまる数値の組み合わせを表から１つ選びなさい。

	ア	イ		ア	イ
①	1	2	⑤	2	3
②	1	3	⑥	3	2
③	2	1	⑦	1	1
④	3	1	⑧	2	2

(2) オーストリアの植物学者であるメンデルは、修道院の司祭をしていたときに、修道院の庭で約８年の月日を費やし、エンドウの交雑実験を行った。その結果、いくつかの遺伝の法則を発見した。メンデルの発見した遺伝の法則として、正しいものを１つ選びなさい。

① 質量保存の法則　② 顕性の法則　③ フックの法則　④ 作用・反作用の法則

(3) 下線部の孫の代の株から種子の形が丸いものを選び、これを株Ａとした。株Ａを種子の形がしわ形の株とかけあわせたところ、右図のような結果になった。株Ａの遺伝子の組み合わせとして正しいものを１つ選びなさい。ただし、エンドウの種子の形を丸形にする遺伝子をＲ、しわ形にする遺伝子をｒとし、メンデルの遺伝の法則にしたがうものとする。

① R　② r　③ RR　④ Rr　⑤ rr

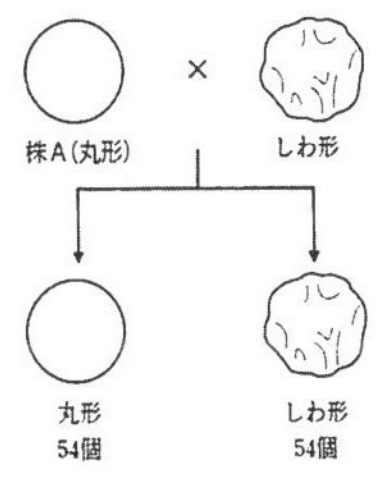

図３

令和５年度　入学試験問題

至学館高等学校

※100 点満点・解答用紙・配点非公表

社　会　1　（40分）

1　次の授業中の会話を読み、設問に答えなさい。

先　生：今年（2022 年）11 月にはサッカーワールドカップカタール大会が開催されますね。開催国であるカタールと日本・スペイン・ドイツ・コスタリカの代表が入ったグループＥにはさまざまな面で注目しています。カタール・スペイン・ドイツ・コスタリカそして日本の各国は気候・経済が全く違い、非常に特徴的なのです。これは、他の予選リーグと少し違って興味がわいてきます。
みなさんで、開催国のカタールをはじめ日本が対戦する国がどんな国か調べてみましょう。Ａさんはカタール、Ｂさんはスペイン、Ｃさんはドイツ、Ｄさんはコスタリカについて調べてください。

Ａさん：カタールはアラビア半島東部に位置し、首都はドーハ。1971 年にイギリスから独立。公用語はアラビア語ですが、共通語として英語が使用されています。今回のサッカーワールドカップは開催国のカタールが暑いため、11 月に開催するという話を聞きました。気候はⓐ砂漠気候、国教はⓑイスラム教、そして、カタールから産出されるⓒ天然資源は日本へ多く輸入されています。

先　生：スペイン・ドイツ・日本は温帯ですが特徴が違います。それぞれの国の歴史や気候や産業に興味がありますね。

Ｂさん：スペインはイベリア半島に位置していて、首都はマドリード。イスラム教国の支配を受け、1492 年にイスラム教国を排除して、スペイン王国が成立しました。その年に大西洋を横断した[　A　]がカリブ海にある島を発見し、それをきっかけに中南米のほとんどはスペインの植民地となりました。スペインの国土のほとんどはⓓ地中海性気候。ⓔその気候をいかした農業もさかんです。

Ｃさん：ドイツはオーストリア・オスマン帝国とともに同盟国側として、イギリス・フランス・ロシアを中心とした連合国を相手に第一次世界大戦をおこし、敗れました。そして、戦勝国から押し付けられた賠償金がドイツ経済を混乱させました。そういった状況のなかでナチスを率いた[　B　]が政権を握り、第二次世界大戦をおこしました。結果、ドイツは再び敗れ、アメリカを中心とする資本主義の西側とソ連を中心とする共産主義の東側諸国との対立により、ドイツは 1949 年に東西に分かれて独立しました。西ドイツは[　C　]に加盟、東ドイツは[　D　]に加盟し、ドイツは「冷たい戦争」の象徴となりました。1989 年 11 月「[　E　]の壁」が崩壊し、1990 年 10 月に東西ドイツが統一されました。
ドイツの気候はⓕ西岸海洋性気候。ドイツは世界有数の先進工業国であるとともに貿易大国。ⓖGDP の規模では欧州内で第１位です。スペインとドイツはヨーロッパで同じキリスト教を信仰しています。しかし、ドイツは[　F　]の宗教改革によって、プロテスタントとよばれる人々が増えました。

Ｄさん：コスタリカは中南米にある人口約 515 万人（2021 年世界銀行調査）の小さな国です。気候帯はⓗ熱帯ですが乾季と雨季があります。長い間スペインの植民地でしたが、1821 年に独立しました。植民地時代には世界でも最も貧しい地域の一つでした。しかし、第二次世界大戦後は農業を中心に経済が発展し、現在はⓘ農業国から工業国となって中米では有数の豊かな国になりました。日本もコスタリカの主要な輸出相手国となっています。

Ｃさん：今日の報道ではドイツやスペインが有利だと言われていますが、カタールという暑い国で行われる今回のワールドカップは今年も猛暑であった日本やもともと熱帯のコスタリカ、夏が砂漠地帯に近いスペインがドイツより優位に戦えそうだと思います。

Ａさん：日本代表選手もドイツやスペインのリーグに出場しているので、その国の特徴がわかっているため、日本の活躍が楽しみですね。

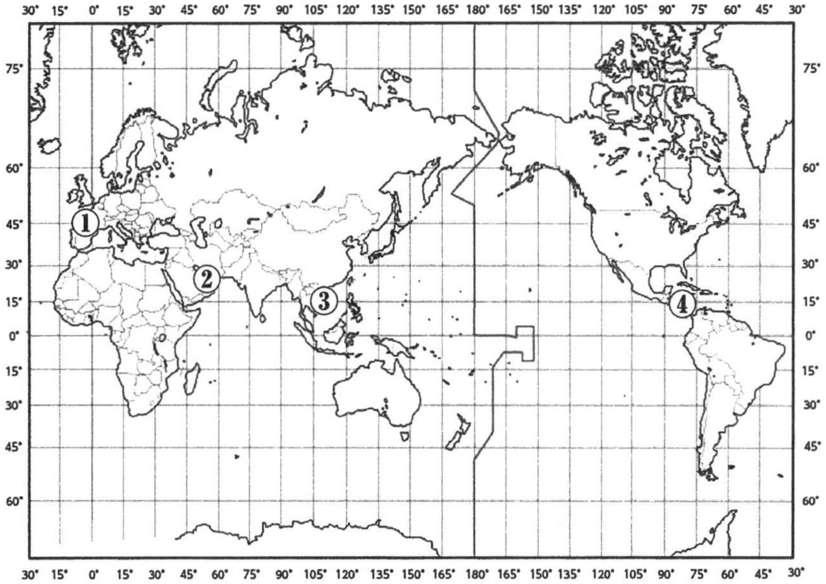

問１　日本の第１戦であるドイツ戦は現地時間 2022 年 11 月 23 日 16:00 に始まりますが、日本時間ではいつに始まるのか下の①～④から選び、記号で答えなさい。

① 2022 年 11 月 23 日 20:00　② 2022 年 11 月 24 日 1:00
③ 2022 年 11 月 23 日 22:00　④ 2022 年 11 月 23 日 14:00

問２　開催国であるカタールを地図の①～④から選び、記号で答えなさい。

問３　下線部ⓐについて、カタールの気候を【気候Ⅰ】の①～④から選び、記号で答えなさい。

問４　下線部ⓑについて、カタールの国教であるイスラム教を創始した人物を下の①～④から選び、記号で答えなさい。

① アッラー　② コーラン　③ ムハンマド　④ ラマダーン

問５　下線部ⓒについて、カタールが加盟している石油の価格維持・生産調整などを目的として結成した国際機構を下の①～④から選び、記号で答えなさい。

① OPEC　② NIES　③ ASEAN　④ APEC

問６　日本と対戦するスペインを地図の①～④から選び、記号で答えなさい。

問７　文中[　A　]に入る人物を下の①～④から選び、記号で答えなさい。

① ヴァスコ＝ダ＝ガマ　② マゼラン　③ ミケランジェロ　④ コロンブス

問８　下線部ⓓについて、スペインの首都の気候を【気候Ⅱ】の①～④から選び、記号で答えなさい。

問９　下線部ⓔについて、スペインの農業を**代表する農産物ではないもの**を下の①～④から選び、記号で答えなさい。

① ブドウ　② オリーブ　③ ビート　④ オレンジ

問 10　文中[　B　]に入る人物を下の①～④から選び、記号で答えなさい。

① レーニン　② ムッソリーニ　③ ヒトラー　④ ウィルソン

社　会　2

問11　文中［　C　］・［　D　］に入る組み合わせとして正しいものを下の①～④から選び、記号で答えなさい。

① C.－ワルシャワ条約機構　　D.－北大西洋条約機構
② C.－北大西洋条約機構　　D.－ワルシャワ条約機構
③ C.－独立国家共同体　　D.－北大西洋条約機構
④ C.－ワルシャワ条約機構　　D.－独立国家共同体

問12　文中［　E　］に入る適語を下の①～④から選び、記号で答えなさい。

① ベルリン　　② フランクフルト　　③ ミュンヘン　　④ ドルトムント

問13　下線部ⓕについて、ドイツの首都の気候を【気候Ⅱ】の①～④から選び、記号で答えなさい。

問14　文中［　F　］に入る人物を下の①～④から選び、記号で答えなさい。

① カルヴァン　　② ルター　　③ ザビエル　　④ イエス

問15　下線部ⓖについて、GDP とは何の略称か①～④から選び、記号で答えなさい。

① 国民総生産　　② 国内総生産　　③ 国民総所得　　④ 国民所得

問16　日本と対戦するコスタリカを地図の①～④から選び、記号で答えなさい。

問17　下線部ⓗについて、コスタリカの首都の気候を【気候Ⅰ】の①～④から選び、記号で答えなさい。

問18　下線部ⓘについて、コスタリカ産の主要な農作物として**誤っているもの**を①～④から選び、記号で答えなさい。

① パイナップル　　② コーヒー　　③ バナナ　　④ 小麦

【気候Ⅰ】

①　②　③　④

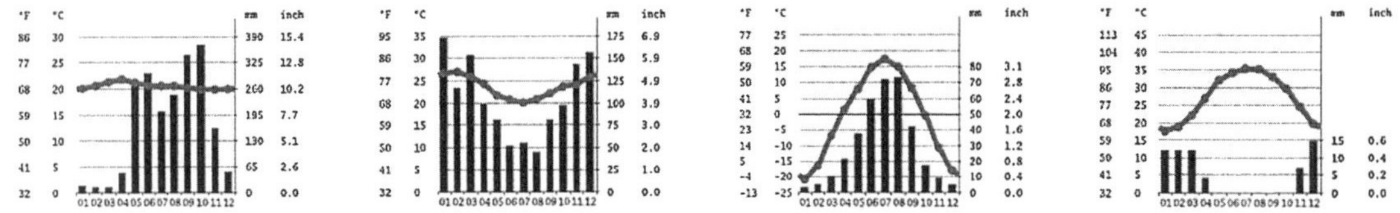

【気候Ⅱ】

①　②　③　④

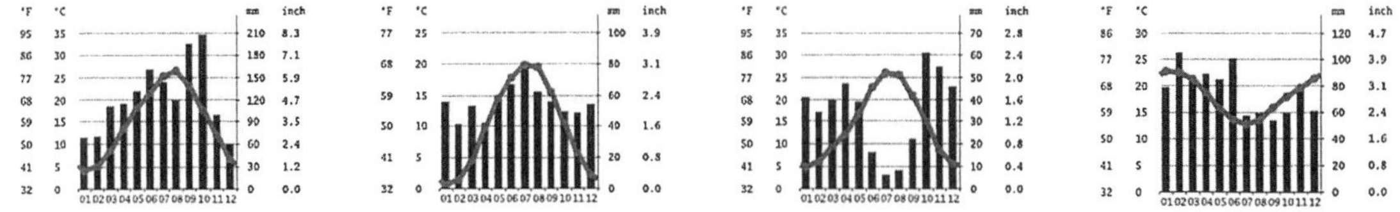

2 下の【板書Ⅰ】【板書Ⅱ】をみて、設問に答えなさい。

【板書Ⅰ】

ヨーロッパ諸国の海外進出

イギリス革命（ピューリタン革命・名誉革命）
→ⓐ立憲君主制・議会政治のはじまり
アメリカ独立革命
→イギリスと独立戦争。大陸会議で「［　A　］」発表

⇩

アメリカ合衆国憲法制定（国民主権・ⓑ三権分立）

フランス革命とナポレオン
→平民が絶対王政を打倒するため国民議会を結成
→「［　B　］」を採択

⇩

ナポレオンにより、フランス革命おわる
→ナポレオンによる征服戦争
→国民主義がヨーロッパ各地に広がる

イギリスの産業革命
→19世紀末には各国に広まる

⇩

ヨーロッパ各地でⓒ資本主義が広まる

影響：ⓓ「鉄血宰相」の活躍でドイツ帝国成立
　　イタリア王国の成立
　　メキシコ・ブラジル・アルゼンチンなどが独立

〈イギリス〉
三角貿易

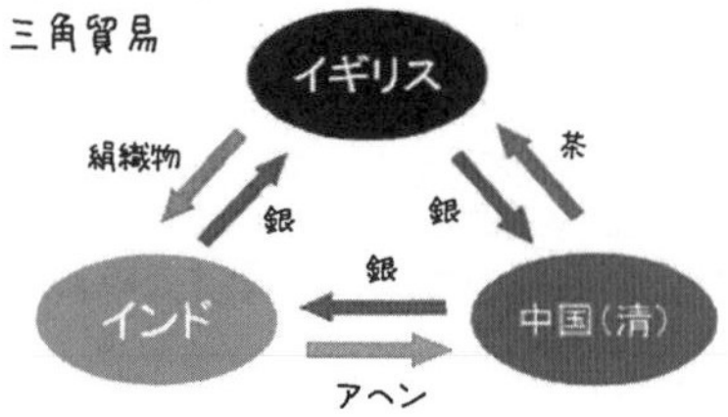

1840～1842年 アヘン戦争（イギリス 対 清）
→ⓔ南京条約

⇩

社会不安と重税で清の各地で［　C　］がおこる

1857年　インドの大反乱
→イギリス女王を皇帝にインド帝国成立

〈ロシア〉
南下政策により領土を拡大
→ⓕクリミア戦争に敗れ、東アジア進出へ
日本へ使節を派遣

○月○日　日直○○

【板書Ⅱ】

欧米列強の日本進出

1742年 ラクスマン、［　D　］に来航→通商要求、幕府拒否
1804年 レザノフ、［　E　］に来航→通商要求、幕府拒否

⇩

間宮林蔵らに蝦夷地・樺太の調査を命じる
1808年 フェートン号事件（イギリス軍艦の［　E　］侵入）
1825年 異国船打払い令
1837年 モリソン号事件（アメリカ商船モリソン号を砲撃）
1840～1842年 アヘン戦争
→異国船打払い令廃止
1853年 ペリー、浦賀に来航、通商を要求
→日米和親条約締結（1854）
　X 浦賀（神奈川県）　Y 函館（北海道）開港
1856年 アメリカ総領事ハリス来日、通商を要求
→ⓖ日米修好通商条約（1858）

江戸幕府の滅亡と明治維新

尊王攘夷から尊王討幕へ

Ⅰ 安政の大獄　　Ⅱ 薩英戦争
Ⅲ 桜田門外の変　　Ⅳ 薩長同盟

⇩

第15代将軍［　F　］の大政奉還
→［　G　］による王政復古の大号令

⇩

ⓗ戊辰戦争へ

⇩

三大改革へ（学制・兵制・税制の改革）
1869年 版籍奉還
1871年 廃藩置県
1872年 ⓘ学制
1873年 ⓙ徴兵令
　　ⓚ地租改正

○月○日　日直○○

社　会　３

問１　下線部ⓐについて、立憲君主制に関する正しい説明を次の①～④から選び、記号で答えなさい。

① 主権国家形成期に国家の権力が君主（国王）に集中し、君主が絶対的な権力を行使した国家の政治体制
② 君主が主権を有するが、憲法などの法規によってその権限を制限し、国民の権利の保護を図っている政治形態
③ 主権が国民にあり、直接または間接に選出された国家元首や複数の代表者によって統治される政治形態
④ 憲法に基づいて統治がなされるべきであるというのみならず、政治権力が憲法によって実質的に制限されなければならないという政治理念

問２　［A］・［B］に入る適語の正しい組み合わせを次の①～④から選び、記号で答えなさい。

① A. －人権宣言　B. －独立宣言　　② A. －人民憲章　B. －人権宣言
③ A. －人民憲章　B. －独立宣言　　④ A. －独立宣言　B. －人権宣言

問３　下線部ⓑについて、三権分立の中で**関係のないもの**を次の①～④から選び、記号で答えなさい。

① 行政権　　② 立法権　　③ 平等権　　④ 司法権

問４　下線部ⓑについて、三権分立を唱えた思想家と著書の正しい組み合わせを次の①～④から選び、記号で答えなさい。

① 思想家－ロック　著書－『法の精神』　　② 思想家－モンテスキュー　著書－『社会契約論』
③ 思想家－モンテスキュー　著書－『法の精神』　　④ 思想家－ロック　著書－『統治二論』

問５　下線部ⓒについて、資本主義の発展により資本家と労働者の格差が大きくなったため、その問題を解決するため社会主義を唱えた人物が生まれた。その中心人物を次の①～④から選び、記号で答えなさい。

① ルソー　　② マルクス　　③ スターリン　　④ レーニン

問６　下線部ⓓについて、「鉄血宰相」とよばれた人物を次の①～④から選び、記号で答えなさい。

① ルイ 14 世　　② ビスマルク　　③ ワシントン　　④ リンカン

問７　下線部ⓔについて、イギリスが獲得した清の領地を次の①～④から選び、記号で答えなさい。

① 上海　　② マカオ　　③ 広州　　④ 香港

問８　［C］に入る適語を次の①～④から選び、記号で答えなさい。

① 甲午農民戦争　　② 義和団事件　　③ 太平天国の乱　　④ 辛亥革命

問９　下線部ⓕについて、クリミア戦争に従軍し、戦場医療の改革を行い、戦後は近代看護を確立した人物を答えなさい。

① ナイティンゲール　　② ストウ夫人　　③ サッチャー　　④ アンネ・フランク

問10　［D］・［E］に入る適語の正しい組み合わせを次の①～④から選び、記号で答えなさい。（２つの［E］は同じ）

① D. －長崎　E. －根室　　② D. －長崎　E. －種子島
③ D. －根室　E. －長崎　　④ D. －根室　E. －種子島

問11　下線部中のX・Yの港について、その正誤の組み合わせとして正しいものを次の①～④から選び、記号で答えなさい。

① X. 正　Y. 正　　② X. 正　Y. 誤
③ X. 誤　Y. 正　　④ X. 誤　Y. 誤

問12　下線部ⓖについて、日米修好通商条約について誤っているものを次の①～④から選び、記号で答えなさい。

① 幕府の外交の交渉を行う公使を江戸に置いた
② アメリカに領事裁判権を認めた
③ 日本に関税自主権が認められていなかった
④ 同じ内容の条約をオランダ・ロシア・イギリス・フランス・ドイツとも結んだ

問13　板書Ⅱ中のⅠ～Ⅳの出来事について、古いものから順に正しく配列されたものを次の①～④から選び、記号で答えなさい。

① Ⅰ－Ⅱ－Ⅲ－Ⅳ　　② Ⅰ－Ⅲ－Ⅱ－Ⅳ　　③ Ⅱ－Ⅰ－Ⅲ－Ⅳ　　④ Ⅲ－Ⅱ－Ⅰ－Ⅳ

問14　［F］・［G］に入る適語の正しい組み合わせを次の①～④から選び、記号で答えなさい。

① F. －徳川家定　G. －三条実美　　② F. －徳川家定　G. －岩倉具視
③ F. －徳川慶喜　G. －三条実美　　④ F. －徳川慶喜　G. －岩倉具視

問15　下線部ⓗについて、戊辰戦争のさなかの時期の新政府がとった施策について述べた文の正誤の組み合わせとして正しいものを次の①～④から選び、記号で答えなさい。

X. 五箇条の誓文をきっかけに四民平等の道が開かれた
Y. 五榜の掲示でキリスト教の布教が認められた

① X. 正　Y. 正　　② X. 正　Y. 誤
③ X. 誤　Y. 正　　④ X. 誤　Y. 誤

問16　下線部ⓘ・ⓙに関して、述べた文のａ～ｄについて、正しい組み合わせを次の①～④から選び、記号で答えなさい。

ａ 学制は小学校から大学校までの学校制度を定めたものである
ｂ 学制は小学校教育を重視し、満６歳になった男子を全て通わせることを義務とした
ｃ 満 20 歳になった男子は、士族と平民関係なく兵役の義務を負うことになった
ｄ 兵役の義務は免除規定がなく満 20 歳になった男子は全て義務を負うこととなった

①　ａ―ｃ　　②　ａ―ｄ　　③　ｂ―ｃ　　④　ｂ―ｄ

問17　下線部ⓚに関して、述べた文のａ～ｄについて、正しい組み合わせを次の①～④から選び、記号で答えなさい。

ａ 収穫高ではなく、地価を基準に税（地租）を掛ける
ｂ 納税は現金から物納に変更された
ｃ 納税は土地所有者ではなく耕作者が行う
ｄ 地租改正反対一揆がおこり、税率が３％から 2.5％に引き下げられた

①　ａ―ｃ　　②　ａ―ｄ　　③　ｂ―ｃ　　④　ｂ―ｄ

社　会　4

③ 次の授業中の会話を読み、設問に答えなさい。

先　生：昨日（2022年7月10日）、参議院選挙がありました。結果は自民党が大勝して、改憲勢力が改憲に必要な議席を確保しました。今日は選挙制度と憲法改正を中心に授業をしたいと思います。
　まず、日本の国会は衆議院と参議院の二院制です。選挙は衆議院と参議院は候補者に投票して選挙区で1人選ぶ小選挙区制と政党に投票して政党の得票数に応じ議席を配分する比例代表制で議員を選出する小選挙区比例代表制で行われています。
では、衆議院と参議院の定員と任期をAさんは知っていますか？

Aさん：衆議院の定員は465人で任期は［ A ］年（ⓐ解散あり）、参議院の定員は245人（※2022年7月26日以降は選挙区148人、比例代表100人）で任期は［ B ］年（解散なし）

先　生：その通りです。衆議院は小選挙区制で289人、比例代表176人。参議院は45選挙区で147人、比例代表98人となっています。

Bさん：衆議院の小選挙区制、参議院の選挙区制については理解できますが、比例代表制ではどのように議員を決めるのでしょうか？

先　生：日本ではドント式が採用されています。ドント式というのはベルギーの法学者ドントが考え出した議席割り当てのための計算方法です。計算方法は、まず各政党の得票数を1，2，3…の整数で割ります。次に、一人当たりの得票数が多い順（割り算の答えの大きい順）に各政党の議席が配分されます。そして、通常、各党の当選者は、比例代表名簿への登載者の上から決まっていきます。
　では、下の練習問題で定員6としての比例代表において各政党の獲得議席数を求めてみましょう。

資料1：各政党の獲得数

みかん党	りんご党	いちご党	バナナ党
600票	480票	240票	120票

資料2：各政党の獲得議席数

みかん党	りんご党	いちご党	バナナ党
ア人	イ人	ウ人	エ人

先　生：このような方式で衆議院・参議院の議席が決定されて国会が運営されていきます。では、次に憲法改正について考えてみましょう。

Aさん：そもそも「改憲」って憲法を変えることですよね。現在の憲法のどこを変えなければならないのでしょうか？

先　生：今回の憲法改正は第［ C ］条を対象にしています。
『第［ C ］条』では「第1項　日本国民は、正義と秩序を基調とする国際平和を誠実に希求し、［ a ］たる戦争と、武力による威嚇又は［ b ］は、国際紛争を解決する手段としては、永久にこれを放棄する」「第2項　前項の目的を達するため、陸海空軍その他の戦力は、これを保持しない。国の［ c ］は、これを認めない」とされています。

Bさん：先生、自衛隊って戦力ではないのですか？また、海外でおこった戦争には物資を補給したり、アメリカや韓国などといっしょに演習をしているじゃないですか？それって軍事行動ではないのですか？

先　生：政府は主権国家には自衛権があり、憲法では「自衛のための必要最小限の実力」をもつことは禁止されていないと説明されています。しかし、自衛隊に関しては違憲ではないかと何度か裁判で審議されています。また、最近は日本の防衛だけでなく、国際貢献のために［ D ］に基づいてハイチやスーダンなどへの人道支援を行っています。

Aさん：2015年に安全保障関連法が成立し、［ E ］を行使できると聞きましたが、これってどういう話なのですか？

先　生：簡単に言えば、日本の仲間の国が攻撃されたとき、一緒に反撃することができる権利のことです。日本においては仲間のアメリカ軍が攻撃されたときに自衛隊が反撃する。これに関しても、第［ C ］条の自衛の範囲を超えているという意見もあります。

Aさん：［ E ］ってどこまで広がるのでしょうか？

Bさん：日本とアメリカの間ではⓑ日米安全保障条約で、アメリカは他国が日本の領土を攻撃したときに共同で対応できるよう約束をしているから、アメリカの要求に応じて、各地に基地を提供していると聞いています。それなら、自衛隊の必要はやはりないのではないでしょうか？

先　生：政府はできる限り日本の防衛力はおさえめにして、自衛隊が海外で武力行使はしない、という考え方をとっています。しかし、テロリズムや日本周辺のアジアに軍事情勢の変化など今の世界の現実と第［ C ］条には無理があるので憲法改正を考えているのでしょうね。

Aさん：日本政府はそのために憲法を改正する必要があると考えます。ただ、憲法を改正するためには結局、憲法に基づいて行われるのですよね？

先　生：第96条では憲法改正案が国会に提出されると衆議院と参議院で審議され、両院が［ d ］以上の承認をし、憲法改正の発議をして、満［ F ］歳以上の国民投票が行われ、有効投票の［ e ］が賛成すると、憲法が改正されます。

Aさん：私たちはその時のために、自衛隊のことや憲法について勉強しなければなりませんね。

問1　［ A ］・［ B ］に入る適語の正しい組み合わせを次の①～④から選び、記号で答えなさい。

①A.－3　B.－6　②A.－4　B.－6　③A.－5　B.－6　④A.－6　B.－6

問2　下線部ⓐについて、誤っているものを次の①～④から選び、記号で答えなさい。

① 衆議院は、内閣を信頼できないときは、内閣不信任決議を行って、その責任を問うことができる
② 内閣不信任の決議が可決されると、14日以内に衆議院の解散を行い国民の意思を問う総選挙を行う
③ 内閣不信任の決議が可決されると、10日以内に衆議院の解散を行い国民の意思を問う総選挙を行うか、総辞職しなければならない
④ 内閣不信任の決議が可決された場合に限らず、国民の意思を問う必要がある場合に、衆議院を解散することができる

問3　資料1・資料2をみて、各政党の議席数で正しいものを次の①～④から選び、記号で答えなさい。

①ア 2　イ 2　ウ 1　エ 1　　②ア 2　イ 2　ウ 2　エ 0
③ア 3　イ 2　ウ 1　エ 0　　④ア 3　イ 3　ウ 0　エ 0

問4　［ C ］に入る正しい数を次の①～④から選び、記号で答えなさい。

① 3　② 5　③ 7　④ 9

問5　［ a ］・［ b ］・［ c ］に入る正しい組み合わせを次の①～④から選び、記号で答えなさい。

Ⅰ 交戦権　Ⅱ 国権の発動　Ⅲ 武力の行使

①［ a ］→Ⅰ　［ b ］→Ⅱ　［ c ］→Ⅲ
②［ a ］→Ⅱ　［ b ］→Ⅲ　［ c ］→Ⅰ
③［ a ］→Ⅲ　［ b ］→Ⅱ　［ c ］→Ⅰ
④［ a ］→Ⅲ　［ b ］→Ⅰ　［ c ］→Ⅱ

問6　［ D ］に入る適語を次の①～④から選び、記号で答えなさい。

① 国連平和支援　② 国連安全保障　③ 国連平和協力　④ 国連平和維持活動

問7　［ E ］に入る適語を次の①～④から選び、記号で答えなさい。

① 生存権　② 非核三原則　③ 集団的自衛権　④ 恒久平和

問8　下線部ⓑに関して、述べた文ア～エについて、正しい組み合わせを次の①～④から選び、記号で答えなさい。

ア 他国が日本の領域を攻撃したときに、アメリカが共同で協力して対応する
イ 他国が日本の領域を攻撃したときに、アメリカは日本の必要分の武器を提供する
ウ アメリカ軍は日本の領域内に駐留することが認められている
エ アメリカ軍は日本政府が指定する領域内で駐留することが認められる

①ア ― ウ　②ア ― エ　③イ ― ウ　④イ ― エ

問9　［ d ］と［ e ］に入る適語の組み合わせを次の①～④から選び、記号で答えなさい。

①d. 過半数　e. 過半数　②d. 3分の2　e. 3分の2
③d. 3分の2　e. 過半数　④d. 過半数　e. 3分の2

問10　［ F ］に入る正しい年齢を次の①～④から選び、記号で答えなさい。

① 18　② 20　③ 25　④ 30

令和4年度　入学試験問題

至学館高等学校

国語　一

答えはすべて別紙の解答用紙に記入しなさい。句読点・記号は一字に含みます。

（40分）

※解答用紙・配点非公表

一　次の文章を読み、後の問いに答えなさい。

《雨宮大地は、東京にある甲子園常連校である徳志館高校で野球部マネージャーを務めていた。高校卒業後は甲子園球場のグラウンドキーパーとして働いていた。大地と同じ高校でエースピッチャーだった一志は、関西の大学へ進学し、野球部で活躍していた。しかし、そこでいじめに遭い、退部することも考えている。その話を聞いた大地の職場の先輩である長谷騎士《ないと》が大地の前で一志とキャッチボールをしている場面である。》

「Aピッチャーの気持ちは、ピッチャーにしかわからへん」長谷さんが、ボールを投げながら言った。

一志が受ける。無言で投げ返す。

「ピッチャーが投げなかったら、試合ははじまらへん。すべては、お前が投げるところから、はじまる。お前が起点や」

しだいに、あたりが薄暗くなってきた。でも、二人はやめない。

「キャッチャーが、なんぼのもんじゃ。俺らピッチャーが主役や。［　X　］や。お前らは、黙って俺らの球を受けとけ——そういう①キガイでいかな、簡単に打たれるで」

グローブと硬球がぶつかる音が、絶え間なく、リズミカルに響く。

「一度折れたら、簡単には戻ってこれへんぞ。だから、踏みとどまれ。最初は、ネットにでも、壁にでも、投げ込んだらええ。ひたすら投げこめ。クソみたいなバカは相手にするな」

球の重み以上に、B長谷さんの投げかける言葉には、鋼鉄みたいな強度があった。それでも、一志は真正面から、その言葉を受けとめる。

「あいつの球を、受けてみたい。とてつもないボールや。そうキャッチャーに思わせたら、勝ちや。あいつの球を打ってみたいって、バッターに思わせたら勝ちや。C絶対にお前の味方になってくれるキャッチャー、チームメートが出てくる。お前の努力を認めるヤツは必ずおる」

長谷さんがつづけた。

「それでも、あかんかったら、そんな腐った部はやめろ。独立リーグでも、なんでも行ったらええ」

俺は［　Y　］を噛みしめた。

ピッチャーの気持ちはピッチャーにしかわからない。

プレーヤーの気持ちはプレーヤーにしかわからない。

たしかに、かつて島さんが言ってくれたとおり、選手の気持ちを想像してみることはできる。けれど、その想像にだって、限界はあるんだ。どう頑張ったって、野球を介した傑《すぐる》[*1]と父さんの仲に割って入ることはできない。一志と長谷さんのように、ボールを交わしただけで、一足飛びに体の底から魂の部分でぶつかりあえる——そんな男同士の友情をはぐくむことは、②トウテイ俺にはできない。

俺は傑が生まれたときから、ずっと嫉妬していたんだと、否応なく気づかされる。

父さんと傑のキャッチボールを、うらやましく眺めていた。雨の日、バッティングセンターで傑を褒める父さんを、俺のほうにも振り向かせたくてしかたがなかった。

傑に——父さんに大事にされる傑に——どうしようもなく嫉妬していた。

兄として、弟をかわいがっているふりをして、Dその感情に目をつむっていた。お年玉をあげるような、頼りがいのある兄を演じていた。けれど、違った。俺も目が覚めた。

傑がねたましい。

どうしようもなく、くるおしいほど、うらやましい。なんであいつには、生まれた瞬間からすべてが与えられているんだ？　なんで、俺にはなんにもないんだ？

そのE嫉妬の炎は小さいころから俺の内側でずっと燃え上がっていた。それに見て見ぬふりをしてきた。

俺の心のなかの水分は、その炎ですっかり③ジョウハツし、土壌は干からび、ひびわれ、まるで水分をとおさなくなっていた。雨はしみこまず、あふれだし、オーバーフローした。

今さら、気がついた。俺の心のなかにこそ、F不透水層は広がっていたのだ。そのことに、ずっと目をそむけつづけてきた。

一志と長谷さんのキャッチボールを目の当たりにして、そのG深い傷がむき出しにされ、あばかれた。

本当は野球なんか憎くてしかたがないのに、その憎しみや嫉妬のどろどろした感情を認めたくなくて——父さんにどうしても俺の姿を見てほしくて、俺は徳志館高校のマネージャーになった。

そして、甲子園のグラウンドキーパーになった。

本当は感謝なんか、求めていなかった。ただただ、振り向いてほしかっただけだ。家族の一員になりたかっただけだ。心の土を耕し、掘り起こし、締め固めなければならなかったのは、本当は俺のほうだったのだ……。

（中略）

「ありがとうございます」立ち上がった一志が、ゆっくりと頭を下げた。「H[*2]二度も助けてくれました。あのときは、絶対プロになって、甲子園に帰ってきたいと思いました。もちろん、今も……」

「④ジャマやっただけや。整備のジャマやったんや」

「ナイト……」と、両手を口にあてた真夏[*3]さんがつぶやいた。

「ただ、それだけや」

「それでも……、いろいろなことをあきらめなくてよかったと、心の底から思います。東京に帰るのは、やめます。両親は関係ない。ほかの部員も関係ない。俺はピッチャーだ。ピッチャーが投げなきゃはじまらない。俺は……、俺は、もっとわがままに振る舞ってもいいんだ」

一志の目が光っていた。

「なんとしてもここに踏みとどまります。ありがとうございました」

俺は寒さに震えていた。自分の心のなかをのぞきみる⑤ヨユウもなかった。

嫉妬なんか、いらない。感謝を求めるのでもない。

Iそんな足手まといの、負の感情はいい加減、脱ぎ捨てたい。俺も自由になりたい。独力で高く飛び立ちたい。

純粋に、土と、芝と向きあいたかった。一人前のグラウンドキーパーになりたかった。プロのグラウンドキーパーになりたかった。

（中略）

国語 二

「ピッチャーの気持ちは、ピッチャーにしかわからへん」
空気が⑥カンソウしているのか、上下の唇を一度湿らせて長谷さんがつづけた。
「同じように、グラウンドキーパーの気持ちも、J仕事の醍醐味も、グラウンドキーパーにしかわからへん」
長谷さんは言った。
「選手の笑顔によりそうんや」
長谷さんは、俺にもボールを投げかけようとしている。
「選手の涙によりそうんや」
俺はそのボールをそらすまいと、長谷さんの目を真っ直ぐ見すえた。
「冷静に周囲を見渡せ。風や雨や太陽を日々、感じるんや。土や芝によりそうんや。それが、グラウンドキーパーの醍醐味や。ほかの仕事にはない、やりがいや。もうすぐ一年なんやから、雨宮にはわかると思ってたんだけどな」
荒々しく突き放すような口調のわりに、長谷さんはどこかさみしげでもあった。K何か大事なものを手渡され、託されたように感じた俺は、相手の目を見つめたまま大きくうなずいた。

（朝倉宏景『あめつちのうた』）

語注　＊1　傑・・・雨宮大地の弟。高校一年にして、甲子園の注目選手として脚光を浴びる。
＊2　二度も・・・一度目は、一志が甲子園に出場した際、一回戦で負け、甲子園の土を集めようとするも上手く集められなかった様子を見て、長谷がグラウンド整備をしながら一志の元に土を集めてくれたこと。
＊3　真夏・・・騎士のおさななじみ。

問一　……①～⑥のカタカナに関して、傍線部と同じ漢字を含むものを次から選び、記号で答えなさい。

①「キガイ」
(ア) 応援するチームが優勝することをキタイする。
(イ) 何事もキソキホンが大切だ。
(ウ) 第一志望校に合格することをキネンする。
(エ) キモチを込めて手紙を書く。

②「トウテイ」
(ア) カイテイには宝が眠る。
(イ) テイオウが誕生する。
(ウ) テイキケンを買う。
(エ) 一人で入るにはテイコウがある。

③「ジョウハツ」
(ア) 天皇は、皇太子にジョウイした。
(イ) マスコットにアイジョウを注ぐ。
(ウ) 液体をジョウリュウする。
(エ) 人を魅了するプレーをすることが、プロのジョウケンだ。

④「ジャマ」
(ア) 事故をマの当たりにする。
(イ) 小さい頃はマジョの存在を信じていた。
(ウ) 仲間とセッサタクマする。
(エ) 先生をキャクマに通す。

⑤「ヨユウ」
(ア) 宝くじを当ててユウフクな生活を送りたい。
(イ) ファンクラブのカンユウが盛んだ。
(ウ) ユウユウジテキな生活を送る。
(エ) ユウレイにおびえる。

⑥「カンソウ」
(ア) ソウオンが原因で集中できない。
(イ) 結果が見えず、ショウソウにかられる。
(ウ) ドローンのソウサをする。
(エ) 山中で熊とソウグウする。

問二　［ X ］に入る適切な熟語を次から選び、記号で答えなさい。
(ア) 人望　(イ) 花形　(ウ) 超人　(エ) 脇役

問三　［ Y ］に本文中より適切な漢字一字を抜き出して入れ、慣用表現を完成させなさい。

問四　――A「ピッチャーの気持ちは、ピッチャーにしかわからへん」という言葉から、長谷さんが一志に伝えたいこととして不適当なものを次から選び、記号で答えなさい。
(ア) 自分が主役だという気持ちを持たないと、すぐに打たれてしまうということ。
(イ) 努力を認めてくれる人がいないようなら、違うところで野球を続ければよいということ。
(ウ) 周囲を気にすることなく、自分のすべき努力を積み重ねれば、理解者が現れるということ。
(エ) 一度諦めたら、簡単には戻ることができないから、歯をくいしばれということ。

問五　――B「長谷さんの投げかける言葉には、鋼鉄みたいな強度があった」とは、どういうことを表しているのか、最も適当なものを次から選び、記号で答えなさい。
(ア) 長谷の言葉には、一志に対しての攻撃性が隠されているということ。
(イ) 長谷の言葉には、凝り固まった心を解き放つ力が前面に押し出されているということ。
(ウ) 長谷の言葉には、心に水を与える優しさが隠れているということ。
(エ) 長谷の言葉には、受け取る側の心の中に入り込む重さがあるということ。

問六　――C「絶対にお前の味方になってくれるキャッチャー、チームメートが出てくる」とあるが、そのために長谷がすべきだと考えていることは何か、本文中より八字で抜き出して答えなさい。

問七　――D「その感情」とは、誰に対するどのような感情か、本文中の語句を使って答えなさい。

国語　三

問八　――E「嫉妬の炎」の内容を表現している三文を本文中より抜き出し、最初と最後の五字を答えなさい。

問九　次の文章は、――F「不透水層が広がっていた」が表すことについて説明したものである。空欄に当てはまる語句を本文中から指定された字数で抜き出しなさい。

大地の心の中にある［1（三字）］を振り向かせたいという心の［2（二字）］が見えなくなっていたということ。

問十　――G「深い傷」とあるが、ここではどのような感情か、本文中から十五字で抜き出しなさい。

問十一　――H「二度も助けてくれました」とあるが、一志が長谷に助けられた結果、
①抱いた思いとは何か、本文中から十九字で抜き出して答えなさい。
②決断は何か、本文中から十二字で抜き出して答えなさい。

問十二　――I「そんな足手まといの、負の感情」とは誰のどのような感情か、説明しなさい。

問十三　――J「仕事の醍醐味」とは具体的にどのようなものか、説明しなさい。

問十四　次の文章は、――K「何か大事なものを手渡され、託されたように感じた」とはどういうことかについて述べたものである。空欄に当てはまる語句を、本文中から指定字数で抜き出して答えなさい。

大地は、長谷からプロの［1（九字）］になるために大事にすべきことを教えてもらうだけでなく、長谷の［2（二字）］をも託されたように感じている。

二　次の文章を読み、後の問いに答えなさい。

長年私は作家として現代人の「生と死」の問題、命の問題を現実の社会で起こる事故、災害、①コウガイ、病気、［X］戦争、そういった厳しい状況の中でとらえた作品を書いてきました。【Ⅰ】そういう流れの中で七年前に二十五歳の息子を亡くすということがあって、㋐しばらくA呆然としている中で、ある日、久しぶりに本屋に寄りました。【Ⅱ】いくつかの絵本を手にとり、㋑なにげなくめくるうち、急に子どもが幼かったころに自分が一所②ケンメイいろんな名作を読んでやったころが蘇り、そして懐かしくなった。【Ⅲ】

［Y］、それだけではなく、何か次々にB新しい発見がはじまったんです。読んでやるということは、絵本の世界に自分も感情移入して、それなりの抑揚をつけた読み方をしていたわけですが、それはあくまでも子どものために読んでやるということでやっていた③コウイだった。いま息子が亡くなって、自分で独り絵本を読むと、新しい発見、あるいは、あっ、こんな深い意味がここに㋒語られているとか、この絵はこんなふうな意味にとれるんではないかとか、あるいはこの言葉はすごいなあ、と胸に④セマってくるものがたくさんあるんですね。そして気がついたのは、大人が自分のために読む作品としての絵本、そういう意識がとても大事なんじゃないかということでした。先ほど松居さんが子どもに読んで聴かせる絵本という視点でお話しになった。それはもちろん一番大事なことですし、読む声のトーン、あるいはその肉声、そういうものでC子どもとのあいだにできる時間と空間がものすごく大事だということは、私も共通に感じますし、iそれもあとで話してみたいと思っているんですが、iiそれ以前に大人自身が絵本の中にどれだけ入りきれているのか、絵本をどこまで読みこんでいるのか、あるいは絵本に自分が本当に興味を感じたり、感動したり、いろんなものをわが身の問題として感じとっているのか。Dそれなしに子どもにいくら語りかけてもほんとうは伝わらないんじゃないかという気がするんです。

ですから私の絵本とのかかわり方、［Z］絵本論は、児童文学者や絵本の⑤センモン家のE絵本論の本道からは少しはずれた脇道を歩きながら感じたり考えたりしていることを話すことになるかもしれません。その問題意識は、「人生後半に読むべき絵本」「人生に三度読むべき絵本」といったキャッチフレーズで表現できるかと思うのですが、iiiそれもまたF絵本の大きな可能性を示すものではないかと思うのです。「人生に三度」とは、まず自分が子どもの時、次に自分が子どもを育てる時、そして自分が人生の後半に入った時という意味です。とくに人生の後半、老いを意識したり、病気をしたり、あるいは人生の⑥キフクを振り返ったりするようになると、絵本から思いがけず新しい㋓発見と言うべき深い意味を読み取ることが少なくないと思うのです。生きていくうえで一番大事なものは何かといったことが、絵本の中にすでに書かれているんですね。

（河合隼雄　松居直　柳田邦男『絵本の力』岩波書店）

問一　……①～⑥のカタカナに関して、傍線部と同じ漢字を含むものを次から選び、記号で答えなさい。

①「コウガイ」
(ア) 大臣がコウテツされる。
(イ) オオヤケの場で発表する。
(ウ) コウガイを探索する。
(エ) オオムネ了承を得た。

②「ケンメイ」
(ア) 仮説をケンショウする。
(イ) ケンシン的に介護する。
(ウ) ケンショウに当選する。
(エ) ケンテイ試験に合格する。

③「コウイ」
(ア) ジンイ的な失敗が起こる。
(イ) 最高ケンイの医者に質問する。
(ウ) 完全にホウイされる。
(エ) イジンを暗記する。

④「セマって」
(ア) ハクシンの演技をする。
(イ) 彼はハクアイ主義者だ。
(ウ) バクゼンとした考え。
(エ) センパクに判断を下す。

⑤「センモン」
(ア) モンクが噴出する。
(イ) カドに足をぶつける。
(ウ) モンドウ無用の行い。
(エ) 友人のカドデを祝う。

⑥「キフク」
(ア) 学校のキリツを守る。
(イ) キオンの変化を感じる。
(ウ) キキに面する。
(エ) 海底がリュウキする。

国語 四

問二　次の一文が入る箇所を【 Ⅰ 】～【 Ⅲ 】から選び、記号で答えなさい。

はっと気がついたら絵本のコーナーの前に自分が立っていたんですね。

問三　X・Y・Z に入る適語を次の選択肢から選び、記号で答えなさい。

(ア) たしかに　(イ) ですから　(ウ) ところが　(エ) あるいは　(オ) つまり

問四　――A「呆然」と同じ意味を表す言葉を次から選び、記号で答えなさい。

(ア) 無心　(イ) 腐心　(ウ) 放心　(エ) 虚心

問五　――B「新しい発見」により何が大事だと筆者は気づいたのか。本文中の言葉を使って二十五字程度で説明しなさい。

問六　――C「子どもとのあいだにできる時間と空間」にあるものは何か。最も適当なものを次から選び、記号で答えなさい。

(ア) 子どもが大人と一緒に絵本を読むことにより高められていく学習能力。
(イ) 子どもと大人が絵本の世界を共有することにより生まれる心のつながり。
(ウ) 大人が子どもに読み聴かせることにより強まる忍耐力・耐久力。
(エ) 大人が絵本の世界に入り込むことにより深まっていく子どもへの理解。

問七　――D「子どもにいくら語りかけてもほんとうは伝わらないんじゃないかという気がするんです」とあるが、その理由として正しいもの一つ選び、記号で答えなさい。

(ア) 読み手自身の経験が浅い場合、絵本の本当の主題を伝えきることができない恐れがあるから。
(イ) 大人自身が絵本の中に入り込んでいない場合、抑揚を付けて読み聞かせることができないから。
(ウ) 大人が子どもの目線に立つことが、子どもに語りかけることにおいて重要な意味を持つから。
(エ) 大人が絵本に様々ものを自身の問題として感じとっていることが重要であるから。

問八　――E「絵本論の本道」について、

① 「絵本論の本道」とはどのような視点からの絵本論か。本文中から十八字で抜き出して答えなさい。
② 本文中のⅰ～ⅲの「それ」のうち、①の視点とは異なる内容を指すものを一つ選び、記号で答えなさい。

問九　――F「絵本の大きな可能性」とはどのようなことか、説明として最も適当なものを次から選び、記号で答えなさい。

(ア) 物語の解釈が幾通りにもできること。
(イ) 常に人生への夢をもたせてくれること。
(ウ) 多くの経験を経て読み取れるものがあること。
(エ) 失った感動を取り戻すことができること。

問十　～～～部㋐～㋓の品詞名を次の語群から選び、記号で答えなさい。

(ア) 名詞　(イ) 動詞　(ウ) 形容詞　(エ) 形容動詞　(オ) 助詞　(カ) 助動詞　(キ) 副詞　(ク) 接続詞

三　次の各問いに答えなさい。

問一　(Ⅰ) 夏目漱石　(Ⅱ) 太宰治　(Ⅲ) 宮沢賢治　(Ⅳ) 村上春樹　の作品名をそれぞれ一つずつ次の語群から選び、記号で答えなさい。

《語群》
(ア) 蟹工船　(イ) 破戒　(ウ) 羅生門　(エ) 人間失格　(オ) ノルウェイの森
(カ) 金閣寺　(キ) 三四郎　(ク) 河童　(ケ) よだかの星　(コ) 上海

問二　次の空欄に当てはまる適切な語句を入れ、慣用表現を完成させなさい。

① 弘法にも□の誤り　② 一寸の虫にも□分の魂
③ □の上にも三年　④ □は口に苦し

令和４年度　入学試験問題

至学館高等学校

数　学　１　(40分)

答えはすべて別紙の解答用紙に記入しなさい。
分数で答えるときは、それ以上約分できない分数で答えなさい。
また答えに$\sqrt{\ }$を含む場合は$\sqrt{\ }$の中は最も小さな自然数になる形で答えなさい。

※解答用紙・配点非公表

[1] 次の式を計算しなさい。

(1)　$2\left\{(3-5)^2-5\div 0.5\right\}$

(2)　$\dfrac{x-y}{3}-\dfrac{y-x}{4}$

(3)　$\left(\dfrac{\sqrt{5}-\sqrt{3}}{2}\right)^2-\left(\dfrac{\sqrt{5}+\sqrt{3}}{2}\right)^2$

[2] 次の問いに答えなさい。

(1)　2次方程式$(x-3)^2-8(x-3)+15=0$を解きなさい。

(2)　連立方程式$\begin{cases}3x-2y=-6\\ y=2x+a\end{cases}$の解が連立方程式$\begin{cases}2x-y=b\\ x+y=-7\end{cases}$の解と一致するとき，$a$，$b$の値をそれぞれ求めなさい。

(3)　8%の食塩水200gに，何gかの水を加えて5%の食塩水を作りたい。水を何g加えればよいか求めなさい。

(4)　等式$2x+y=10$を満たす自然数x，yは全部で何組あるか求めなさい。

(5)　$-2\sqrt{3}<n<3\sqrt{5}$ を満たす整数nは何個あるか求めなさい。

(6)　3点$(-3,\ -7)$，$(x,\ 5)$，$(4,\ 14)$が同一直線上にあるとき，xの値を求めなさい。

(7)　大小2個のさいころを投げる。大のさいころの出た目をa，小のさいころの出た目をbとする。
$a+2b$の値が10より大きくなる確率を求めなさい。

[3] ある空の容器に，蛇口Aを開き，水を入れる。
その5分後に蛇口Bも開き，水を入れる。
10分後，蛇口A，Bは開いたままにして，排水管を開き
水を抜くと，容器内の水の量は右のグラフのようになった。

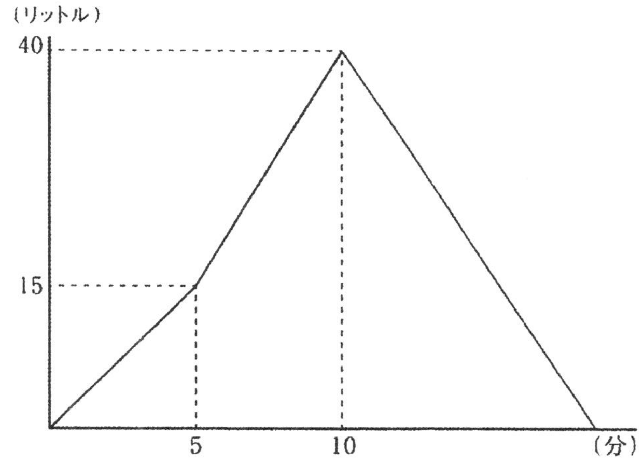

(1)　蛇口Bは毎分何リットルの水が出ているか答えなさい。

(2)　排水管から毎分10リットルの水を抜くとき，容器が空になるのは
蛇口Aを開いてから何分後か答えなさい。

[4] 右の図のように点$A(2,\ 4)$，$B(6,\ 0)$がある。
y軸上に点Pをとり，$AP+BP$の長さが最も短くなるとき，
点Pの座標を求めなさい。

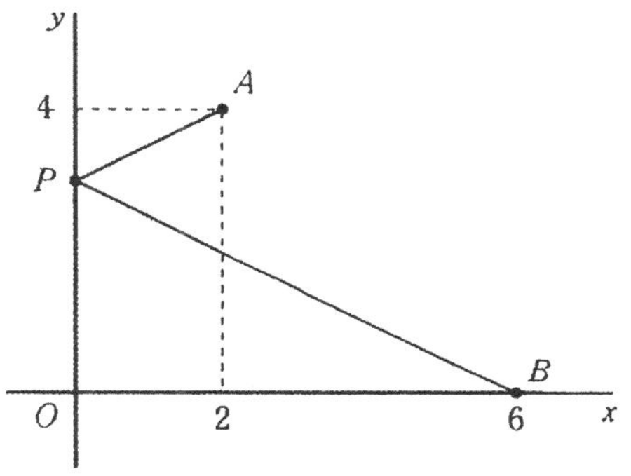

数　学　２

5 放物線$y=x^2$上に2点A，Bをとり，直線ABとx軸との交点をPとする。2点A，Bのx座標をそれぞれ，a，$a-4$としたとき，直線ABの傾きが2となった。このとき，次の問いに答えなさい。

（1）aの値を求めなさい。

（2）$PB:BA$を最も簡単な比で答えなさい。

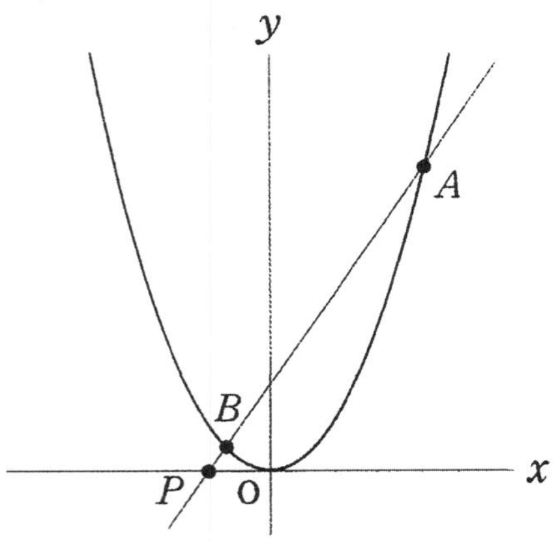

6 前倉さんと石田さんの会話から ア と イ に当てはまる文字や数字を書きなさい。

前倉：石田さん，消しゴムを忘れてしまったから，ちょっと貸してもらえないかな。
石田：それじゃあ，切って少しあげるよ。
前倉：へぇ，1辺が4cm の立方体の消しゴムか。切るのがもったいないね。
石田：でも，使うためのものだから。さて，どうやって切ろうかな?
前倉：立方体って切り方次第でいろんな形ができるよね。
石田：AB と AD の中点を P，Q として，ここから切ることにしようか。
　　　点 ア を通るように切ると，切り口が五角形になるね。かわいくない?
前倉：いや，さすがにそんなにたくさんもらえないよ。
　　　点 E を通るように切って，点 A が含まれている方をもらうよ。
石田：ということは，私の消しゴムの体積は，前倉さんに渡した消しゴムの体積の
　　　イ 倍だね。

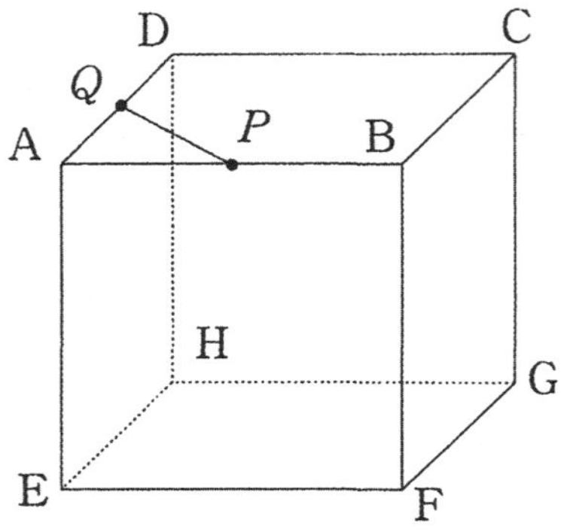

7 次の問いに答えなさい。

（1） 下の図は1辺の長さが9の正方形を折り返した図である。$AE=3$，$EF=5$であるとき，DGの長さを求めなさい。

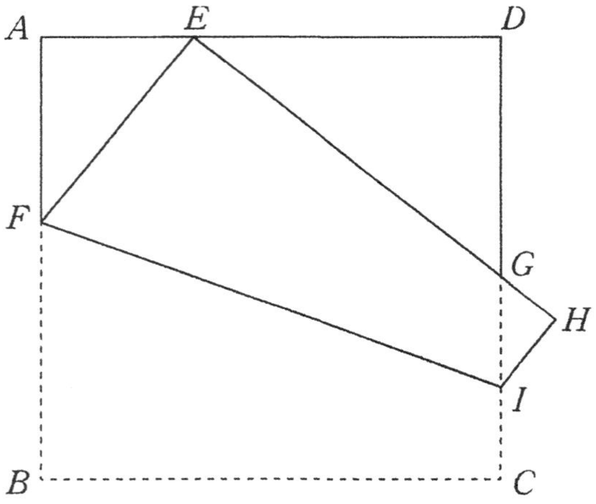

（2） 円周を12等分する12個の点をA～Lとする。AEとCHの交点をPとするとき，$\angle APH$の大きさを求めなさい。

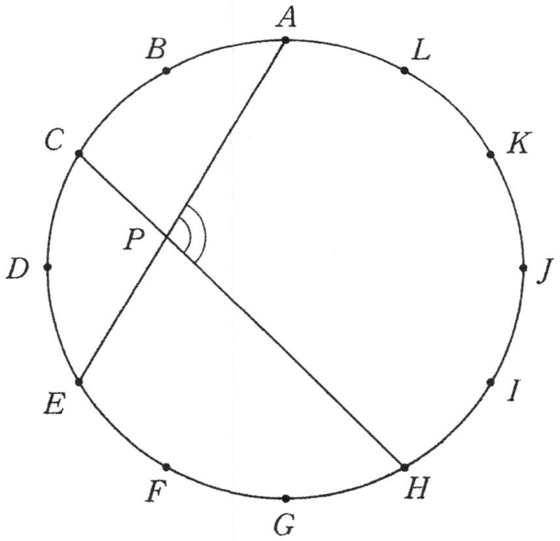

8 x座標，y座標がともに整数である点を格子点という。
3つの直線 $y=3x$ ，$y=-\frac{2}{3}x+6$ ，$y=0$ で囲まれた三角形の周上および内部には全部で何個の格子点があるか答えなさい。

至学館高等学校
※解答用紙・配点非公表

英語　1　(40分)　答えはすべて別紙の解答用紙に記入しなさい。

1 以下のクロスワードパズルには一マスにつき一つのアルファベットが当てはまる。ヒントの英文を頼りに、横１～４、縦ア～オに当てはまる英単語を答えよ。

横のカギ

横１のヒント：a human being / the *singular form of "people"
横２のヒント：work or a task which teachers give students to do at home
横３のヒント：a tool for cutting paper, cloth or hair
横４のヒント：a sport played by two teams of five people trying to get points by throwing a ball through a high net

縦のカギ

縦アのヒント：not able to happen / the *opposite word of "possible"
縦イのヒント：to move over snow wearing a pair of long, narrow boards
縦ウのヒント：a shelf that you keep books on
縦エのヒント：a small animal with long ears and a short tail. Many elementary schools in Japan keep this animal
縦オのヒント：an area of land that has sea around it. Indonesia, England and Japan are examples

※語注　*singular：単数　*opposite：反対の

2 以下の１～５の英文の下線部の語と同じ品詞（動詞、名詞、形容詞、接続詞など）をア～オの英文の下線部から探してそれぞれ記号で答えよ。ただし各記号は１度しか使えない。

1. The boys in this room are high school students.
2. This dictionary isn't cheap.
3. I'll be there in a minute.
4. The students are in uniform.
5. You should go to bed, because you look very tired.

ア　When I was young, I practiced soccer very hard.
イ　The girl in red was so cute
ウ　We will have a birthday party for my mother tomorrow.
エ　He said that he was going to New Zealand next year.
オ　After watching the movie, we went home together.

3 以下の１～５の英文の下線部は主語、動詞、目的語、修飾語の内のどれに該当するか、記号で答えよ。

1. People found the comic book very interesting.
2. His mother looks very young for her age.
3. There is a lot of garbage under the castle in the sky.
4. Her father bought Satsuki a blue dress as a birthday present.
5. Does Ken play the guitar very well?

ア　主語　　イ　動詞　　ウ　目的語　　エ　修飾語

4 以下の１～４の英文の下線部には文法的に誤っている箇所がある。例にならって誤っている箇所の番号を答え、正しい形に直した語句を解答用紙に記入せよ。

例：The police ①is now questioning four ②people ③about the murder ④case.　答え：① ⇒ are

1. When ①the sun ②will rise, we can go ③down ④the mountain.
2. People ①living in the north of ②the country ③likes ④to eat spicy food.
3. I was ①said ②by my teacher ③that I got the highest score ④on the exam.
4. ①Many students ②aren't ③interesting in extra lessons for ④examinations.

英 語 2

5 以下の英文が文法的に正しく、意味が通るようにア～オの語句を並べ替えたとき、２番目と５番目になる語句の記号を答えよ。

1. 私は数学を勉強することは楽しいと思う。
   I [ア is / イ mathematics / ウ so much fun / エ think / オ studying].
2. ごめんなさい。イーサンは今いないの。あとで電話させようかしら。
   I'm sorry. Ethan is not here right now, [ア I / イ ask / ウ shall / エ to / オ him] call you later?
3. ステファニーは誕生日にリチャードからもらったバッグを処分した。
   Stephanie sold [ア the / イ her / ウ gave / エ bag / オ Richard] as a birthday present.
4. A：Lisa, have you read Demon Slayer yet?
   B：No. I [ア I / イ enough / ウ had / エ wish / オ money] to buy it .
5. A：Do you have any plans this weekend?
   B：Yeah, [ア join / イ I / ウ to / エ going / オ am] the New York City Marathon.

6 以下のそれぞれの英文の空欄に当てはまる最も適切な表現を、選択肢から一つ選び、記号で答えよ。

1. Satsuki and Mako went shopping (　　　) Shibuya.
   ア in　イ to　ウ on　エ for

2. He studied hard for an examination. (　　　), he gave up taking the exam in the end.
   ア But　イ So　ウ However　エ For example

3. Not only the students (　　　) also the teacher was happy with the good news then.
   ア and　イ but　ウ as　エ were

4. This is a picture my daughter (　　　) yesterday.
   ア draw　イ drew　ウ drawn　エ drawing

5. Lina speaks English as (　　) as her English teacher.
   ア good　イ bad　ウ well　エ long

7 以下の英文を読み、１～４の問いの答えとしてア～エから最も適切な解答を一つ選び記号で答えよ。

In many cases, people who travel to the U.S. from Japan do not need a visa. For example, if you are in a study program with classes that meet under 18 hours per week, you do not need a visa, but you do need an *ESTA.

You can apply for it online, without going to the *Consulate. In most cases, that is all you need to do. However, if you make a mistake in the application, you may have to go to the Consulate and work out the problem in person. It takes time and can be very inconvenient. If you live someplace several hours from the nearest Consulate, it can cost you some money to go there and back, too.

I talked with one man who asked his son to apply for him. One question on the screen asked if he had ever had any *criminal convictions. The son clicked "Yes" *by mistake! When this kind of information is in the computer system, there is no way to simply change it and apply online. The man had to go through a lot of trouble to *have the error corrected. So please be really, really careful when you *fill out the application form.

You can ask a travel agent to fill out the form for you. But travel agents may make mistakes, too. I know of cases in which they made errors in applying for customers. And of course they have to use personal information of each one they apply for, so not everyone wants to ask them to do that.

※語注　*ESTA：電子渡航認証システム　*Consulate：領事館　*criminal convictions：有罪判決
　　*by mistake：誤って　*have the error corrected：間違いを正す　*fill out：必要事項を記入する

1. 本文によるとアメリカを訪れるのにビザが必要のない人はどのような人か。
   ア　１週間に14時間の授業を受ける日本人留学生　　イ　１週間に16時間の授業を受ける中国人留学生
   ウ　１週間に20時間の授業を受ける日本人留学生　　エ　１週間に18時間の授業を受ける中国人留学生

2. 本文によると、オンラインでうまくESTAに申し込めなかった場合何をすればよいか。以下の選択肢より選び、記号で答えよ。
   ア　お金を支払って、ビザを取得する必要がある。　　イ　ESTAの申し込みについての講義を受ける必要がある。
   ウ　時間とお金を使って領事館まで行く必要がある。　　エ　旅行を取りやめる必要がある。

3. 第３段落の内容として最も適切なものを以下の選択肢より選び、記号で答えよ。
   ア　男の人は娘にビザ申請をお願いした。　　イ　男の人は誤って違う選択肢をクリックしてしまった。
   ウ　ビザ申請の際は本当に注意する必要がある。　　エ　その息子は犯罪履歴があった。

4. **本文の内容と一致しない記述として最も適切なものを以下の選択肢より選び、記号で答えよ。**

ア　旅行代理店にESTAの申請の代行を依頼することもできる。

イ　旅行代理店がESTAの申請を失敗した事例がある。

ウ　旅行代理店はESTAの申請に申請者全員の個人情報を必要とする。

エ　旅行代理店に個人情報を取り扱ってほしくないと皆が思っている。

8　**オリンピックのピクトグラムを見ながらChenとKaoriが会話している。自然な会話の流れになるように（　1　）～（　5　）に当てはまる語句をそれぞれ選び記号で答えよ。**

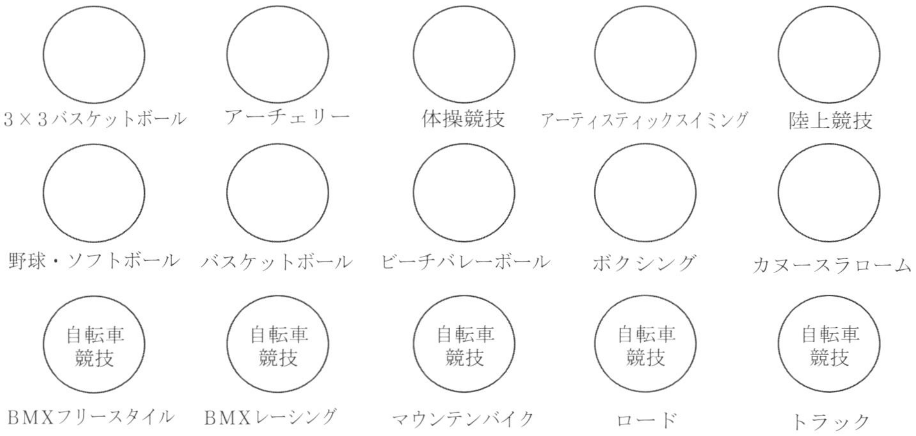

※お詫び：著作権上の都合により，ピクトグラムは掲載しておりません。ご不便をおかけし，誠に申し訳ございません。
教英出版

Kaori　Look at the pictograms for the 2020 TOKYO Olympics.

Chen　What is this? I have (　1　) seen these before, but they look cute!

Kaori　I think so too. I want to have some pictures of them on the wall in my room. Anyway, they are used to (　2　) the sports for Tokyo Olympics.

Chen　O.K. Who designed them?

Kaori　Masaaki Hiromura did with his team. There are some more pictograms. Do you recognize any of these?

Chen　I can find baseball, basketball and 3x3 basketball easily. All of the pictures *at the bottom are difficult. (　3　) Why do they look alike?

Kaori　There are various cycling events such as Cycling Track, Cycling Road and BMX.

※語注 *at the bottom：一番下の

Chen　That's cool! I would like to watch them on TV.

Kaori　Right? How about the one on the right of the Basketball?

Chen　You mean the middle one, don't you? It looks like a volleyball. But there are a number of dots below the person.

Kaori　I will give you one hint; they are sand!

Chen　Oh I got it! It's (　4　)!

Kaori　You are right!

Chen　What is the one (　5　)?

Kaori　I think it is Boxing. It appears like the man is punching.

Chen　Exactly!

Kaori　How about this one?

Chen　I have no idea...

Kaori　Don't you know? Female wrestlers in Japan are stronger than those in any other countries. Saori Yoshida won medals at three Olympic games.

Chen　I know Yoshida! She is so famous in China.

1. (　1　)

ア　ever　　イ　never　　ウ　already　　エ　still

2. (　2　)

ア　describe　　イ　describing　　ウ　be described　　エ　being described

※語注 *describe：表す

3. (　3　)

ア　The one on the left is upside down.

イ　They are actually traffic signs.

ウ　All of them have a bike.

エ　They are on horses.

4. (　4　)

ア　Badminton　　イ　Surfing　　ウ　Swimming　　エ　Beach Volleyball

5. (　5　)

ア　in the middle row, the second from the right

イ　above Basketball

ウ　on the upper right corner

エ　at the lower left

令和４年度　入学試験問題

※解答用紙・配点非公表

至学館高等学校

理　科　１　（40分）

答えはすべて別紙の解答用紙に記入しなさい。

１　以下の会話文を読み、次の問いに答えなさい。図１は、体内の消化管を図示したものである。

Ａさん：最近自粛生活で外に出られないから、運動不足で太っちゃったよ。体重を元に戻したいんだけど、いい方法を知らない？
Ｂさん：じゃあ、糖質制限ダイエットはどう？
Ａさん：それってどういうダイエットなの？
Ｂさん：この方法は、脂肪に変わる 1糖質の摂取を抑えることで、太りにくくする方法だね。
Ａさん：じゃあ、早速やってみるよ。
Ｂさん：あとは、よく 2噛むことも大事だね。よく噛むことで、食べた物が細かくなり 3体内で分解されやすくなり、体への負担が減るんだよ。それだけじゃなく、満腹中枢が刺激されて、食欲の抑制効果も期待できるらしいからね。
Ａさん：じゃあ、早速やってみるよ！

（１）下線部１は、３大栄養素の中のどれに該当する栄養か答えなさい。

（２）ある溶液に、下線部１の物質が含まれているか確認する際に使う指示薬として最も適当なものを下から記号で答えなさい。

ア．フェノールフタレイン液　　イ．ヨウ素液
ウ．酢酸カーミン液　　エ．ＢＴＢ溶液

（３）下線部２について、この際に物理的に分解されるが、一方で酵素の働きによっても分解される。この時に、下線部１を分解する酵素の名称を下から記号で答えなさい。

ア．ペプシン　　イ．トリプシン
ウ．リパーゼ　　エ．アミラーゼ

（４）下線部３について、多くの栄養分は小腸で吸収される。小腸の位置として最も適当なものを図１中のア～オより選び答えなさい。

（５）下線部３について、分解の際に消化液が分泌される。以下の分泌液が分泌される消化器官として最も適当なものを図１中のア～オより選び答えなさい。

Ａ．すい液　　Ｂ．だ液　　Ｃ．胃液

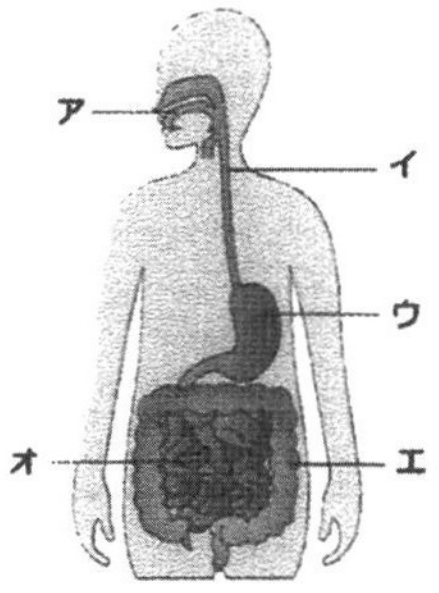

図１

２　以下の文章を読み、次の問いに答えなさい。

日本は地震が多く発生する国である。近年日本で発生した有名な地震は、2011年3月11日に発生した東北地方太平洋沖地震であり、この地震に付随する様々な災害をまとめて東日本大震災という。この地震は、（　１　）型地震であり、地震のマグニチュードは（　２　）であった。

この他にも日本では大きな地震災害に見舞われ、研究を重ねていく中で緊急地震速報というシステムを作り上げた。地震が発生すると２種類の波である、（　３　）波と（　４　）波が発生する。（３）波による揺れを初期微動、（４）波による揺れを主要動という。また、（３）波の方が伝わる速度が速いが、より被害をもたらす強い揺れは（４）波である。

このシステムは、波が到達する時間の差を利用して、先に伝わる（３）波を検知した段階で危険が迫っていることを知らせるようになっているのである。これにより、短い時間かもしれないが実際に揺れる前に情報を得ることが出来る。

（１）文章中の空欄に当てはまる語句を、下の語群より記号で選び答えなさい。

ア．Ｐ　　イ．8.0　　ウ．海溝　　エ．Ｓ　　オ．9.0　　カ．内陸

（２）以下の状況で発生する（３）波の速さを計算しなさい。

観測地点	震源からの距離 (km)	初期微動の始まり
A	２３	１４時２５分５５秒
B	１３４	１４時２６分１０秒
C	１７１	１４時２６分１５秒

３　二人の会話文を読み以下の問いに答えなさい。

なでしこさん：あっ携帯電話の電池なくなりそう。充電しなきゃ。よいしょっと。
富山さん　　：おっ。ワイヤレス充電でおしゃれだね。
なでしこさん：ふふふ。いいでしょ。
富山さん　　：そういえば、どんな仕組みか知ってる？
なでしこさん：どうだったかしら？
富山さん　　：わからないの？理科の授業でならったよ。
なでしこさん：あっわかった。電磁誘導かな？
富山さん　　：すごいね！さすが。
よかったら勉強不足でわからないから、教えてくれる？
なでしこさん：わかったわよ。よーくきいてね。
電磁誘導はね、コイルの中の磁界を変化させると、磁界の変化を妨げる方向に電流が流れるんだよね。そのような現象のことよ。
富山さん　　：アそのときの電流って何っていうの？

（１）下線部アの電流を何というか。

（２）（１）の電流を強くするにはどのような方法があるか１つ答えなさい。

（３）図２のように検流計につないでコイルに棒磁石のＳ極を近づけると、検流計の針は左にふれた。
図３のように動かした時、検流計の針が右にふれるものをすべて選び記号で答えなさい。

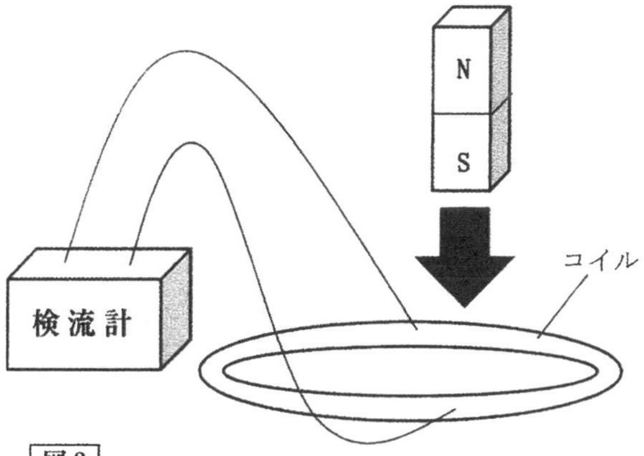

図２

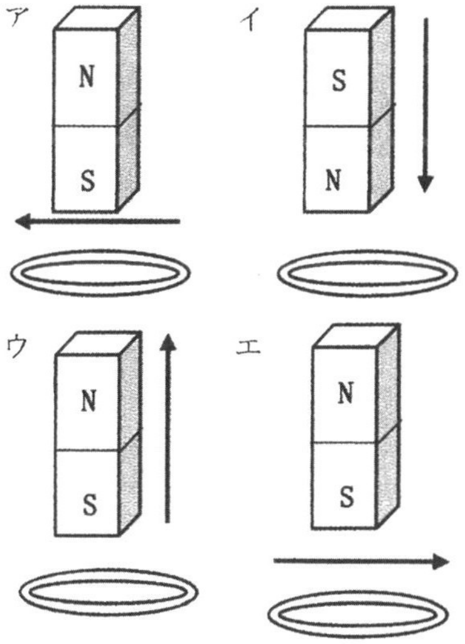

図３

理　科　2

（４）図４は携帯電話のワイヤレス充電を模式的に表した図である。二次コイルを一次コイルに近づけたとき、電流はX、Yどちらの方向に流れるか？

（５）（４）で二次コイルの下部はＳ極かＮ極か？

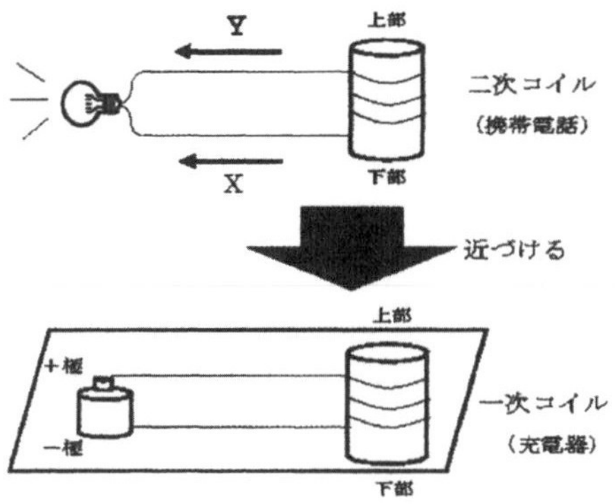

図４

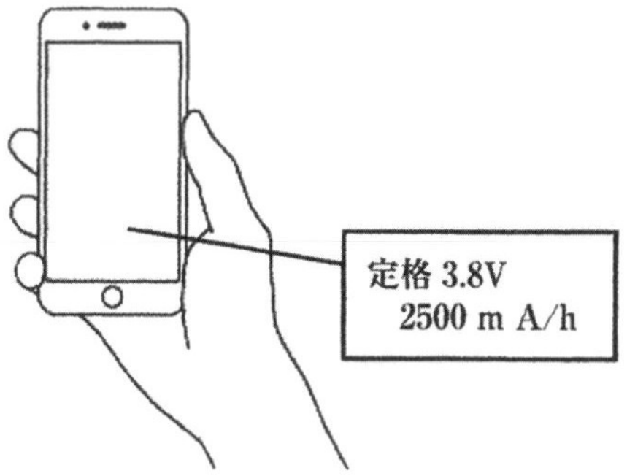

図５

※ 3.8V で 2500 m A の電流を１時間流した時と同量の電気エネルギーを蓄積することができる。

（６）図５の携帯電話を 30 分間使ったときの消費電力量を求めなさい。ただし電力の 20％は熱で失われたとする。

（７）図５の携帯電話で、２時間 30 分携帯電話を使用したときの電気代を、小数第二位まで求めなさい。ただし１ｋ Wh あたり 30 円とする。ただし、熱で失った消費電力も含む。

4　二人の会話文を読み以下の問いに答えなさい。ただし、図６はろうそくの炎と金網の位置に関する模式図である。

なでしこさん：ねえねえ。日本人がノーベル化学賞とったんだって。すごいね。
富山さん　　：古いね。もう３年前のことさ。2019 年だよ。
なでしこさん：何した人なの？
富山さん　　：さっきテレビでもやってたよ。（　ア　）を発明した人だよ。
なでしこさんは携帯電話持ってるよね。なでしこさんも恩恵もらってるよ。
なでしこさん：知らなかったよ。今までと何が違うの？
富山さん　　：小型、大容量、軽量に適した電池であること。また環境にも配慮した素材、イ充電できる電池であることだね。でも僕は、彼の受賞会見の中で、科学者をめざすきっかけになった一冊の本に興味があるよ。
なでしこさん：誰の本？
富山さん　　：ファラデーだよ。彼の功績は様々あるね。一つはろうそくについてだね。ろうそくのろうは一般に炭化水素の一種のパラフィンからできているね。炭化水素は有機物で、ウ酸素と反応し、光と熱を発するね。じゃあ、なでしこさん。ここで問題。なぜ固体のろうに直接火をつけようとしても火がつかないのかわかる？
なでしこさん：・・・わかんないけど、芯があるから芯につければいいじゃん。
富山さん　　：芯！芯に火がついてるね。じゃあろうそくが燃えているのはろうの固体？液体？気体？ろうそくが燃えている仕組みを説明してよ！！
なでしこさん：・・・わかったわ。説明するわよ。

（１）上の会話中の空欄アに適する語を埋めなさい。

（２）下線部イの電池を何というか答えなさい。

（３）下線部ウの反応を何というか答えなさい。

（４）ろうそくの炎についてエ～カの炎の名称を答えなさい。

（５）図６でろうそくを使って加熱実験をしたい。金網を置く位置はどれが適当かキ～ケのどの位置がよいか答えなさい。

（６）ろうそくの原料はパラフィン（$C_{17}H_{35}COOH$）である。ろうそくを燃焼したときの化学反応式を以下に示した。以下の化学反応式の係数をあわせなさい。
また、ろうそくが燃えると、煙の中に下線部ソによる黒い煙がでてくる。それを何というか答えなさい。

（　サ　）$C_{18}H_{36}O_2$　＋　（　シ　）O_2　→　ソ（　ス　）C　＋（　セ　）H_2O

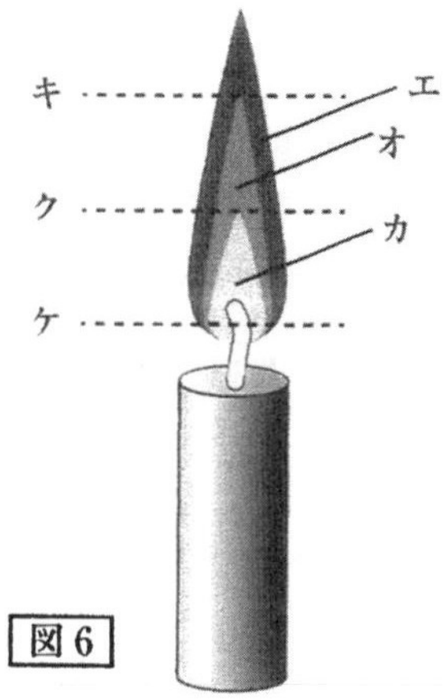

図６

令和４年度　入学試験問題

※解答用紙・配点非公表

至学館高等学校

社　会　１

(40分)

答えはすべて別紙の解答用紙に記入しなさい。

1　次の白地図を見て、以下の北海道・東北地方に関連した問いに答えなさい。

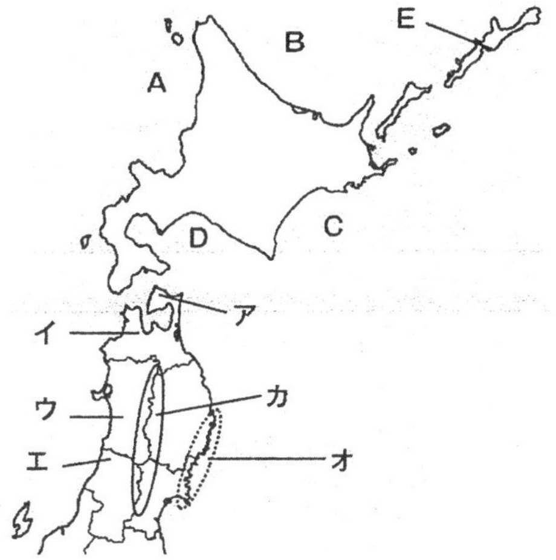

問１　次の資料について答えなさい。

(1) 次の資料は、2021年５月に世界文化遺産指定に勧告された「北海道・北東北の縄文遺跡群」のうち、青森県にある三内丸山遺跡である。この所在地として最も適切なものを、白地図中のア～エより１つ選び、記号で答えなさい。

※2021年７月に世界文化遺産登録済み

資料

(2) 設問(1)のように世界遺産を登録している機関を国連教育科学文化機関という。この略称を、**アルファベット**で答えなさい。

(3) 国連教育科学文化機関の諮問機関イコモスは、この遺跡群を次のように評価している。

＊諮問…意見を求め、はかること

（　①　）時代の農耕を（　②　）、（　③　）と複雑な精神文化、（　③　）の発展段階や環境変化への適応を示している

(2021年５月27日更新、日本経済新聞)

左の文中の空欄（　①　）～（　③　）に当てはまる適当な語句の組み合わせとして正しいものを、次の（ア）～（ク）より１つ選び、記号で答えなさい。

（ア）①：先史　②：伴う　③：定住社会　　（イ）①：先史　②：伴わない　③：移住社会
（ウ）①：先史　②：伴う　③：移住社会　　（エ）①：先史　②：伴わない　③：定住社会
（オ）①：有史　②：伴う　③：定住社会　　（カ）①：有史　②：伴わない　③：移住社会
（キ）①：有史　②：伴う　③：移住社会　　（ク）①：有史　②：伴わない　③：定住社会

問２　地図中のＥは択捉島を示している。江戸時代に幕府はこの地域の探査を命じている。その理由を述べた次の文章中の空欄（　①　）・（　②　）に当てはまる適当な語句を答えなさい。

この地域の探査が命じられた理由は、1792年にロシアの（　①　）という人物が北海道の（　②　）に来航し、日本との貿易を求めたからである

問３　白地図中のオは三陸海岸を示しており、この地域ではリアス海岸が広がっている。日本で同様な海岸がみられる地域として正しいものを、次の（ア）～（エ）より１つ選び、記号で答えなさい。

（ア）静岡県駿河湾　　（イ）高知県土佐湾
（ウ）鹿児島県鹿児島湾　　（エ）福井県若狭湾

問４　地図中にある北海道は日本で唯一流氷がみられる地域であり、重要な観光資源にもなっている。流氷がみられる地域として正しいものを、地図中のＡ～Ｄの中から１つ選び、記号で答えなさい。

問５　東北地方の代表的な祭りとして、青森のねぶた祭りは、国内でも有名な祭りの１つである。それをあらわしている写真として正しいものを、次の（ア）～（エ）の中から１つ選び、記号で答えなさい。

（ア）

（イ）

（ウ）

（エ）
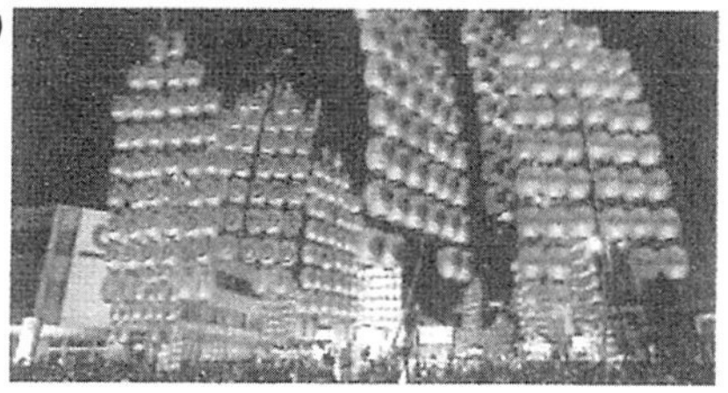

問６　白地図中の北海道は、日本有数の農業地帯である。次の農産物収穫量グラフのＡ～Ｃに当てはまる語句の組み合わせとして正しいものを、次の（ア）～（カ）より１つ選び、記号で答えなさい。

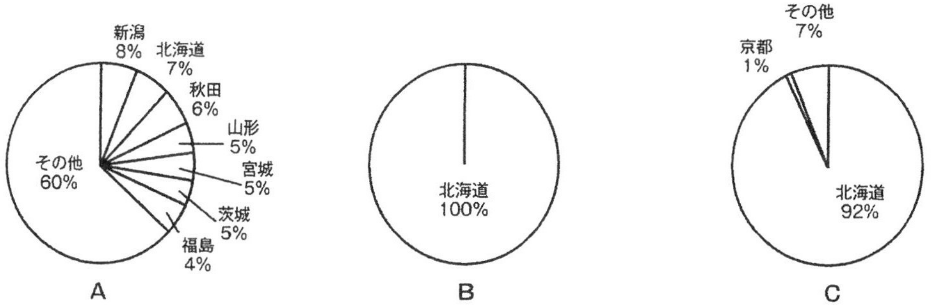

(2016年　農林水産統計)

（ア）Ａ：てんさい　Ｂ：米　Ｃ：あずき　（イ）Ａ：てんさい　Ｂ：あずき　Ｃ：米
（ウ）Ａ：米　Ｂ：てんさい　Ｃ：あずき　（エ）Ａ：米　Ｂ：あずき　Ｃ：てんさい
（オ）Ａ：あずき　Ｂ：てんさい　Ｃ：米　（カ）Ａ：あずき　Ｂ：米　Ｃ：てんさい

問７　地図中のカが示す山脈の名称を答えなさい。

社　会　2

② 次の外交に関する年表を見て、以下の問いに答えなさい。

時期	できごと
1世紀中頃	使者が送られ、① 金印を授かる
② 7世紀初頭	遣隋使が送られる
630年～894年	③ 遣唐使が派遣され、外国の文化が国内にもたらされた
12世紀中頃	（　④　）が瀬戸内海の航路や摂津（兵庫県）の港を整備し、中国の宋と盛んに貿易を行った
13世紀中頃	⑤ 元の皇帝フビライ＝ハンが服属するよう日本へ使者を送ってきた
15世紀初頭	⑥ 室町幕府と中国の明との間で貿易が始まった
1543年	日本に⑦ 鉄砲が伝来する
16世紀後半	⑧ ポルトガルやスペインの商船が日本に来航し、南蛮貿易が行われた。
17世紀中頃	江戸幕府による⑨ 鎖国が完成する
↕ ⑩	
1854年	⑪ 日本が開国する
↕ ⑫	
1905年	日本とロシアとの間でポーツマス条約が締結される
1941年11月	⑬ 日本とアメリカとの交渉が決裂する
1951年	⑭ サンフランシスコ平和条約を結び、日本は主権を回復する
2003年	⑮ イラクへ自衛隊が派遣される

問1　下線部①について、その金印には「漢委奴国王」と記されている。この金印に記された内容として正しいものを、次の（ア）～（エ）の中から1つ選び、記号で答えなさい。

（ア）漢の倭の国王が奴に使者を遣わし、奴の国王より金印を授かった。
（イ）奴の国王が漢に使者を遣わし、漢の倭の国王より金印を授かった。
（ウ）漢の国王が倭に使者を遣わし、奴の国王から金印を授かった。
（エ）倭の奴の国王が漢に使者を遣わし、漢の国王より金印を授かった。

問2　下線部②について、7世紀に起こった世界の出来事として正しいものを、次の（ア）～（エ）の中から1つ選び、記号で答えなさい。

（ア）ムハンマド（マホメット）がイスラム教を起こした。
（イ）シャカが仏教を開いた。
（ウ）イエスを救世主としたキリスト教がおこった。
（エ）ヨーロッパで十字軍の派遣が始まった。

問3　下線部③について、次の（ア）～（エ）は、遣唐使が派遣されていた期間に起こった出来事である。これらを古いものから順番に並びかえ、記号で答えなさい。

（ア）平城京に都を移した　　（イ）墾田永年私財法が制定された
（ウ）白村江の戦いで倭が敗れた　　（エ）最澄が天台宗を開いた

問4　年表中の空欄（　④　）にあてはまる人物の名称を答えなさい。

問5　下線部⑤について、この後の元寇について述べた文章として正しいものを、次の（ア）～（エ）の中から1つ選び、記号で答えなさい。

（ア）元からの服属要求が来た時の執権は、北条泰時だった。
（イ）弘安の役よりも文永の役の時の方が、攻めてきた兵士の人数は多かった。
（ウ）2度目の襲来の後も、元は日本への遠征を計画したが、国内の反乱でできなかった。
（エ）元寇後、恩賞のなかった御家人に対して、幕府は徳政令を出したため混乱は起こらなかった。

問6　下線部⑥について、この貿易が始まった目的の1つに、当時松浦や対馬、壱岐などを根拠地にして、朝鮮半島や中国の沿岸を襲い、食料をうばったり、人をさらったりする集団がいた。その集団を何というか答えなさい。

問7　下線部⑦について、このあと鉄砲は国内でも生産が進められた。盛んに作られた地域として、堺がある。その地の現在の都道府県名を答えなさい。

問8　下線部⑧について、このころヨーロッパ人がアジアへ進出できたのは、航路の開拓があった。新航路の開拓に関する文章として正しいものを、次の（ア）～（エ）の中から1つ選び、記号で答えなさい。

（ア）1522年には、バスコ＝ダ＝ガマ率いる一行が世界一周を達成し、地球は丸いことが証明された。
（イ）1492年、ポルトガルの援助を受けたコロンブスの船隊は、インドを目指して大西洋を西へ進み、アメリカ大陸付近の島に到達した。
（ウ）新航路の開拓の背景には、イスラム勢力を国土から排除したポルトガルやスペインが、商業の利益を求めて、新航路の開拓を競ったことがあげられる。
（エ）新航路の開拓後、宗教改革に成功したプロテスタント系のイエズス会が宣教師を送り出し、アジアや中南アメリカで活発に布教活動を行った。

問9　下線部⑨について、この鎖国体制の成立は、あるヨーロッパの国の商館を長崎の出島に移したことによる。あるヨーロッパの国とはどこか答えなさい。

問10　年表中の⑩について、次の（ア）～（エ）は、この間に起こった世界の出来事である。これらを古いものから順番に並びかえ、記号で答えなさい。

（ア）アヘン戦争が起こる　　（イ）イギリスで名誉革命が起こる
（ウ）アメリカで独立宣言が発表される　　（エ）フランスでナポレオン1世が皇帝に即位する

問11　下線部⑪について、開国前後の情勢について述べたものとして正しいものを、次の（ア）～（エ）の中から1つ選び、記号で答えなさい。

（ア）日本は清で起こったアヘン戦争をきっかけとして、日米修好通商条約が締結された。
（イ）貿易の開始後、安価な外国製品が大量に輸入され、米やしょう油などの物価は下落した。
（ウ）尊王攘夷運動とは幕府を推し立てて、欧米の勢力を排斥しようとする運動である。
（エ）開国後の貿易は、アメリカが南北戦争の影響で立ちおくれていたため、イギリスが中心だった。

問12　年表中の⑫について、次の（ア）～（エ）の出来事のうち、この間に起こっていないものを選び、記号で答えなさい。

（ア）内閣制度が確立し、伊藤博文が初代内閣総理大臣となる。
（イ）小村寿太郎外相により関税自主権が完全回復する。
（ウ）江華島事件をきっかけに、日朝修好条規が締結される。
（エ）琉球藩を廃止し、沖縄県が設置される。

問13　下線部⑬について、次の史料Ⅰ・Ⅱは1941年12月7日と9日に、両国において報道されたものである。この2つの史料には、次のように記載されている。

史料Ⅰ　WAR!　OAHU BOMBED BY JAPANESE PLANES
SAN FRANCISCO、Dec.7-Pres-ident Roosevelt announced this morning that Japanese planes had Attacked Manila and Pearl Harbor
（1941年12月7日付ホノルルスター紙）

史料Ⅱ　帝国米英に宣戦を布告す
西太平洋に戦闘開始　布哇《はわい》米艦隊航空兵力を痛爆
【大本営陸海軍部発表】(12月8日午前6時)
帝国陸海軍は今8日未明西太平洋において米英軍と戦闘状態に入れり
【大本営海軍部発表＝8H午後1時】
一、帝国海軍は本8日未明ハワイ方面の米国艦隊並《ならび》に航空兵力に対し決死的大空襲を敢行《かんこう》せり

（朝日新聞、1941年12月9日、東京版）
＊常用漢字に変換、漢数字を算用数字に変換、作成者

史料Ⅰ・Ⅱは、同じ事柄について報道している。これは日本がどこを攻撃したと報じているか、**漢字3文字**で答えなさい。

社 会 3

問 14　下線部⑭について述べた文章として**誤っているものを**、次の（ア）～（エ）の中から1つ選び、記号で答えなさい。

（ア）この条約と同時に日米安全保障条約が締結され、引き続き国内にアメリカ軍が駐留し、軍事基地を使用することを認めた。
（イ）この条約が締結されたと同時に日本は国際連合への加盟も認められ、国際社会への復帰を果たした。
（ウ）日本は朝鮮の独立を認め、台湾・千島列島などの放棄、沖縄や奄美群島、小笠原諸島はアメリカの統治下におくことを認めた。
（エ）この条約が締結された会議では、中国は招かれず、インド・ビルマは参加せず、ソ連などは条約の調印を拒否した。

問 15　下線部⑮について、自衛隊がイラクに派遣された背景には、2001年9月11日にアメリカで起こった同時多発テロがある。その際、アルカイダのビン＝ラディン容疑者をアフガニスタンの「ある政権」がかくまっていた疑惑から、アメリカがアフガニスタンを攻撃した。「ある政権」を**カタカナ4文字**で答えなさい。なお、2021年にアメリカ軍がアフガニスタンより撤退したため、その政権が復活を果たした（2021年9月現在）。

3　次の文章は、世界の5つの国について述べたものである。
　　次の【A】～【E】の文章を読み、あとの問いにそれぞれ答えなさい。

【A】① アフリカ大陸の北東にあり、地中海に面している。ナイル川の流域と河口以外は砂漠である。紀元前3000年頃から多くの古代王朝が栄え、ピラミッドや天文学など様々な文明を生み出してきた。地中海と紅海を結ぶ重要な交通路であるスエズ運河開通後は② イギリスの政治的干渉が強くなった。

【B】西ヨーロッパの中心に位置し、大西洋と地中海にはさまれている。国土は東高西低で南東部にはアルプス山脈がある。共和制の国として国旗に描かれるような自由・平等・博愛の精神を重視する国である。
ヨーロッパ最大の農業国で小麦や③ とうもろこし、てんさい、酪農製品の生産が盛んである。

【C】国土の東側（沿岸部）に平地があり、人口が集中している。内陸部は北から砂漠や高原が広がり、南西部はチベット高原やヒマラヤ山脈が広がっている。世界第4位の④ 国土面積を誇るこの国は、1990年以降「世界の工場」とも呼ばれるようになった。また、2021年に行われた⑤ G7サミットでは、この国の海洋進出に深刻な懸念が示され、台湾海峡の平和と安定の重要性について言及された。

【D】ヨーロッパの中央部に位置する平原の国。バルト海に面している。気候は西部が温帯だが、東部は亜寒帯（冷帯）気候で気温も低い。⑥ ロシアとドイツに挟まれており、分割されたり支配を受けたりした。1980年代末から90年代にかけて社会主義政権が倒れ、民主化が進んだ。平原、農牧地を意味するポーレが国名の語源となっている。

【E】東南アジアの西に位置する国。⑦ タイの西側、バングラディッシュの東側にある。国旗は黄色、緑、赤の三色が使われ、真ん中に白抜きの星がかたどられている。この国では、2021年2月からクーデターが起こり、国軍による市民弾圧が続いている。

問 1　【A】～【E】のいずれの文にも**該当しない国を**、次の（ア）～（オ）より1つ選び、記号で答えなさい。

（ア）ポーランド　（イ）フランス　（ウ）中国　（エ）スペイン　（オ）エジプト

問 2　下線部①について、この大陸の北部にある世界最大の砂漠を何というか答えなさい。

問 3　下線部②について、この国を構成する地域として**誤っているものを**、次の（ア）～（エ）より1つ選び、記号で答えなさい。

（ア）スコットランド　（イ）ウェールズ　（ウ）アイスランド　（エ）イングランド

問 4　下線部③について、次のグラフはとうもろこしの生産量の割合を表したものである。グラフ中のA～Cに当てはまる国として正しい組み合わせを、次の（ア）～（カ）より1つ選び、記号で答えなさい。

（ア）A：アメリカ　B：中国　C：ブラジル
（イ）A：アメリカ　B：ブラジル　C：中国
（ウ）A：中国　B：アメリカ　C：ブラジル
（エ）A：中国　B：ブラジル　C：アメリカ
（オ）A：ブラジル　B：アメリカ　C：中国
（カ）A：ブラジル　B：中国　C：アメリカ

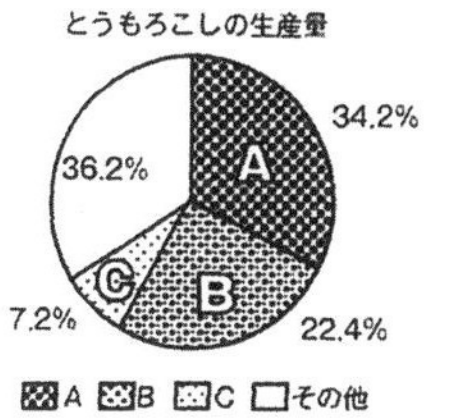

（世界国勢図会　2020/21　穀物類等の生産量の割合より）

問 5　下線部④について、反対に面積の小さいことで知られるある国の記事の一部です。この国とはどこか国名を答えなさい。（国連未加盟国含む）

広さ約0・44平方キロメートルの小さな国家には「サン・ピエトロ大聖堂」があり、世界中から多くのローマ・カトリック教会の信者や観光客らが訪れる。

（2021年9月21日配信、朝日新聞 DIGITAL）

問 6　下線部⑤について、これを構成する国として**誤っているもの**を次の（ア）～（カ）より1つ選び、記号で答えなさい。

（ア）フランス　（イ）日本　（ウ）アメリカ　（エ）カナダ
（オ）中国　（カ）イタリア

問 7　下線部⑥について、この国からヨーロッパの国々へ天然ガスや原油などを輸送するために設けられている管を何というか答えなさい。

問 8　下線部⑦について、この国が加盟しているものとして正しいものを次の（ア）～（エ）より、**すべて選び**記号で答えなさい。

（ア）ASEAN　（イ）アジアNIES　（ウ）OPEC　（エ）APEC

問 9　【E】の文章が説明している国はどこか答えなさい。

問 10　【B】の文章が説明している国の場所はどこか。下の地図上の a ～ f より選び、記号で答えなさい。

社　会　4

4　次の先生と生徒の会話文を読み、あとの問いにそれぞれ答えなさい。

先生：日本の選挙の方法は公職選挙法で定められているよ。
　　　現在の選挙は普通選挙など① 4原則のもと行われているんだ。
生徒：② 選挙権年齢も2016年から変更されましたよね。私も勉強しないといけませんね。
先生：そうだね。ではまず、③ 選挙制度について復習しておこうか。
　　　小選挙区制や④ 比例代表制などがあるけど、覚えているかな？
生徒：はい、覚えています。それぞれの特徴も勉強しました。2021年は⑤ 衆議院議員総選挙もありましたし、⑥ 選挙についてはもちろん、⑦ 国会や⑧ 政党についても勉強しておきたいですね。

問1　下線部①について、普通選挙、平等選挙、直接選挙がある。残る1つとは何か答えなさい。

問2　下線部②について、選挙権年齢が20歳以上の男女となった法公布年として正しいものを次の（ア）～（エ）より1つ選び、記号で答えなさい。

（ア）1889年　（イ）1919年　（ウ）1925年　（エ）1945年

問3　下線部③の小選挙区制の特徴として正しいものを次の（ア）～（エ）より、**2つ選び**、記号で答えなさい。

（ア）少数意見も反映されやすく、死票も少ない。
（イ）大政党の候補者が当選しやすく、政権が安定しやすい。
（ウ）多党化になりやすく、決定がしにくくなる。
（エ）死票が多く、少数意見を反映しにくい。

問4　下線部④について、次の表はある地域の比例代表制選挙の結果を示したものである。この表からこの地域の定数が4名の場合、当選する人を表の（ア）～（ケ）より**すべて選び**、記号で答えなさい。

	A党	B党	C党
得票数	10,000	8,000	5,000
名簿1位	（ア）	（エ）	（キ）
名簿2位	（イ）	（オ）	（ク）
名簿3位	（ウ）	（カ）	（ケ）

問5　下線部⑤について、この選挙では2つの選挙制度を組み合わせた選挙制度が採られている。この選挙制度を何と呼ぶか答えなさい。

問6　下線部⑥について、選挙の課題として棄権の増加が挙げられる。近年、有権者が投票を行いやすいように、投票日より前に投票が可能な制度が整えられている。この制度を何というか答えなさい。

問7　下線部⑦について、2021年9月現在の衆議院と参議院を述べたものとして正しいものを次の（ア）～（エ）より**2つ選び**、記号で答えなさい。

（ア）議員定数と任期は衆議院465人で4年の任期、参議院は245人で6年の任期である。
（イ）衆議院の被選挙権は25歳以上、参議院の被選挙権は30歳以上である。
（ウ）衆議院の被選挙権は30歳以上、参議院の被選挙権は25歳以上である。
（エ）議員定数と任期は衆議院465人で6年の任期、参議院は245人で4年の任期である。

問8　下線部⑧について、最近では一つの政党が持つ議席では過半数に達せず、内閣が複数の政党によって運営されることが多い。このような政治の形を何というか答えなさい。

5　次の国連に関する文章を読み、あとの問いにそれぞれ答えなさい。

1945年、国際連合憲章が採択され、① 国際連合（国連）が生まれた。国連の主な目的は戦争や紛争を防ぎ、世界の平和と安全を維持することである。2021年4月時点での加盟国はAヵ国あり、② 総会、安全保障理事会（安保理）、経済社会理事会、国際司法裁判所、事務局、信託統治理事会（活動停止中）の6主要機関からなっている。またその他の国連機関として③ ユニセフや④ 専門機関として国際労働機関（ILO）などがおかれ、国連と提携し活動している。

問1　下線部①について、本部がある場所として正しい場所を次の（ア）～（エ）より1つ選び、記号で答えなさい。

（ア）ジュネーヴ　（イ）ロサンゼルス　（ウ）ニューヨーク　（エ）ハーグ

問2　下線部②について、これについて述べた文として**誤っているもの**を次の（ア）～（エ）より1つ選び、記号で答えなさい。

（ア）総会には、年1回開催される通常総会と必要に応じて開かれる特別総会がある。
（イ）安保理は拒否権を持つ常任理事国5か国と任期1年の非常任理事国10か国で構成される。
（ウ）2021年現在、日本は非常任理事国として選出されていない。
（エ）加盟国は総会の決議に従う義務はないが、安保理の決定には従う義務がある。

問3　2021年現在、安全保障理事会の常任理事国として**誤っているもの**を次の（ア）～（エ）より1つ選び、記号で答えなさい。

（ア）アメリカ　（イ）イギリス　（ウ）ドイツ　（エ）フランス

問4　下の表は国連通常予算の分担率と分担額についての表である。
表中**A・B・Cに当てはまる国**について組み合わせとして正しいものを次の（ア）～（エ）より1つ選び、記号で答えなさい。

（ア）A：アメリカ　B：中国　C：日本　（イ）A：中国　B：アメリカ　C：日本
（ウ）A：アメリカ　B：日本　C：中国　（エ）A：中国　B：日本　C：アメリカ

	分担率（%）				2020年度分担額（千ドル）
	2010～2012年	2013～2015年	2016～2018年	2019～2021年	
A	22.000	22.000	22.000	22.000	678 614
B	3.189	5.148	7.921	12.005	370 307
C	12.530	10.833	9.680	8.564	264 166
ドイツ	8.018	7.141	6.389	6.090	187 853
イギリス	6.604	5.179	4.463	4.567	140 874

問5　下線部③について、日本語の名称を次の（ア）～（エ）より1つ選び、記号で答えなさい。

（ア）国連環境計画　（イ）国連開発計画　（ウ）国連世界食糧計画　（エ）国連児童基金

問6　下線部④について、世界保健機関を**アルファベット**で何というか答えなさい。

問7　文中のAに当てはまる数字を次の（ア）～（エ）より1つ選び、記号で答えなさい。

（ア）178　（イ）183　（ウ）193　（エ）201

国語一

答えはすべて別紙の解答用紙に記入しなさい。句読点・記号は一字に含みます。

（40分）

一　次の文章を読み、後の問いに答えなさい。

ディストピア[*1]は、すでに監視資本主義のようなかたちで、私たちが気づかないところでおおむね実現してしまっている、と述べてきた。この事実に加えて、さらに①コウ慮すべきことが二つある。

第一に、「自由か安全か」という選択を迫られたとき、結局、私たちは、安全の方をとってしまうだろう。命の危険があっても自由をとる、という人は少ない。まして、あなたが自由の方を選んだときには、あなたの命だけではなく、他人の命をも危険にさらすことになる、とされたとき、なお［ X ］に執着できるだろうか。［ 1 ］

第二に、デイヴィッド・ライアン[*2]が「監視文化」と呼んでいることをコウ慮に入れる必要がある。ライアンがこの語を用いて示唆《しさ》[*3]していることは、現代人は監視されることを必ずしも拒否しておらず、むしろ望んでさえいる、ということだ。ライアンの②念トウにあるのは、「露出症指向」のリアリティ番組[*4]やSNSが交錯する場所である。人は、自分の私的な生活を他者に覗《のぞ》かれること、監視されることを楽しんでいるのだ。かつて、Aミシェル・フーコー[*5]が、近代的な権力を描こうとして『監視と処罰』を書いたとき、前提になっていたのは、監視を恐れる ⓐ主体、できることなら監視から逃れたいと欲している主体、自分は監視されているのではないかと絶えず不安になる主体であった。しかし、今日、人は、自分が誰からも見られていないかもしれないということを恐れ、不安に感じている。［ 2 ］

そうだとすれば、現在の、あるいは将来のウイルスへの対策として、監視を強化しようとする制度や技術が③ドウ入されたとき、Bそれを最後まで拒否し続けることは難しいだろう。つまり、我々の社会は、監視の強化を受け入れてしまうだろう。［ 3 ］

それならば、どうすればよいのか。ⓑ個人の私生活や行動の④サイ部にまでいたる監視は、まして身体の内部⑤ジョウ態にまで―当人が知らない当人の個人情報にいたるまで―監視の目が届くのだとすれば、Cそれは、自由にとっての脅威である。これにDどう対応すればよいのか。［ 4 ］

こういうときになすべきは、逃避ではない。偏在する監視を拒否し、そこから逃れようとしても、今述べたように、敗北は不可避である。こういうときになすべきは、監視をめぐる闘争に積極的に参加することによる対抗である。監視が自由にとって⑥危ケンなのは、二つの事情があるからだ。第一に、監視で得られる情報が―国家であれ一部の私企業であれ―独占的に制御されていること。第二に、私たちが与えた個人情報が、私たちが望んでいなかった領域にまで活用されていること。したがって、監視をめぐる闘争の主題は二つある。E誰がその情報を制御しているのか。そして、情報が適切に使われているのか。

（大澤真幸、國分功一郎『コロナ時代の哲学』）

語注

＊1　ディストピア…反理想郷。暗黒世界。本文ではIT技術を用いた監視システムの実現の事を指している。

＊2　デイヴィッド・ライアン…カナダの社会学者。情報革命に伴う監視社会化の問題を研究している。

＊3　示唆…それとなく知らせること。ほのめかすこと。

＊4　リアリティ番組…表向きは、演技や台本、やらせのない出演者の行動をカメラが追う形式のテレビ番組。

＊5　ミシェル・フーコー…二〇世紀に活躍したフランスの哲学者、歴史家。一九七五年『監視と処罰』を著した。

問一　……①〜⑥のカタカナ部分と同じ漢字を用いるものをそれぞれ次から選び、記号で答えなさい。

①「コウ慮」
(ア)コウアンした商品が発売された
(イ)コウイシツで着替える
(ウ)コウリョウとした景色を見る
(エ)コウハンに挽回する

②「念トウ」
(ア)くじにトウセンする
(イ)山にトウチョウする
(ウ)旬の果物がテントウに並ぶ
(エ)驚きのあまりソットウする

③「ドウ入」
(ア)スイドウ管が破裂する
(イ)ハンドウ体が壊れる
(ウ)シンドウが伝わる
(エ)イチドウに会する

④「サイ部」
(ア)サイダン機にかける
(イ)岩をハサイする
(ウ)運行をサイカイする
(エ)サイシンの注意を払う

⑤「ジョウ態」
(ア)おレイジョウを書く
(イ)カンジョウの起伏が激しい
(ウ)バスにジョウシャする
(エ)願いがジョウジュする

⑥「危ケン」
(ア)ケン悪な雰囲気になる
(イ)ケン定に合格する
(ウ)真ケンに取り組む
(エ)その答えはケン当違いだ

問二　〰〰ⓐ「主体」、〰〰ⓑ「個人」の対義語を次の漢字を組み合わせてそれぞれ作り、答えなさい。同じ漢字を二回使っても良いものとする。

［ 衆　集　間　観　体　対　客　脚　断　団 ］

問三　［ X ］に入る言葉として最も適切なものを次から選び、記号で答えなさい。

(ア) 自由　(イ) 安全　(ウ) 命　(エ) 他人　(オ) 監視　(カ) 事実

問四　問題文には次の【　】内の一文が抜けている。この一文が入る最も適切な箇所を［ 1 ］から［ 4 ］の中から記号で選び、答えなさい。

【つまり、監視は望まれているのである。】

問五　——A「ミシェル・フーコー」の主張として最も適切なものを次の中から選び、記号で答えなさい。

(ア)　近代的な権力は監視から逃れたいと欲している。
(イ)　誰からも見られていないことは不安である。
(ウ)　人は監視から逃れたいと欲している。
(エ)　ウイルス対策のため監視を強化すべきである。
(オ)　近代的権力は不安を解消するためにある。

問六　——B「それを最後まで拒否し続けることは難しいだろう」とあるが、その理由として適切なものを二つ選び、記号で答えなさい。

(ア)　「自由か安全か」という選択を前にすれば、人は安全をとってしまうものだから。
(イ)　人は、いかなる事態においても自由というものを求め続けるものであるから。
(ウ)　現代人は監視されることを必ずしも拒否しておらず、むしろ受諾しているから。
(エ)　露出症指向のリアリティ番組やSNSが近代権力と交錯しているから。
(オ)　人は監視されることによって常に不安をかき立てられるものであるから。
(カ)　主体的な人間は、不安などの感情をコントロールできるものだから。

問七　——C「それは、自由にとっての脅威である」とあるが、その理由の一つを解答欄に続く形で本文中から三十七字で抜き出し、最初と最後の五字を答えなさい。

問八　——D「どう対応すればよいのか」とあるが、筆者が主張する対応を、本文中から二十四字で抜き出して答えなさい。

問九　——E「誰がその情報を制御しているのか」とあるが、情報を制御しているものの例として筆者が挙げているものを本文中から一つ抜き出して答えなさい。

問十　次の文について本文の内容として、正しいものには○、間違っているものには×と答えなさい。

(ア)　人を監視するようなシステムを私たちは拒否しづらいが、そうした社会が実現するのはまだ当分先のことであるといってよい。
(イ)　私たちの社会は、遅かれ早かれ監視社会を受け入れざるを得ず、そうしたシステムにあらゆる権利をゆだねることが自由と安全を保障する。
(ウ)　自由を求めるものが情報を独占したり、私たちが望まない領域の情報を取得したりすることは、完全な監視体制を脅かすものとなる。
(エ)　監視社会において、監視された情報を誰が管理し、どこまで使用するのかを評価し是正できる体制を私たちは求めるべきである。

国語 三

二 次の文章を読み、後の問いに答えなさい。

《「俺」は中学時代に柔道部に所属していたが、その当時の顧問の指導で、親友であった豊が後遺症を負ってしまった。そのことをきっかけに、他人に怪我を負わせたり、死を感じたりするスポーツからは遠ざかって生きてきた。しかし、大学入学後にふとしたことから、弱小自転車部に入部した。自転車競技に没頭し、一年生にして[*1]インカレで個人優勝をするなど、自転車競技人生は順風満帆であった。しかし、とあるレースに出た際に集団落車に巻き込まれ、怪我を負ってしまう。そのときに、中学時代の豊の事件を思い出し、自転車競技に恐怖を覚え、自転車部をやめることを櫻井に告げた。》

スタートの合図と共に、集団はAのっそりと動き始めた。

下りになれば八十キロ、九十キロというスピードを出すのに、このスタートの時だけは、B鈍重な大きな獣のようだ、といつも思う。

俺はその獣の動きに身をゆだねる。

百キロを超える長いレースはひさしぶりだ。

高低差は大きいが、最後はトラックでの[*2]スプリント勝負になる。

正直、櫻井向きではない。パワーのある選手の方が①有リかもしれない。

C一瞬、たとえば俺のような、と思いかけたが、すぐにその考えを振り払う。過去に、櫻井はスプリントでも勝っている。まったく戦えないわけではない。

どちらかというと、俺の方が短いスプリントでは結果を出していない。

挑戦してみてもいいかもしれないと一瞬、思った。たぶんマークされているから、飛び出して勝つのは、もう②コン難だ。

速度はすぐに上がる。集団の③呼キュウが熱っぽさを持ち始める。

D不思議だった。あれほど、もう一度走るのが怖いと思ったのに、レースに戻った途端、俺は勝つことを考えはじめている。

喉元を過ぎれば X を忘れてしまうように。

怖くないわけではない。恐怖はいつも薄皮一枚隔てたところにわだかまっている。Eはち切れそうになった腫《は》れ物のように、かすかに触れただけでも噴き出すだろう。

だが、まだ弾《はじ》けてはいない。恐怖のありかはわかるが、それを自分で抑えこんでいる。

櫻井が隣に並んだ。[*3]殴られた跡はうまく[*4]アイウェアによって隠されていて目立たない。

にやりと笑って言う。

「この集団の中の、何人がF覚悟を決めていると思う?」

覚悟。そう言われて俺は息を吞《の》んだ。

なんの覚悟かと尋ねる必要などない。櫻井はこの競技が死に繋《つな》がるかもしれないことを知っている。そして俺も。

今、一緒に走っている選手は八十人と少し、そのうち何人までが、死ぬかもしれないと覚悟を決めているのだろう。

怪我をすることくらいは④ソウ定しているだろう。だが、死までとなると想像がつかない。

自分は死なないと無邪気に考えている者がほとんどなのではないだろうか。

櫻井は続けて言った。

「でも、道を歩いてたって、車に乗ってたって、結局は同じことや。数秒先に自分が生きている保証なんかない。違うか?」

G俺ははっとして、櫻井の顔を見た。櫻井はそのまま、速度を上げて集団の前に進んだ。 Y 。櫻井のしてやったりというような顔が、はっきりとa目に焼き付いていた。

彼の言うことは正しい。競技をやめたからといって、死と関わることを避けられるわけではない。

櫻井が続けて言ったような気がした。

――それでもやめるのか。

わからない。少しでも死や他人を傷つけることを避けたいと思う自分は臆病《おくびょう》なのだと考えていた。だが、そうではなく、[*5]傲慢《ごうまん》なのかもしれない。

どうやっても死や事故はついてまわる。自分が死なない限り、逃れられるわけではない。

Hふいに気づいた。俺は柔道によって、豊を傷つけたわけではない。俺が彼を投げ飛ばし、重い後遺症を与えたわけではない。

俺の後悔は、あのとき教師を止められなかったということで、それは自分が柔道をやっていようがやっていまいが変わらない。

俺はきつくハンドルバーを握りしめた。

まだ、走ることができるだろうか。I不安も覚悟も吞み込んで。

集団は走り続ける。逃げグループが発生したが、タイム差は二分も開いていない。集団は簡単に逃げに追いつくことができるだろう。

集団をコントロールしている強豪校は、わざとスピードを上げずに逃げをb泳がせている。

このまま、c番狂わせが起こらなければ、間違いなく集団スプリントだ。

俺は櫻井の姿を探した。前に行ったと思っていたが、櫻井は集団の後方にいた。

濃い色のアイウェアで表情は見えにくいが、それでもわかった。

かなり苦しそうだ。単に力が出ないのか、それとも脇腹か肋骨《ろっこつ》が痛むのか。

俺と目が合うと、櫻井は苦々しい顔になった。

その時、櫻井が言ったことばを思い出した。

――でもなあ、ちょっと重いときもあるわ。

――おまえにちょっと押しつけたろうかと思ったんやけど。

――兄貴の亡霊。

そんなもの俺に背負えるようなものではない。

だが、それでもJ俺が今乗っている自転車には、櫻井の兄のフレームが使われている。会ったこともなく、向こうは俺の存在すら知ることもない。なんの関係もないはずの人間なのに、そのフレームを⑤受けツいで俺は走っている。

（近藤史恵『キアズマ』新潮文庫刊）

語注

＊1　インカレ…全日本大学対抗大会のこと。

＊2　スプリント…自転車競技のトラックレースの一つ。

＊3　殴られた跡…櫻井は前日の夜、他校の選手とケンカし、殴られている。

＊4　アイウェア…ロードバイク用のサングラスのこと。

＊5　傲慢…おごり高ぶって人をあなどること。

国語四

問一 ……①～⑤のカタカナ部分と同じ漢字を用いるものをそれぞれ次から選び、記号で答えなさい。

①「有リ」
(ア)母親がお金をカンリする。
(イ)神社の長いジャリ道を歩く。
(ウ)遠くへ引っ越す友人とのベツリを悲しむ。
(エ)物事の長所と短所は、ヒョウリである。

②「コン難」
(ア)彼は、昨年夏にケッコンした。
(イ)友人のお祝いが続き、お金にコンキュウする。
(ウ)サッコンのSNSブームにはついていけない。
(エ)寺をコンリュウする。

③「呼キュウ」
(ア)二人の愛はエイキュウに続くのだろうか。
(イ)カキュウセイには優しくしましょう。
(ウ)最新の掃除機は、キュウインリョクが違う。
(エ)コロナウイルス感染拡大防止のため、キュウエンします。

④「ソウ定」
(ア)授業で使ったマットを体育ソウコへ片付ける。
(イ)次のステップに進むには、時期ショウソウである。
(ウ)あなたの考え方は、ソウゾウもつかなかった。
(エ)二人の仲は、ソウシソウアイである。

⑤「受けツいで」
(ア)これは、師匠ジキデンの芸だ。
(イ)好きな選手が移籍しても、ケイゾクしてチームを応援しよう。
(ウ)好きな人に思いをツげる。
(エ)五輪の開会式で、旗手にツいで選手が入場した。

問二 ━━━ a～c の意味として最も適切なものを次から選び、記号で答えなさい。

a「目に焼き付く」
(ア)際だって見える　(イ)いつまでも印象に残る　(ウ)よく見える　(エ)目つきを変える

b「泳がせる」
(ア)ひそかに監視しながら、表面的には応援する
(イ)敵が海を泳ぐように逃げていく
(ウ)気づかないふりを続ける
(エ)干渉せず、自由にさせる

c「番狂わせ」
(ア)尋常ではない努力をすること
(イ)多くの人が熱狂すること
(ウ)予想外の結果が出ること
(エ)一番と二番が入れ替わること

問三 [X] に適切な語句を入れ、次の意味に合う慣用表現を完成させなさい。
意味：苦しい経験も、過ぎ去ってしまえばその苦しさを忘れてしまう

問四 [Y] に入る適切な語句を次から選び、記号で答えなさい。
(ア)窮鼠《きゅうそ》猫を噛《か》む　(イ)舌を噛む　(ウ)唇を噛む　(エ)歯を噛む

問五 ―― A「のっそり」に使われている表現技法を漢字で答えなさい。

問六 ―― B「鈍重な大きな獣」とは、具体的に何のことか、本文中から抜き出して答えなさい。

問七 ―― C「一瞬、たとえば俺のような、と思いかけたが、すぐにその考えを振り払う」とあるが、なぜ「考えを振り払」ったのか、その理由を答えなさい。

問八 ―― D「不思議だった」と感じる理由は何か、解答欄の形に合うように本文中から抜き出して答えなさい。

問九 ―― E「はち切れそうになった腫れ物のように、かすかに触れただけでも噴き出すだろう」を説明したものとして、最も適切なものを次から選び、記号で答えなさい。
(ア)死や怪我をさせることに対する恐怖心が、ちょっとしたことであふれ出しそうであるということ。
(イ)自転車競技を続けることで自分も豊のようになるかもしれないという恐怖心が、ちょっとしたことであふれ出しそうであるということ。
(ウ)中学時代の顧問が豊に怪我を負わせた記憶が、ちょっとしたことであふれ出しそうであるということ。
(エ)下りに入ると八十～九十キロというスピードが出る恐怖心が、ちょっとしたことであふれ出しそうであるということ。

国語五

問十　――F「覚悟」とは何の「覚悟」か、解答欄の形に合うように本文中から八字で抜き出して答えなさい。

問十一　――G「俺ははっとして」とあるが、何に気がついたのか、最も適切なものを次から選び、記号で答えなさい。

(ア) 死や怪我を負わせる可能性があるものから遠ざかってきたが、生きている限り死や怪我の可能性を遠ざけることはできないこと。
(イ) 死や怪我を負わせる可能性があるものから遠ざかってきたが、自転車競技も死に繋がる可能性があるということ。
(ウ) 親友である豊と同じ目に遭わないように生きてきたが、自転車競技を行うことは自分が加害者になる可能性を持っているということ。
(エ) 自転車競技が死に繋がる可能性を持つということを、このレースに出場する他の選手が理解していないということ。

問十二　――H「ふいに気づいた」とあるが、何に「気づいた」のか、最も適切なものを次から選び、記号で答えなさい。

(ア) 中学の練習中に顧問が豊を投げ飛ばし、後遺症を与えたことを悔やんでも、それは俺が柔道を続けようがやめようが何も変わらないこと。
(イ) 中学の練習中に俺が豊を投げ飛ばし、後遺症を与えたことを悔やんでも、それは俺が柔道を続けようがやめようが何も変わらないこと。
(ウ) 俺の後悔は、親友である豊を投げ飛ばし、後遺症を与えた顧問を訴えられなかったことであり、その後悔は柔道を続けようがやめようが何も変わらないこと。
(エ) 俺の後悔は、豊を投げ飛ばし、後遺症を与えた顧問を止められなかったことであり、その後悔は柔道を続けようがやめようが何も変わらないこと。

問十三　――I「不安」とあるが、「俺」が抱えている不安とはどのようなものか、答えなさい。

問十四　――J「俺が今乗っている自転車には、櫻井の兄のフレームが使われている」とあるが、櫻井はなぜ兄のフレームを俺に渡したのか、その説明が書かれた次の文章の空欄に当てはまる語句を本文中から五字で抜き出して答えなさい。

櫻井が俺に［　　　　］を押しつけたくなったから。

三　次の問いに答えなさい。

問一　芥川龍之介の作品を語群の中から三つ選び、記号で答えなさい。

問二　樋口一葉・森鷗外の作品を語群の中からそれぞれ選び、記号で答えなさい。

《語群》
(ア) たけくらべ　(イ) 五重塔　(ウ) 浮雲　(エ) 羅生門　(オ) 鼻
(カ) 伊豆の踊子　(キ) 三四郎　(ク) 舞姫　(ケ) 河童　(コ) 人間失格

四　次の問いに答えなさい。

問一　次の文章は古典作品の冒頭文である。語群の中から、作品名と作者名をそれぞれ選び、記号で答えなさい。

A つれづれなるままに、日暮らし硯にむかひて、心にうつりゆくよしなしごとを、そこはかとなく書きつくれば、あやしうこそものぐるほしけれ。
B ゆく川の流れは絶えずして、しかももとの水にあらず。

問二　『源氏物語』の作者を語群から選び、記号で答えなさい。

《語群》
作品名　(ア) 奥の細道　(イ) 枕草子　(ウ) 徒然草　(エ) 平家物語　(オ) 伊勢物語　(カ) 竹取物語　(キ) 方丈記
作者名　(ア) 紫式部　(イ) 兼好法師　(ウ) 清少納言　(エ) 鴨長明　(オ) 松尾芭蕉　(カ) 紀貫之　(キ) 菅原孝標女

令和3年度　入学試験問題

至学館高等学校

数学 1

答えはすべて別紙の解答用紙に記入しなさい。
分数で答えるときは、それ以上約分できない分数で答えなさい。
また答えに$\sqrt{\ }$を含む場合は$\sqrt{\ }$の中は最も小さな自然数になる形で答えなさい。

(40分)　　※100点満点　解答用紙・配点非公表

1 次の式を計算しなさい。

(1)　$(1+5\times3-2^2)\div2$

(2)　$6\left\{0.25+\left(-\frac{1}{3}\right)^3\times3\right\}+0.25\div\frac{3}{14}$

(3)　$\frac{4x+5}{3}-\frac{x-3}{4}-2$

2 次の問いに答えなさい。

(1)　$a^2-2ab+b^2-c^2$ を因数分解しなさい。

(2)　2次方程式 $x(x+5)+(x+2)(x-1)=10$ を解きなさい。

(3)　連立方程式 $\begin{cases} y=5x+2 \\ x=2y+5 \end{cases}$ を解きなさい。

(4)　反比例のグラフが$(6,2)$と$(1,b)$を通る。bの値を求めなさい。

(5)　$5:3=\frac{10}{3}:x$ を満たすxの値を求めなさい。

(6)　2点$(-2,1)$，$(2,9)$を通る直線lがある。直線lと平行で原点を通るような直線の式を求めなさい。

3 立方体の中にどの面にも接するように球が1つ入っている。球の半径が2のときの立方体の体積を求めなさい。

4 右のヒストグラムは1から6までの目があるサイコロを何回か投げたときに，出た目とその回数をまとめたものである。6の目が出た回数の記入漏れがあるが，出た目の平均値が3.5であったことが分かっている。6の目が何回出たか求めなさい。ただし，どの目が出ることも同様に確からしいものとする。

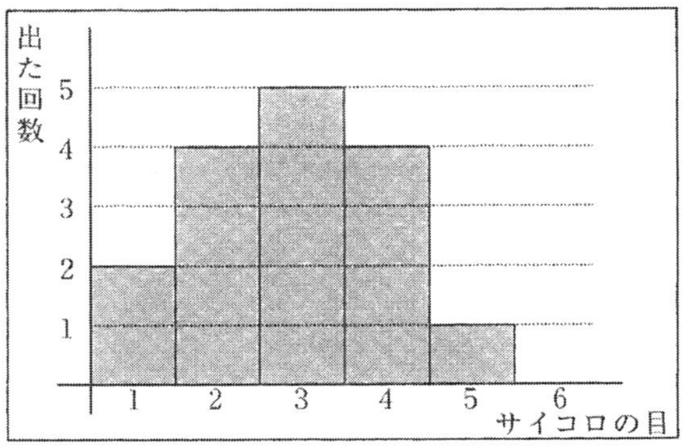

5 10円玉を同じ面が合計3回出るまで投げる。初めに表が出るとき全部で何通りの出方があるか求めなさい。

6 1から6までの目があるサイコロを2回投げる。2つの出た目の最小公倍数が6となる確率を求めなさい。
ただし，どの目が出ることも同様に確からしいものとする。

7 濃度2%である食塩水が60gある。これに濃度5%の食塩水を混ぜて濃度4%にしたい。濃度5%の食塩水を何g混ぜればよいか求めなさい。

8 直線$l:y=\frac{3}{2}x+1$，直線$m:y=-x+4$がある。x軸と平行になるように，直線l上に点P，直線m上に点Qをとる。PQの長さが2となるとき，点Pの座標を求めなさい。ただし，点Pは直線lとmの交点よりも下側にあるものとする。

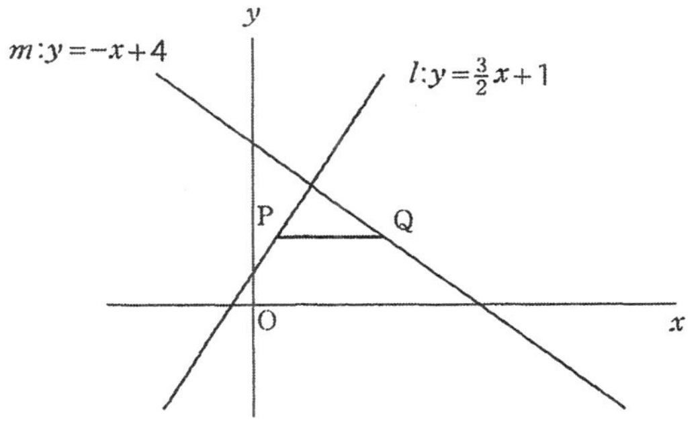

数　学　2

9　(1) 下の図において$\triangle ABC \equiv \triangle DBE$であるとき$x$の値を求めなさい。

(2) 下の図の六角形$ABCDEF$は正六角形である。xの値を求めなさい。

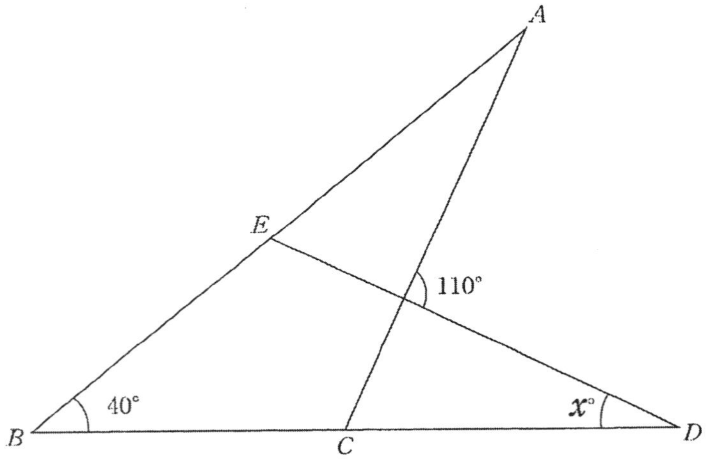

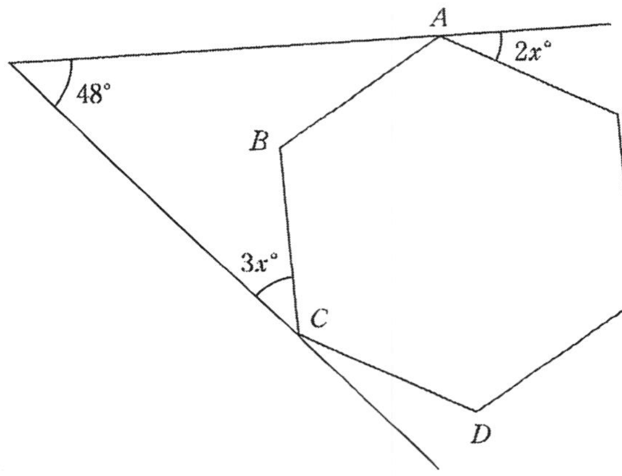

10　図1のような立方体ABCD-EFGH がある。
辺EFの中点をI,辺FGの中点をJとする。
立方体を4つの点A,C,J,Iを通る平面で切ったときの切り口を考える。
図2はその切り口の線の一部を立方体の展開図にかき入れたものである。
残りの切り口の線を実線でかき加えなさい。

図1

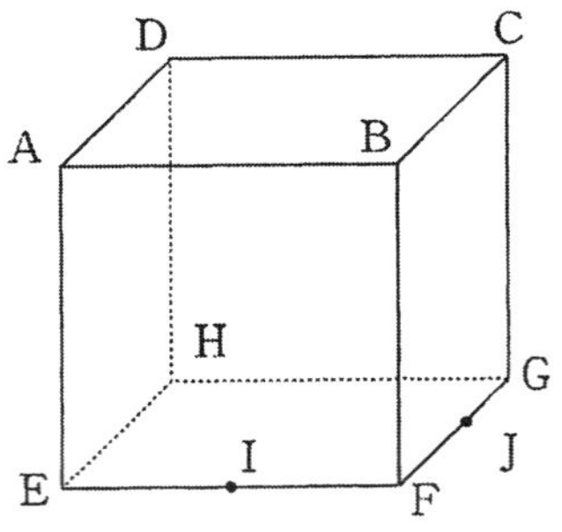

図2

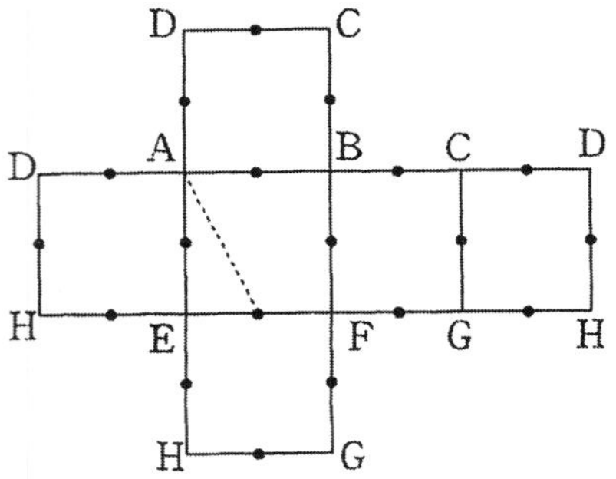

11　右の図において三角形ABCは1辺が4で高さが$2\sqrt{3}$の正三角形である。弧ACは点Bを中心とし辺ABを半径とする弧であり,弧BCは点Aを中心とし辺ACを半径とする弧であり,弧ABは辺ABを直径とする弧である。図の色が付いている部分の面積を求めなさい。ただし,円周率はπとする。

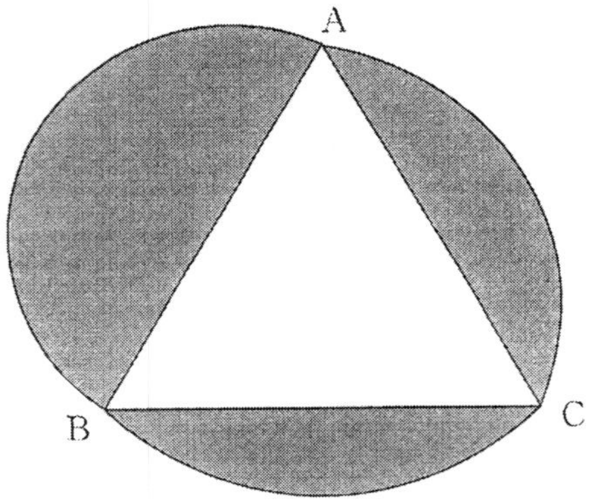

12　下の図のように放物線$y=x^2$上に点A,B があり,直線$l:y=8$上に点C,D がある。四角形ABCDが正方形であるとき点Aの座標を求めなさい。ただし,点A,B は直線lよりも下にあるものとする。

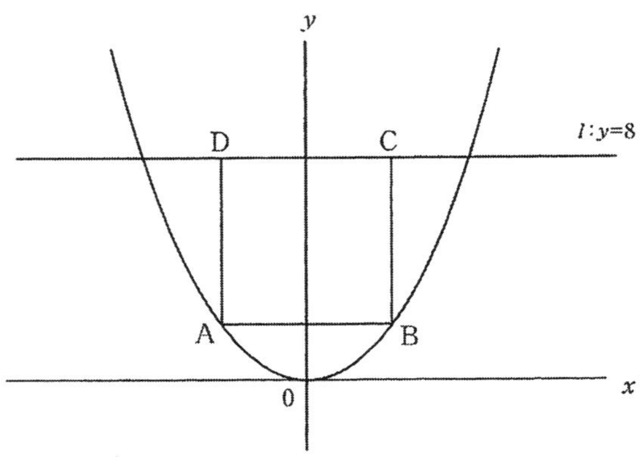

令和3年度　入学試験問題

至学館高等学校

英語　1

答えはすべて別紙の解答用紙に記入しなさい。

(40分)

※100点満点　解答用紙・配点非公表

1 以下の英語のクロスワードパズルには一マスにつき一つのアルファベットが当てはまる。
ヒントの英文を頼りに、縦のカギ 1～4、横のカギ ア～オに当てはまる英単語を答えなさい。

縦のカギ

縦1：A building or a group of buildings. Inside these kind of buildings workers make a large amount of products like cars.

縦2：This is one of the two flat parts of your body on the ends of your legs.

縦3：This means coming from another country.

縦4：This is a building. Many people come here to take trains.

横のカギ

横ア：To give attention or effort to one thing, situation or person.

横イ：This is a large area of trees growing closely together. Many kinds of animals and plants live here.

横ウ：12 o'clock in the middle of the day.

横エ：The sister of your mother or father, or the wife of your uncle.

横オ：The piece of land in front of or at the back of your house. You can grow grass, flowers, fruits,vegetables, or other plants there.

2 以下の各グループの英単語はある共通点をもとに抽出されている。
例を参考に各グループの英単語ア～オのうち一つだけ他の語とは共通点を持たない語を一つ選び、記号で答えなさい。

例1：likeが規則変化なので他の語とは共通点を持たない(like以外の動詞はすべて不規則変化)
run　　rise　　know　　go　　like

例2：mouseが複数形miceを持つため他の語とは共通点を持たない(mouse以外は複数形を持たない名詞)
paper　　fish　　wine　　mouse　　news

1. グループ1
(ア) set　(イ) cut　(ウ) put　(エ) sit　(オ) let

2. グループ2
(ア) turn　(イ) look　(ウ) stay　(エ) sound　(オ) watch

3. グループ3
(ア) basketball　(イ) soccer　(ウ) wrestling　(エ) tennis　(オ) golf

4. グループ4
(ア) dog　(イ) man　(ウ) child　(エ) tooth　(オ) foot

5. グループ5
(ア) very　(イ) already　(ウ) there　(エ) dark　(オ) early

3 以下のそれぞれの英文の下線部には文法的に適切でない部分がある。文法的に誤っている箇所を一箇所選び、番号で答えなさい。

1. ①Is the boy like to ②read books before ③going to bed ④at night?
2. I'll talk ①to those ②women ③stood ④by the door.
3. How many ①times have you ②gone to Kyoto ③since you ④came to Japan?
4. I remember ①that we visited ②those towns with my ③daughters when they were ④more younger.
5. My ①brothers always tell me ②to not use the computer ③because it is our ④father's.

英　語　2

[4] 以下の英文が文法的に正しく、意味が通るように(　)内の語句を並び替えたとき、2番目と5番目にくる語句を記号で答えなさい。

1.　(ア. afraid / イ. have / ウ. of / エ. to / オ. don't / カ. you / キ. be / ク. making mistakes).

2.　She (ア. bed / イ. been / ウ. in / エ. a week / オ. sick / カ. has / キ. for).

3.　(ア. swim / イ. was / ウ. in / エ. to / オ. the river / カ. Bill / キ. able), finally.

4.　(ア. more / イ. my homework / ウ. much / エ. than / オ. is / カ. difficult) yours.

5.　(ア. by / イ. often / ウ. is / エ. the people / オ. Japanese / カ. in / キ. spoken) Hawaii.

[5] 以下のそれぞれの英文の空欄に当てはまる最も適切な表現を、選択肢から一つ選び、記号で答えなさい。

1.　A : How long does it take from here to Nagoya station?
B : (　　)
(ア) I must hurry up.　(イ) The train is long.　(ウ) I had no idea.　(エ) About 30 minutes.

2.　A : Have you taken a bath?
B : (　　)
(ア) I don't agree.　(イ) No, not yet.　(ウ) Yes, I'll be there.　(エ) Not so much.

3.　A : Are you coming to Helen's party?
B : (　　)
(ア) Good luck.　(イ) Oh, really?　(ウ) No, I'm sick today.　(エ) Well, thanks for coming.

4.　It's unusual for Kana (　　) a skirt to school.
(ア) wearing　(イ) to wear　(ウ) wears　(エ) wore

5.　Anna woke up late this morning, so she got dressed (　　) and ran to the station.
(ア) finally　(イ) recently　(ウ) cheaply　(エ) quickly

[6] 以下の会話文を読み、(1)～(6)の英文について、会話の内容と合っているものには○、間違っているものには×で答えなさい。

Mother　: It's time for bed.
Mike (son) : I'm not ready to go to sleep. I'm not tired.
Mother　: It's quite late, and you have an exam at Shigakukan High School early tomorrow.
Mike　: I'm not going to be able to fall asleep.
Mother　: Why don't you try imagining a relaxing scene, how about counting sheep?
Mike　: I've tried that before. It really doesn't work. And, I don't like sheep anyway.
Mother　: Well, you still need to go to bed.
Mike　: Why can't I just stay up until I fall asleep?
Mother　: If I let you do that, then you will stay up all night.
Mike　: I promise I'll go to sleep soon.
Mother　: No, you're going to sleep now, so good night.
Mike　: OK, Mum. See you in the morning.

(1) Mike's mother will let him stay up late.
(2) Mike can't sleep because he's not sleepy yet.
(3) Mike is going to take a test at a high school.
(4) Mike has never tried counting sheep because he doesn't like them.
(5) Mike must sleep soon because he has to count sheep in the morning.
(6) Mike's mother thinks it is effective to picture a peaceful image in your mind when you want to sleep.

英　語　3

[7] 以下の英文を読み、(1)～(7)の質問について選択肢ア～エから最も適切な解答を一つ選び記号で答えなさい。

Should Kids use *Gadgets?

Did you know that 1 out of 3 kids in America can use a *mobile phone or tablet before they talk? Sometimes, a 2-year-old knows how to use a cellphone or tablet. In 1999 Pediatrics (Child Doctors) said kids under 2 years old should watch no TV and kids over 2 years old should only two hours a day. Now, they say the same for smartphones, tablets and game machines. Recently, research shows that 60% of kids under the age of 12 play on a *portable screen often, but 38 percent of them play very often. Gadgets are the most popular toys of young people. Actually the most wanted Christmas or birthday present now are smartphones.

Here are some of the problems for children who *abuse *electronic device. First, taking a tablet or smartphone to the dinner table, kids eat too quickly or too much because they are focused on the screen, not on the meal. Second, gadgets can affect a child's sleep. They are too excited thinking about their games and have trouble falling asleep. But the most serious problem for young people and sometimes adults too is *mental health.

Today it's impossible for parents to live with no technology. Just count how many devices you have in your home. So a serious problem is that ①children copy their parents. So if mother or father say "stop playing games," but they are using their smartphone it is *confusing for children. Parents and children need to communicate more and decide together how much time they use their mobile phones or other gadgets.

※語注　*gadgets：便利なもの　*mobile ≒ *portable：持ち運びできる　*abuse：を使いすぎる
*electronic device：電子機器　*mental：精神の　*confusing：まぎらわしい

(1)　話すよりも先にタブレットを使えるようになるアメリカの子供たちの割合はおよそいくらか。
(ア) 13%　(イ) 33%　(ウ) 38%　(エ) 60%

(2)　小児科医によると、1歳児が電子機器を使ってもよいのは一日につき最大でどのくらいまでか。
(ア) Half an hour　(イ) An hour　(ウ) Two hours　(エ) None of the others

(3)　頻繁にスマートフォンやタブレットを利用する小学生以下の子供はどのくらいか。
(ア) 1 out of 5　(イ) 2 out of 5　(ウ) 3 out of 5　(エ) 4 out of 5

(4)　ほとんどの子供たちがプレゼントに欲しがるものは何か。
(ア) A machine with a large screen broadcasting various programs
(イ) A mobile phone with highly advanced features　*advanced：進歩した　*feature：特性
(ウ) A computer designed for portability, usually small enough to rest on the user's lap
*portability：携帯性　*lap：ひざ
(エ) A small hand-held electronic device for reading books

(5)　電子機器の使用上の問題点として上記英文中で指摘されていないものはどれか。
(ア) They can keep children awake at night.　*awake：目が覚めて
(イ) They can have a bad influence on people's mind.
(ウ) They can badly affect eating habits of kids.
(エ) They can make young people's eyesight weaker.　*eyesight：視力

(6)　上記英文中で子供の親たちは何をするべきだと言われているか。
(ア) Living with no technology
(イ) Counting the number of devices they have
(ウ) Saying "stop playing games." to their kids
(エ) Talking about how to use gadgets with their children

(7)　下線部①とは具体的にどのようなことか。本文の内容をふまえて最も適切な選択肢を選べ。
(ア) Children tend to use devices too much if their parents do.　*tend：傾向がある
(イ) Children tend to get confused.　*get confused：混乱する
(ウ) Children tend to count the number of devices at home.
(エ) Children tend to look similar to their parents.

令和3年度　入学試験問題

至学館高等学校

理　科

(40分)

答えはすべて別紙の解答用紙に記入しなさい。

※100点満点　解答用紙・配点非公表

1　以下の文章を読み、設問に答えなさい。

光とは、空気・ガラス・水などの均一な物質中では(a.　まっすぐ　・　曲がって　)進むものである。この光を自ら出すものを(　b　)といい、我々の身近では(c.　太陽　・　月　)がそれにあたる。その光が物質の表面で反射して目に届くこともある。そのため、我々が光を感じる時は、光源から出た光がそのまま目に入る場合と、光源からの光が物体に反射して目に入る場合とがある。

さて、光源からの光が物体に反射する時、以下の図のような現象が発生する。この時、矢印の方向に光が進んでいるものとするとき、鏡に入ってくる光を(　d　)光といい、鏡で反射して出ていく光を(　e　)光という。また、ア鏡の面に垂直な直線と(d)光との角度を(d)角といい、鏡の面に垂直な直線と(e)光との角度を(e)角という。

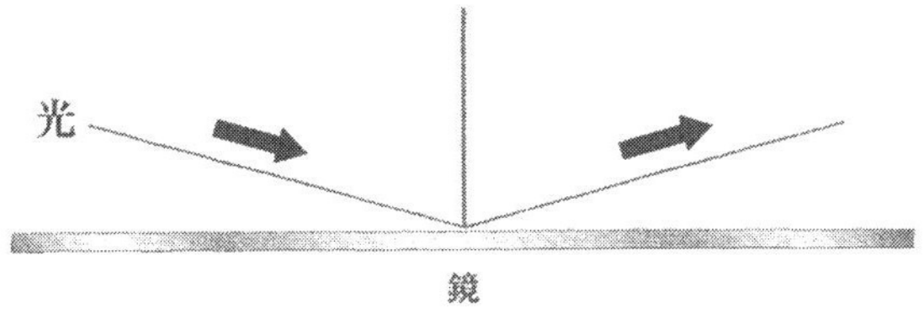

光は上記のようにはたらくので、例えば(b)が1つしか無いと照らされた物体は照らしている1か所しか見ることが出来ないはずである。しかし、実際には身の回りの物体の多くは、表面を拡大してみるとでこぼこしているため、物質に光が当たると色々な方向に反射する。この現象を(　f　)という。

また、光が空気から水のようにちがう種類の物質へ進むとき、その境界面で光が折れ曲がることを(　g　)という。その時の様子を示したのが、下の図である。イ光が空気と水との境界面に対して垂直な直線と(d)光との角度を(d)角といい、境界面に垂直な線と(g)光の角度を(g)角という。

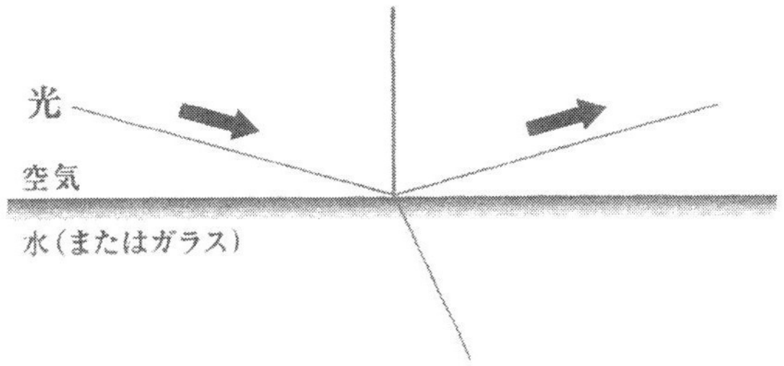

(1)　空欄に当てはまる語句を答えなさい。ただし、(　a　)と(　c　)は当てはまる語句をどちらか選び答えなさい。

(2)　下線部アについて、光が鏡で反射するときそれぞれの(　d　)角と(　e　)角との大小の関係性について等号または不等号を用いて答えなさい。

(3)　下線部イについて、下記の(i)(ii)の場合において、それぞれの角度の大小の関係性について等号または不等号を用いて答えなさい。

(i) 光が空気から水(またはガラス)に進むとき
(ii) 光が水(またはガラス)から空気に進むとき

2　下の図は生態系における炭素の循環を示したものである。以下の設問に答えなさい。

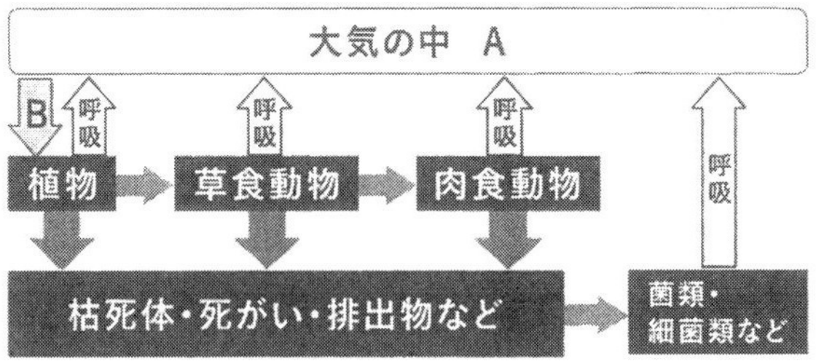

(1) Aに入る物質を化学式で書きなさい。

(2) 植物が行うはたらきBは何か。

(3) この図の生態系内の植物、菌類の役割を、解答欄に合うように、適切な漢字2文字をそれぞれ書きなさい。

(4) 次の文章の(①)、(②)に当てはまる語句を書きなさい。
ブラックバスなどの外国から持ちこまれた(①)種が、日本にもともといた(②)種をおびやかし、生態系をおびやかしている。

(5) 図の生態系で人為的に肉食動物を捕獲した場合、草食動物の個体数はどのように変化すると予想されるか。次の記号(ア)～(エ)より1つ選びなさい。

(ア) 増加しつづける。
(イ) 減少したあとに増加する。
(ウ) 増加したあとに減少する。
(エ) 変化しない。

3　以下の文章を読み設問に答えなさい。

金属は一般的に、電子を出して【1】イオンになろうとする傾向がある。なりやすさは金属によって異なる。そのことに関して以下のⅠ、Ⅱの実験を行った。

Ⅰ. うすい塩酸の入ったビーカーの中に亜鉛板と銅板を両方入れた。
すると【2　亜鉛板・銅板】だけから泡が発生した。この泡は【3】の気体である。
泡が発生した金属板を取り出し質量を測定すると、うすい塩酸の中に入れる前と比べて質量は【4　増加していた・変化していなかった・減少していた】。泡が発生していなかった金属板の質量は【5　増加していた・変化していなかった・減少していた】。

Ⅱ. 硝酸銀水溶液の入ったビーカーに銅板を入れた。数分後、銅板の表面には銀が付着した。

(1) 文章中の【1】～【5】に当てはまる適切な語句を書きなさい。
ただし、【2】と【4】と【5】は【　】内の適切な語句を選び解答欄に書きなさい。

(2) 文章中の下線部に関して、亜鉛、銅、銀をイオンになろうとする傾向の強い順に並べて、解答欄に合うように元素記号で書きなさい。

(3) Ⅰの実験の金属板どうしを導線でつなぐと電池になる。そのとき、－極で起こる化学反応を、イオン式を用いて解答欄に合うように書きなさい。イオン式では電子1個をe^-と示すこと。

令和3年度　入学試験問題

至学館高等学校

社 会 1　(40分)　答えはすべて別紙の解答用紙に記入しなさい。

※100点満点　解答用紙・配点非公表

1　次の年表を見て、以下の問いに答えなさい。

西暦	できごと
607年	あ倭国が中国の王朝に使節を派遣する
672年	い壬申の乱が起こる
710年	う律令国家の新たな都として、奈良の(　①　)に遷都される
797年	蝦夷征討のために、(　②　)が征夷大将軍に任命される
894年	これ以降、遣唐使の派遣が停止される
↕え	
1086年	(　③　)が皇位をゆずり、自らは上皇となり院政を始める

問1　年表中の空欄(　①　)～(　③　)に当てはまる適当な語句を、語群よりそれぞれ選び、記号で答えなさい。
①：(ア)　平安京　(イ)　藤原京　(ウ)　平城京
②：(ア)　坂上田村麻呂　(イ)　阿倍仲麻呂　(ウ)　阿倍比羅夫
③：(ア)　後白河天皇　(イ)　鳥羽天皇　(ウ)　白河天皇

問2　年表中の下線部あについて、この時の倭の王(天皇)からの国書には、次のように記されている。
「日出づる処の天子、書を日没する処の天子に致す。つつが無きや…(後略)」(書き下し)
*致す…送ります　*つつが無きや…お変わりありませんか
この時、倭国から派遣された外交使節は誰か答えなさい。

問3　年表中の下線部いについて、この出来事は、ある天皇の死後、弟の大海人皇子と、息子の大友皇子が皇位をめぐって争われたものである。「ある天皇」とは誰か答えなさい。

問4　年表中の下線部うについて、この頃成年男子を中心に税が課された。そのうち、地方の特産物を納める税を何というか答えなさい。

問5　年表中の下線部うについて、次の史料は奈良文化財研究所に所蔵されている木簡である。その木簡には、次のように記されていた。
「紀伊国《きいのくに》无《む》漏《ろ》郡《ぐん》進上《しんじょう》御《み》贄《にえ》磯鯛《いそだい》八升《はっしょう》」
*贄…食料品一般の貢納物
この史料が示す内容として正しいものを、次の(ア)～(エ)より1つ選び、記号で答えなさい。
(ア)　これは、紀伊国へ无漏郡が献上した磯鯛であることを示している。
(イ)　これは、紀伊国の无漏郡へ献上された磯鯛であることを示している。
(ウ)　これは、紀伊国の无漏郡から献上された磯鯛であることを示している。
(エ)　これは、紀伊国が无漏郡へ献上した磯鯛であることを示している。

問6　年表中のえの時期について、この期間に次の歌が詠まれた。
「この世をば　わが世とぞ思ふ　望月《もちづき》の　欠けたることも　なしと思へば」
*望月…満月のこと
この歌を詠んだ人物は誰か答えなさい。

問7　年表中のえの時期について、この期間に地方の政治は国司に任され、定められた額の税を朝廷に納めるだけでよくなった。国司のなかには、農民から税をしぼり取り、自分の収入を増やす者や、地方に住みついて勢力を伸ばす者も現れた。やがて、朝廷や国司は、中央の貴族や寺社の所有地を認めるようになった。この所有地を何というか答えなさい。

問8　年表中のえの時期について、この期間は社会が揺れ動き、人々の不安が高まった。この期間に浄土の教えを説く僧が現れた。この教えは多くの人々に受け入れられ、特に貴族の人々は、次の写真のような建物を建立した。次の写真はこの時期に建設された、代表的な建物である。この建物の名称は何か。下に示した空欄にあてはまる語句を**漢字3文字で**答えなさい。

写真：(　　　　)鳳凰堂

2　近世に関する以下の問いに答えなさい。

問1　鉄砲の伝来・キリスト教の伝来・南蛮貿易に関する説明として**誤っているものを**、次の(ア)～(エ)の中から1つ選び、記号で答えなさい。
(ア)　宣教師たちは、教会だけでなく、学校や病院、孤児院なども作り、日本の信者を増やした。
(イ)　日本に鉄砲が伝わると、合戦で足軽の鉄砲隊が活躍するようになり、城づくりも鉄砲に備えたものになった。
(ウ)　南蛮貿易では、中国産の生糸や絹織物を中心に、火薬やガラス製品などを日本にもたらした。
(エ)　イエズス会の宣教師フランシスコ＝ザビエルが日本に鉄砲を伝えた。

問2　豊臣秀吉の政策の内容として**誤っているものを**、次の(ア)～(エ)の中から1つ選び、記号で答えなさい。
(ア)　面積や体積を統一し、土地の生産量を石高で表した。名前と調査の結果を検地帳に記録した。
(イ)　百姓から刀や槍などの武器を取り上げることにより、武士と百姓の身分の移動をしやすくした。
(ウ)　キリスト教が全国統一の妨げになるとして、宣教師の国外追放を命じた。
(エ)　明やインドなどを征服する計画を立て、朝鮮に日本への服従と協力を求めた。

問3　幕藩体制に関する内容として正しいものを、次の(ア)～(エ)の中から1つ選び、記号で答えなさい。
(ア)　大名に対して、1年おきに江戸に滞在する参勤交代の制度が整えられた。江戸に滞在する費用は幕府による負担だった。
(イ)　幕府は、京都・大阪・奈良・長崎などの重要な都市を直接支配し、関所や宿駅を設けた。
(ウ)　幕府が、藩を含む日本全体の土地と民衆を支配する仕組みを幕藩体制とよんでいる。
(エ)　幕府は天皇と公家に対しても法度を定め、天皇の第一の仕事が学問であることを強調したが、政治の力は持たせた。

問4　江戸時代初期の対外関係の内容として**誤っているものを**、次の(ア)～(エ)の中から1つ選び、記号で答えなさい。
(ア)　徳川家康は、日本の商船に、海外へ渡ることを許可する朱印状を与えて、貿易を奨励した。
(イ)　江戸幕府は、1612年にキリスト教を禁じる禁教令を出し、宣教師を国外追放し、キリシタンを弾圧した。
(ウ)　「鎖国」という政策は、幕府が長崎での貿易と情報を独占する目的もあった。
(エ)　徳川家康は、1624年にスペイン船、1639年にポルトガル船の来航を禁止した。

問5　江戸時代の庶民の生活や身分についての内容として**誤っているものを**、次の(ア)～(エ)の中から1つ選び、記号で答えなさい。
(ア)　有力な本百姓の中から五人組を選出し、彼らを村役人として、年貢の納入や村の運営にあたらせた。
(イ)　村の人々の生活は自給自足に近く、肥料・燃料をとる林野や、農業用水は共同で利用し、田植えや祭りなども協力して行った。
(ウ)　えたの身分の人々には、死んだ牛馬を処理する権利を持ち、その皮革を加工する仕事や、履き物作りなどの仕事に従事する者もいた。
(エ)　町人の負担は百姓に比べて軽く、商売に成功して大きな富を蓄える者もいた。その家には奉公人や徒弟が年少の頃から住み込みで働き、将来の独立を目指した。

社　会　2

問6　江戸時代の産業や都市についての内容として正しいものを、次の(ア)～(エ)の中から1つ選び、記号で答えなさい。

(ア)　幕府は年貢の増収を図り、新田開発を進めた。新田開発における費用は全て幕府が出資し、年貢の増収に成功した。

(イ)　佐渡金山や石見銀山の鉱山の開発が進み、それらの鉱山都市で金貨・銀貨・銭貨をつくり、全国に流通させた。

(ウ)　水産業では、土佐(高知県)や紀伊(和歌山県)のかつお・くじら漁、九十九里浜(千葉県)での鮭・にしん漁などが盛んだった。

(エ)　金・銀・銭の貨幣を交換する両替商が現れ、江戸の三井や大阪の鴻池のように、財政の苦しい藩に金を貸しつける有力な商人も現れた。

問7　元禄文化について述べたものとして**誤っているものを**、次の(ア)～(エ)の中から1つ選び、記号で答えなさい。

(ア)　近松門左衛門は、人形浄瑠璃の脚本家として『曽根崎心中』などの作品で人々に感動を与えた。

(イ)　杉田玄白らは、オランダ語の人体解剖書を翻訳した『解体新書』を出版した。

(ウ)　尾形光琳は、『八橋蒔絵螺鈿硯箱』など、蒔絵に優美な装飾画を描いた。

(エ)　松尾芭蕉は、俳諧(俳句)を和歌と対等の芸術に高め、東北地方などの旅をもとに『おくのほそ道』を書いた。

問8　次の文章を読んで、文章中の空欄にあてはまる適当な語句を、次の(ア)～(エ)の中から1つ選び、記号で答えなさい。
江戸幕府6代・7代将軍の頃、儒学者の(　　)を重く用いた。彼は財政を立て直すために、貨幣の質を元に戻し、長崎での貿易を制限して、金・銀の海外流出をおさえた。

(ア)　新井白石　　(イ)　林羅山　　(ウ)　二宮尊徳　　(エ)　田沼意次

問9　寛政の改革について述べたものとして正しいものを、次の(ア)～(エ)の中から1つ選び、記号で答えなさい。

(ア)　諸産業の奨励を行ったが、特権や地位を求めるわいろが盛んになり、政治に対する批判が強まった。

(イ)　急増する訴えに対して、公事方御定書という法律を整え、裁判の基準とした。

(ウ)　江戸に出稼ぎに来ていた者を農村に帰し、凶作に備えて村ごとに米を蓄えさせた。

(エ)　旗本の大岡忠相を町奉行に取り立てるなど、有能な人材を登用した。

問10　19世紀前後になると、都市の文化は地方にも広まった。伊勢観光のための名所案内が刊行されたほか、郷土色の豊かな芸能や工芸品も成長した。この背景には人々の識字率の向上が必要となる。こうした文化の広まりを支えたものに、この頃、町や村に形成された、いわゆる「読み・書き・そろばん」を教授した民間教育施設を何というか答えなさい。

3　次の世界地図を見て、以下の問いに答えなさい。

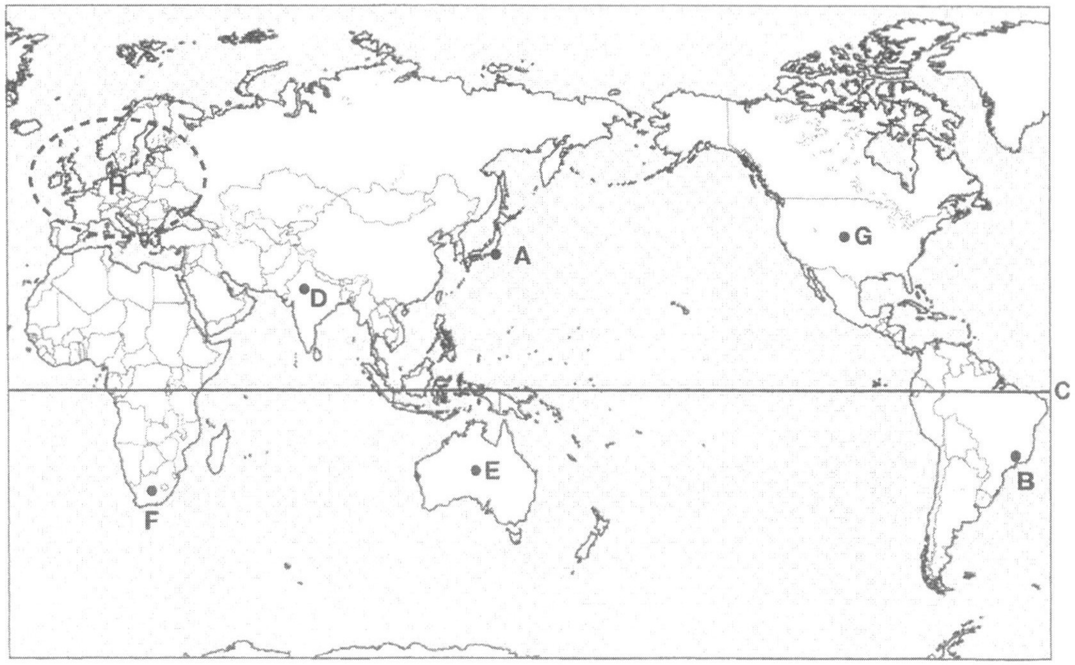

問1　世界の時刻は場所により異なる。その時刻の基準となるのが本初子午線(経度0度)だが、この線を通ると言われているイギリスの天文台(現在は史跡)の名前を答えなさい。

問2　地図中の**A**(日本)は東経135度の地点に、地図中の**B**(サンパウロ)は西経45度地点にある。
日本が8月26日午後1時の時、サンパウロは何月何日の何時か答えなさい。

問3　地図中の**C**の線は赤道を表している。次の(ア)～(エ)の雨温図から、この線に一番近い場所のものを1つ選び、記号で答えなさい。

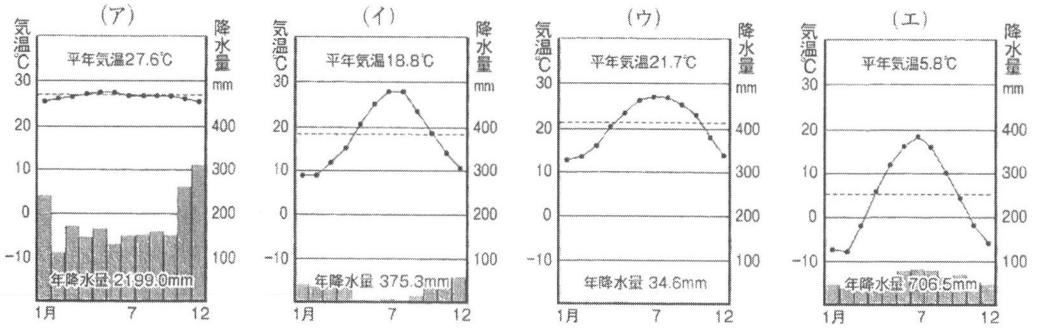

問4　地図中**D**の国について述べたものとして正しいものを、次の(ア)～(エ)の中から1つ選び、記号で答えなさい。

(ア)　この国の近年の産業の特徴として、情報通信技術産業の発展が挙げられる。理系の教育が重要視されており、能力が高い技術者が豊富なこと、英語を話す労働者が多いことなどが原因となっている。

(イ)　この国では、イタリアの植民地時代にはすでに綿工業や製鉄業など近代的な工業が始まっていた。

(ウ)　この国は、国連(国際連合)発足時にはまだ独立を果たしておらず、国連(国際連合)加盟国には入っていなかった。

(エ)　この国には、イスラム教と結びついた社会のしくみとして、カースト制という身分制度があった。現在はカーストによる差別は憲法で禁止されている。

問5　地図上の**E**の大陸に長い間狩猟や採集を行いながら暮らしていた先住民族を何というか答えなさい。

問6　地図上の**F**の国でかつて行われていた、狭くて条件の悪い土地に住まわせたり、過酷な労働につかせたりして、黒人の自由を奪う人種隔離政策をカタカナで何というか答えなさい。

問7　地図上の**G**の国には世界有数の先端技術産業が集まる地域がある。太平洋側、サンフランシスコの近郊にあるこの地域は何と呼ばれるか答えなさい。

問8　地図上の点線部**H**の地域の農業について、この地域で小麦の生産が盛んであり「EUの穀倉」とよばれる国として正しいものを、次の(ア)～(エ)の中から1つ選び、記号で答えなさい。

(ア)　イギリス　　(イ)　スペイン　　(ウ)　フランス　　(エ)　ベルギー

4　関東地方について、下の地図・文を見て以下の問いに答えなさい。

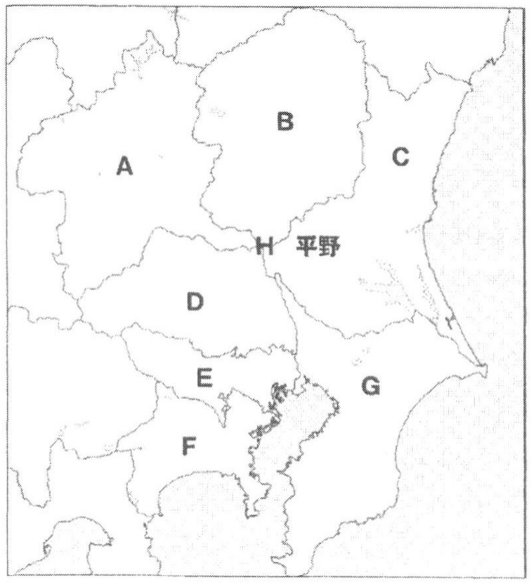

東京の都心には、国会議事堂など国の重要な機関が集中しており、日本の政治の中心となっている。また多くの企業も集まっており、日本の経済の中心でもある。東京が大都市へと発展するなかで、新宿、渋谷、池袋などの鉄道のターミナルが(①)として発達し、都心にあった機能の一部が(①)に移転するようになった。東京湾岸の埋め立て地では、1990年代後半からオフィスビルや高層マンションが建設されはじめ、臨海(①)での(②)が進められている。

第二次世界大戦後、東京への人口増加が進み、地価が高くなったため、多くの人は地価の安い郊外へ住宅を求めた。郊外の開発が進められた結果、東京への通勤圏は周囲の各県まで広がった。

社　会　3

問1　地図上のBの県の県庁所在地を答えなさい。

問2　地図上のHの平野の名前を答えなさい。

問3　文中の(①)・(②)に当てはまる語句をそれぞれ語群から1つずつ選び、記号で答えなさい。

①　(ア) 副都心　(イ) 地方都市　(ウ) 準都心　(エ) 大都心
②　(ア) 再開発　(イ) 再成長　(ウ) 未開発　(エ) 再完備

問4　貴重な生態系がみられることから世界遺産に認定されている小笠原諸島は地図中のA～Gのうち、どこに属するか記号で答えなさい。

問5　次の文は、地図中のA～Gのいずれかにある都市について説明したものである。該当する都市のある都道府県を地図中A～Gの中から1つ選び、記号で答えなさい。

この地では、羽田空港の施設が狭くなったこともあり、1978年に成田国際空港が整備された。日本有数の輸出・輸入額を誇る貿易港で貨物輸送の面でも重要な役割を果たしている。

問6　下のグラフは製造品出荷額の変化を表している。A～Cには下の(ア)～(ウ)のいずれかが当てはまるが、このうち、Cに当てはまるものを、次の(ア)～(ウ)の中から1つ選び、記号で答えなさい。

(ア) 北関東工業地域　(イ) 京葉工業地域　(ウ) 京浜工業地帯

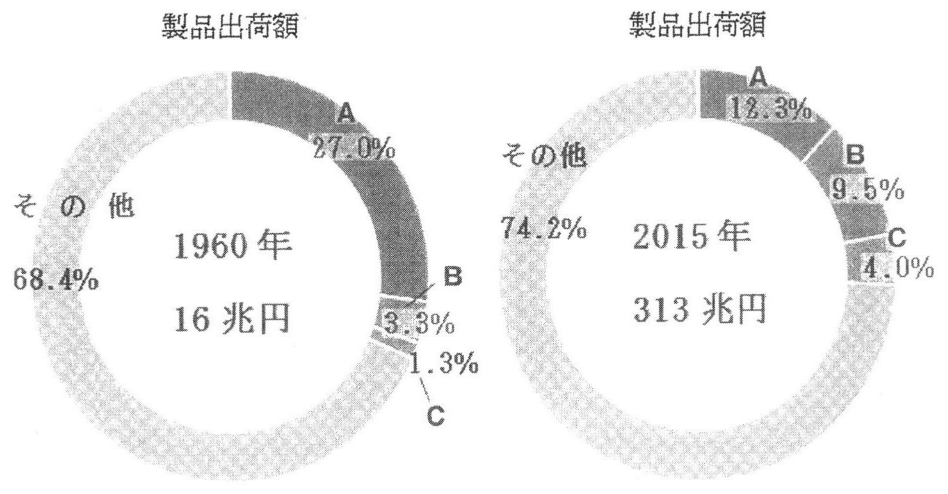

(『工業統計表』ほか)

5　次の文章を読み、以下の問いに答えなさい。

文化にはさまざまな意味がある。文化祭などで使われる文化には「教養」という意味が含まれたり、言葉やあいさつなど生活環境で身に付けた行動の仕方や価値観などそれらによって生み出されたものを意味することもある。文化の代表的な領域には、a科学、宗教、芸術などがある。 日本は古来より大陸文化の影響を受けながら、独自の文化を形成してきた。長い歴史の中で受け継がれてきた文化を【A】文化という。【A】文化の中には、能や歌舞伎といった一部の専門家によって受け継がれてきた文化と、広く庶民に受け継がれてきた衣食住、b年中行事、冠婚葬祭などの生活文化がある。しかし、今日では少子高齢化や過疎化によって、祭りなど【A】文化の存続が危ぶまれている地域もある。

問1　文中の【A】に当てはまる語句を漢字2文字で答えなさい。

問2　下線部aについて、世界で初めて人工多能性幹細胞(iPS細胞)の作製に成功し、2012年にノーベル生理学・医学賞を受賞した人を、次の(ア)～(エ)の中から1つ選び、記号で答えなさい。

(ア) 山海　嘉之　(イ) 山中　伸弥　(ウ) 吉野　彰　(エ) 佐藤　栄作

問3　下線部bについて、次の①・②の言葉について正しく説明している文章を1つずつ選び、記号で答えなさい。

①　端午の節句　②　花祭り(灌仏会)

(ア) 女子の健やかな成長を祈願するものである。
(イ) 春分の日と秋分の日の前後3日間に先祖を供養する仏教行事。
(ウ) 男子の健やかな成長を祈願するものである。
(エ) シャカの生誕を祝福する仏教行事。
(オ) 屋内の掃除をし、1年の厄をはらう。

問4　法隆寺金堂壁画の焼損をきっかけに制定された、国民の文化的向上と世界文化の進歩に貢献することを目的とした文化財の保護と活用について定めた法律を何というか答えなさい。

6　次の文章は社会の授業でアンケートを取り、印象に残っていることを聞いた内容です。
これを読み、以下の問いに答えなさい。

Aさん：印象に残ったのは、a憲法について学んだときです。b人権という考え方がどのように発展したのか、また、憲法の歴史についてに興味を持ちました。その中で、c今の憲法と昔の憲法の違いなどを学び、日本が何を大切にしているのかを知ることができました。日本国憲法ではd平和主義についても興味が湧きました。
Bさん：e国会についての授業が一番印象に残りました。よく祖父が政治の話をするのですが、正直内容が難しく何を言っているかわからないことも多くありました。政治の中心である国会やf内閣について学べたことで少しですが祖父が言っていることが分かるようになりました。
Cさん：授業中、クラスで行った模擬裁判が印象深いです。g裁判員制度という仕組みも知り、将来もし自分が選ばれたらと思うと本当にいい経験になったと思います。また、まだ日本ではh裁判を利用しづらいという現状も知りました。もっと気軽に裁判を利用できる世の中になればと思います。

問1　下線部aについて、次の文は日本国憲法第14条の条文である。空欄に当てはまる語句として正しい語句を答えなさい。
「すべて国民は、(　①　)に平等であつて、人種、(　②　)、性別、社会的身分又は門地により、政治的、経済的又は社会的関係において、差別されない。」

問2　下線部bについて、次のA～Dの言葉の成立年代について、古いものから順番に並び替えたものとして正しいものを、次の(ア)～(エ)の中から1つ選び、記号で答えなさい。

A 大日本帝国憲法　B 日本国憲法　C アメリカ独立宣言　D ワイマール憲法
(ア) A→B→C→D　(イ) A→C→D→B　(ウ) C→A→B→D　(エ) C→A→D→B

問3　下線部cについて述べた文として**誤っているもの**を、次の(ア)～(エ)の中から1つ選び、記号で答えなさい。

(ア) 大日本帝国憲法では主権者は天皇であり、日本国憲法では主権者は国民である。
(イ) 日本国憲法は国民が定めるため欽定憲法と呼び、大日本帝国憲法は君主が定めるため民定憲法と呼ばれる。
(ウ) 大日本帝国憲法下での人権は法律によって制限があるが、日本国憲法下では基本的人権の尊重として守られている。
(エ) 憲法を改正する際に国民投票が必要なのは日本国憲法である。

問4　次の下線部dと関連した文章として正しいものを、次の(ア)～(エ)の中から1つ選び、記号で答えなさい。

(ア) 憲法9条では、戦争を放棄し、交戦権を認めないが戦力は持ってもよいと規定されている。
(イ) 日本は防衛のために、アメリカ合衆国と日米修好通商条約を結んでいる。
(ウ) 日本では、1945年に広島と山口で原子爆弾を投下された経験から非核三原則を掲げている。
(エ) 自衛隊について、政府の見解では主権国家には自衛権があり、憲法は「自衛のための必要最小限度の実力」を持つことは禁止していないとしている。

問5　下線部eについて、国会の種類として衆議院解散後の総選挙の日から30日以内に召集されるものを何というか答えなさい。

問6　下線部fについて、内閣の仕事として**誤っているもの**を、次の(ア)～(エ)の中から1つ選び、記号で答えなさい。

(ア) 法律の執行　(イ) 政令の制定　(ウ) 天皇の国事行為に対する助言と承認　(エ) 条約の承認

問7　下線部gについて、次の文を読み、空欄に当てはまる正しい数字をそれぞれ答えなさい。
裁判員は満(　①　)歳以上の国民の中から、くじによって候補者が選ばれる。一つの事件の裁判を、原則として6人の裁判員と(　②　)人の裁判官が一緒に担当する。

問8　下線部hに関連して、次の(ア)～(ウ)の文章のうち検察官を説明しているものを1つ選び、記号で答えなさい。

(ア) 刑事事件で被疑者を被告人として裁判所へ起訴し、法廷では証拠に基づいて有罪を主張し、刑罰を求める。
(イ) 民事裁判や刑事裁判において、法律に基づいて判決を下す。中立の立場で公平に物事を見極めることが求められる。
(ウ) 民事裁判の原告や被告、刑事裁判の被告人の利益を守るために活動する。また、損害賠償請求や会社の倒産など法律に関する問題解決の手助けも行う。

令和2年度　入学試験問題

至学館高等学校

答えはすべて別紙の解答用紙に記入しなさい。

国語　一

（40分）

一　次の文章を読んで、後の問いに答えなさい。（句読点・記号は一字に含みます。）

「理科や数学を勉強することって、大人になってからも役に立つの？」

　子どものころ、そんなふうに両親に聞いたことはありませんか。あるいは子どもから、そう尋ねられたことはありませんか。

　こうした疑問を感じる子どもはいつの世にもいるようです。これは科目の好き嫌いによるところも大きいのでしょうが、確かに、理科や数学は社会人になったときに不要に思える場合もあるだけに、そんな疑問を持つのも当然かもしれません。

　理系志向の子どもなら、社会や国語がなぜ必要なのかと思うこともあるはずです。

　このいわば①時代を問わない普遍的な疑問に答えるために、まずは人類がどのように発展してきたのかを考えてみましょう。

　現在の社会の状態を良いと思うか、悪いと思うかについてはいろいろな見方ができるでしょうが、私は「社会は比較的良好に推移してきたし、[A]してきている」と子どもに教えたほうがよいと思います。

　もちろん、世界大戦もあったし、*ファシズムもありました。（ Ⅰ ）、総じて平等に権利を保障されて生きることができるような世の中になりました。人類は頑張って、社会を②そこまで持ってきたのです。

　興味深いことに、漢字の成り立ちを調べてみると、③人類の悲しい歴史が見て取れます。（ Ⅱ ）、「民」という漢字は奴隷《どれい》の目を突き刺した絵に由来しています。人間の目を突き刺して奴隷として使う。それが民を働かせることでした。

　また、「道」には「首」という漢字が入っています。「道」という漢字がつくられたころは、異民族の首を持って道を清めながら歩いたという説があります。「道」の成り立ちはそれに由来するという a カイシャクもあるくらいです。

　これらの漢字の成り立ちが物語るように、かつて人の生命は*殺戮《さつりく》という形で簡単に奪われました。そうしたことは二十世紀にもありましたが、生命はいま、④権利としてかなり安定しています。私たちの社会はいろいろありながらも、何とかここまで発展してきたのです。

　⑤それがなぜ可能だったのかというと、より良い社会をつくろうという人類の思いが脈々と継承されてきたからにほかなりません。たとえば、現在の社会が安定していることの大きな理由は、人間が安心・安全に生きられる理念が盛り込まれた近代的な憲法がつくられたからでしょう。（ Ⅲ ）、近代的な憲法ができた流れの中には人類のそれまでのすべての営みがある。そこには*デカルトもいるし、*ルソーもいるわけです。

　また、科学が発展し、私たちが豊かな暮らしを送れるようになった背景には、もちろん*エジソンなどの存在があります。エジソンは新しいことをたくさん発明しましたが、それらにはエジソン以前のさまざまな理論が応用されています。

　私たちの現在の生活は、エジソンはもちろん、電磁気の原理を発見した*ファラデーや、その他の多くの人に発見された理論が全部集まって成り立っているのです。

　⑥私たちの快適で幸福な生活は、理科や数学、社会、言語、芸術など人類がこれまでに学んできたものの総体でできています。

　それだけに、自分たちがなぜ現在のような生活を送れるのかを、しっかり理解しなければならないのです。

　学問全般について基礎的なことを体系的に学んでおけば、より多くの物事が理解できたり、対処できたりするようになります。

　たとえば、文系の人でも数学ができるようにしておくと、数学的な考え方で、より論理的に思考でき、対処できるようになるのです。

　同様に、理科で習う観察や「仮説を立てて実験して検証する」というプロセスも大事です。

　国内最大のコンビニエンスストアチェーンであるセブン-イレブン・ジャパンを傘下に置く、セブン&アイ・ホールディングス元会長の鈴木敏文さんは、「経営に当たっては、常に仮説、実験、検証、修正を繰り返している」と言っています。

「[B]を立てて、実験してみたら、こうなった。だから、こう[C]しよう」

「よくよく観察したら、こういうことがわかった」

　こんな理科的な思考法は、世の中の需要を感知して営業していくような、一見すると文系の領域のように思えるマーケティングなどの仕事においても必要とされるのです。

　ここで問題とされるのは、個別の知識があるかないかではありません。

　数学的な思考で論理的な考え方ができるか。あるいは理科的な実証主義で物事に対処できるか。⑦こうしたスタイルを貫けるかどうかは人生に大きな影響を与えます。

　それができないと、生活をするうえで重大な詐欺《さぎ》やだましに b 遭遇することもあります。言葉巧《たく》みに高額なものを売りつけられたり、c コンキョのない、とんでもない物に大金を払ってしまったりしたというケースはよく聞きます。

　人生には落とし穴がたくさんあるので、数学的・理科的な、（ Ⅳ ）科学的な思考ができるかできないかは、時として非常に重要な分かれ道になるということです。

　そんな科学的な思考力は、科学そのものを勉強して訓練しない限り、身につきません。のみならず、科学について勉強しなければ、*ガリレオ以降に発展した近代科学の実証主義のすごさをまったく財産にせずに生きていくことになります。

　科学的な思考ができる人かできない人か、この二つの人生は、まったく違うものになります。

　理科や数学を学ぶことを、理系に進むか、文系に行くかという単純な問題にすり替えてはいけません。

　国語だってそうです。思考力の深さは語彙の多さと直結しています。だから、言葉や漢字を覚えることが必要なのです。漢字など書けなくてもいいじゃないかということはまさに論外。難しい言葉は頭の中で漢字に d ヘンカンできなければ理解できないからです。

　それだけに、理系の人たちにも国語力が必要です。むしろ国語力がないと、議論や論文を論理的に展開できないでしょう。それは致命的です。

　以上のように、すべての科目を学ぶ基礎には思考力を養うという共通点があります。頭をより高度に働かせようと思ったら、すべてが必要ということです。

　人類が築いてきた遺産をがっちりと受け止めて、次の世代に e 継承していく。社会を発展的に再生産するという観点からも、

※100点満点　解答用紙・配点非公表

国語 二

私たちはすべての科目を学ぶことが必要なのです。その意味で、⑧早くから科目を限定して学ぶことには弊害《へいがい》すらあると言ってよいでしょう。

※語注　＊ファシズム…ここでは、一党独裁による専制主義をとり、指導者に対する絶対の服従と反対者に対する過酷な弾圧が行われたこと。
＊デカルト（一五九六～一六五〇）…フランスの哲学者。　＊ルソー（一七一二～一七七八）…フランスの思想家。
＊殺戮…残忍な方法で多くの人を殺すこと。
＊エジソン（一八四七～一九三一）…アメリカの発明家。　＊ファラデー（一七九一～一八六七）…イギリスの化学者・物理学者。
＊ガリレオ（一五六四～一六四二）…イタリアの物理学者、天文学者。地動説を唱えた。

（齋藤孝『人はなぜ学ばなければならないのか』）

問一　══ a～eのカタカナは漢字を、漢字は読みを答えなさい。

問二　［A］～［C］の空欄に当てはまる適切な語を本文中から見つけ、答えなさい。

問三　（Ⅰ）～（Ⅳ）の空欄に当てはまる最も適当な語を次から選び、記号で答えなさい。
(ア) そして　(イ) いわば　(ウ) しかし　(エ) また　(オ) たとえば

問四　――①「時代を問わない普遍的な疑問」とはどのような疑問か、「不要」という言葉を使い、説明しなさい。

問五　――②「そこ」が指す内容を二十六字で抜き出し、最初と最後の五字をそれぞれ答えなさい。

問六　――③「人類の悲しい歴史」とは具体的にどのような歴史なのか、解答欄に合うように二十字以内で抜き出しなさい。

問七　――④「権利」の対義語を答えなさい。

問八　――⑤「それがなぜ可能だったのか」とあるが、
一、「それ」の指示内容を次から選び記号で答えなさい。
(ア) 人間が安心・安全に暮らせられる理念が盛り込まれた憲法がつくられたこと。
(イ) 人間が安心・安全に生きられる理念が盛り込まれた条例がつくられたこと。
(ウ) 人の生命が権利として安定した一方で、社会はいろいろあったこと。
(エ) 人の生命が権利として保障され、社会が発展してきたこと。
二、答えに当たる適切な箇所を本文中から見つけ、最初と最後の五字をそれぞれ答えなさい。

問九　――⑥「私たちの快適で幸福な生活」とは、何に支えられているか、二十字以内で抜き出しなさい。

問十　――⑦「こうしたスタイル」を私たちは日常生活の中で行っていることがある。その具体例として適切なものを、次から二つ選び、記号で答えなさい。
(ア) 選択肢問題を直感で答える。
(イ) 当選することを期待し、以前一等が当たった売り場で宝くじを買う。
(ウ) 待ち合わせに間に合うように、電車の時間を調べたが、遅刻した。
(エ) 初夢で縁起物を見たので、今年は良い年になると考える。
(オ) 蕎麦が食べたくなったので、長野旅行の計画を立てる。
(カ) バレンタインのためにチョコレートを試作し、失敗した。

問十一　――⑧「早くから科目を限定して学ぶことは弊害すらあると言ってよいでしょう」とあるが、その理由として最も適切なものを次から選び、記号で答えなさい。
(ア) 将来進むべき道に文系・理系科目のどちらが必要かすぐには決められないから。
(イ) 詐欺やだましに遭遇しないようにするためには、さまざまな知識が必要となるから。
(ウ) 思考力を養い、過去の遺産を受け止め、次世代に継承していく必要があるから。
(エ) 思考力を深め、議論を論理的に展開することは、マーケティングの仕事において必要となるから。

問十二　「理科や数学を学ぶこと」・「国語だってそうです」のように、様々な科目を学ぶことで身につけることができるものは何か、答えなさい。

問十三　次の文章は、先生と三人の生徒が本文を読んだ後に話している場面である。本文の内容をふまえて、空欄（A）～（F）に当てはまる適語を本文中から抜き出しなさい。

先生　筆者は「普遍的な疑問に答えるためには、人類の歴史を知る必要がある」と言っていましたね。
Aくん　でもニュースとかを見てても、あんまり進歩してる気はしないけどなぁ。
Bさん　考えたことはなかったけど、今の暮らしみたいに（Ａ）に権利を保障された生活が送れているのは、昔と比べると大きな進歩じゃないかな。
Cくん　「道」の成り立ちには驚いたな。ぼくらの命が殺戮によって簡単に奪われていたと考えると、確かにそうかもしれないね。
先生　では、その時代と大きく変わったことは何だと思いますか。
Aくん　…（Ｂ）の成立と（Ｃ）の発展？
先生　そうだね。筆者はそれを「安心・安全に生きられる理念の詰まったもの」や、ジャンルを問わず「多くの人に発見された理論の集合体」と呼んでいたね。ここで大事なことは、僕らの生活を支えているもの・進歩させてきたものには文系や（Ｄ）は関係ないということ。つまり、生きていく上では文理のどちらにも頼っているということです。そうなると、偏った知識だけでは人生の落とし穴にはまりやすくなってしまいますね。
Bさん　そうならないためには、文系の人でも数学的な考え方とか理科的な探究心が必要ってことだね。
先生　その通り。そして、その思考や研究には、国語力が必須ですね。
Cくん　こうやって考えると、学問ってお互いが支え合うように成り立ってるんだね。
先生　さて、では私たちは昔の人たちが築き上げた暮らしを壊さないためにも、その（Ｅ）を守って、次の世代に（Ｆ）していかなければならないですね。だから、明日からは好き嫌いせずに、どの授業にも集中して取り組んでくださいね。

国語 三

二 次の文章を読んで、後の問いに答えなさい。（本文の ……部の左側は現代語訳です。）

これも今は昔、ある僧、人のもとへ行きけり。①酒など勧めけるに、＊氷魚《ひを》はじめて出で来たりければ、②あるじ珍しく思ひて、aもてなしけり。あるじ用の事ありて、内へ入りて、また出でたりけるに、この氷魚の殊の外《思いのほか》に少なくなりたりければ、あるじ、いかに《どうしてか》と思へども、③いふべきやうもなかりければ、物語しゐたりける程に、この僧の鼻より氷魚の一つふと出でたりければ、あるじ④あやしう覚えて、「⑤その鼻より氷魚の出でたるは、いかなることにか」といひければ、b取りもあへず、「⑥このごろの氷魚は目鼻より降り候ふなるぞ」といひたりければ、⑦人皆、「は」と笑ひけり。

（『宇治拾遺物語』）

＊氷魚…アユの稚魚。

問一 ——a「もてなしけり」、b「取りもあへず」の意味として、最も適切なものを次から選び、記号で答えなさい。

a：(ア) 取り計らった　(イ) 立ち回った　(ウ) もてはやした　(エ) ごちそうした

b：(ア) すぐさま　(イ) よく考えてから　(ウ) 何も考えずに　(エ) ゆっくりと

問二 ——①「酒など勧めける」とは、誰が誰に「勧め」たのか、答えなさい。

問三 ——②「あるじ珍しく思ひて」とあるが、何を「珍し」いと思ったのか、次の文章の空欄に当てはまる適切な語を、次から選び、記号で答えなさい。

□氷魚が出てきたこと。

(ア) げんをかつぐ　(イ) 好物の　(ウ) 初物の　(エ) 立派な

問四 ——③「いふべきやうもなかりければ」は、「口にすべきことでもなかったので」の意味だが、「あるじ」のどのような気持ちを表しているか、適当なものを次から選び、記号で答えなさい。

(ア) とがめたり、問いただしたりすることもできず、間の悪さに当惑している。

(イ) 好物を食べられてしまって、情けなく悔しく思っている。

(ウ) ひどいことをする人だと思い、僧を軽蔑している。

(エ) 僧が思った通りのことをしたと思い、冷静に見ている。

問五 ——④「あやしう覚えて」とあるが、どのようなことに対して「あやし」と思ったのか、本文中より抜き出しなさい。

問六 ——⑤「その鼻より氷魚の出でたるは、いかなることにか」と発言したのは誰か、答えなさい。

問七 ——⑥「このごろの氷魚は目鼻より降り候ふなるぞ」の中には、掛詞（一つの言葉に二つの意味を持たせること）が使われている。それについて説明した次の文章の空欄に当てはまる適切な語を、次から選び記号で答えなさい。

氷魚と A をかけて、「（氷魚が）目鼻から B 」と言った。

(ア) 俵《ひょう》　(イ) 雹《ひょう》　(ウ) 香料《こうりょう》　(エ) 降《ふ》る　(オ) 振《ふ》る　(カ) 古《ふ》る

問八 ——⑦「人皆、「は」と笑ひけり」の理由として最も適当なものを次から選び、記号で答えなさい。

(ア) 追及に対し、支離滅裂な答えしかできなかった僧を見下しているから。

(イ) 氷魚を一人で食べた僧が怒られている姿を見て、面白がっているから。

(ウ) 掛詞を用いて、あるじを言い負かせたのが痛快だったから。

(エ) 最後に僧の言ったダジャレが滑稽だったから。

三 次の言葉の意味として、適当なものを次から選び、記号で答えなさい。

A漂泊　B模倣　C虚構　D衝動　E誤解

《語群》

(ア) ありふれていてつまらないこと　(イ) すでにあるものを真似すること　(ウ) 華やかで美しいこと

(エ) 間違って思い込むこと　(オ) 突き動かすこと　(カ) さまよい歩くこと

(キ) はっきりわからないこと　(ク) 実際にはない作り上げたもの

四 次の作品の作者名を次から選び、記号で答えなさい。

A『雪国』　B『羅生門』　C『たけくらべ』　D『蹴りたい背中』　E『海辺のカフカ』

(ア) 夏目漱石　(イ) 綿矢りさ　(ウ) 川端康成　(エ) 太宰治　(オ) 村上春樹

(カ) 芥川龍之介　(キ) 村上龍　(ク) 樋口一葉　(ケ) 川上弘美　(コ) 小川洋子

令和2年度　入学試験問題

至学館高等学校

数　学　1

答えはすべて別紙の解答用紙に記入しなさい。
分数で答えるときは、それ以上約分できない分数で答えなさい。
また答えに$\sqrt{\ }$を含む場合は$\sqrt{\ }$の中は最も小さな自然数になる形で答えなさい。

※100点満点　解答用紙・配点非公表

(40分)

1　次の式を計算しなさい。

(1)　$(\sqrt{3}-\sqrt{2})\left(\dfrac{1}{\sqrt{2}}+\dfrac{1}{\sqrt{3}}\right)$

(2)　$\dfrac{2}{5}+\dfrac{4}{5}\times\dfrac{2}{3}-\dfrac{2^2}{3}$

(3)　$\dfrac{3}{2}(x+2)-\dfrac{2x-3}{3}-4$

(4)　$2.7^2+2\times2.7\times7.3+7.3^2$

2　次の問いに答えなさい。

(1)　$4x^2-36y^2$を因数分解しなさい。

(2)　2次方程式 $\dfrac{x^2}{4}-\dfrac{x^2+2x}{5}=1$ を解きなさい。

(3)　連立方程式$\begin{cases} 2x-3y=14 \\ 5x+4y=12 \end{cases}$ を解きなさい。

(4)　$x=2+\sqrt{3}$, $y=2-\sqrt{3}$ のとき、x^3y-xy^3 の値を求めなさい。

(5)　$\sqrt{\dfrac{420}{n}}$ が整数となるような自然数nの最小値を求めなさい。

3　右の表は5人の小テストの結果を表にまとめたものである。
5人の平均点が8.2点のとき、E君の点数xの値を求めなさい。

名前	A	B	C	D	E
点数	10	9	6	7	x

4　右のヒストグラムはある部活の部員20人の身長を測定し、まとめたものである。このヒストグラムから、例えば、150cm以上160cm未満の人は2人いたことが分かる。身長が170cm以上の部員は全体の何%にあたるか求めなさい。

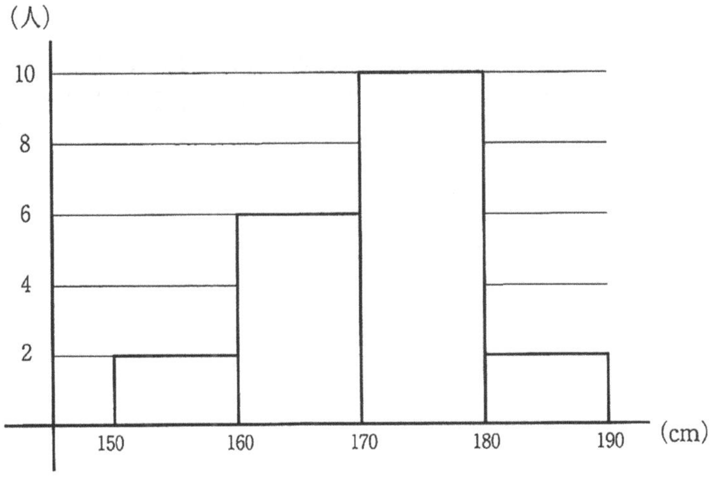

数　学　2

5　赤色の球が1つ、青色の球が1つ、白色の球が1つ、合計3つの球が入った袋が3つある。
それぞれの袋から1つずつ球を取り出すとき、以下の確率を求めなさい。
ただし、どの球を取り出すことも同様に確からしいものとする。

(1) 取り出した球の色がすべて同じ色となる確率

(2) 取り出した球の色が2色以上出る確率

6　1,2,4,7,11,16,22,………
上記の数字の並びは、ある規則に従って数が並んでいる。左から数えてn番目の数字を$S(n)$とする。
例えば、$S(4)=7$,$S(5)=11$である。ただし、nは自然数とする。

(1) $S(10)$を求めなさい。

(2) $S(n)=211$になるとき、nの値を求めなさい。

7　直線ℓと放物線$y=\frac{1}{2}x^2$がある。原点をO、直線と放物線の2つの交点をそれぞれA,Bとし、線分AB上に点Pがあるとする。
点Aのx座標が-2、点Bのx座標が4のとき、以下の問いに答えなさい。

(1) 直線ℓの方程式を求めなさい。

(2) △APOと△BPOの面積比が5:1となるような点Pの座標を求めなさい。

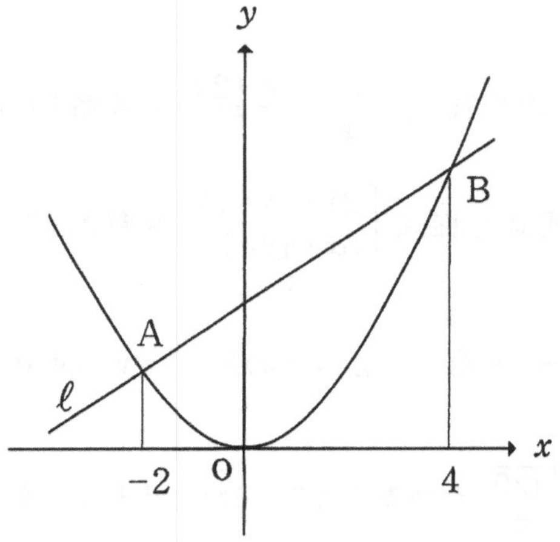

8　(1)　以下の図の∠xの大きさを求めなさい。

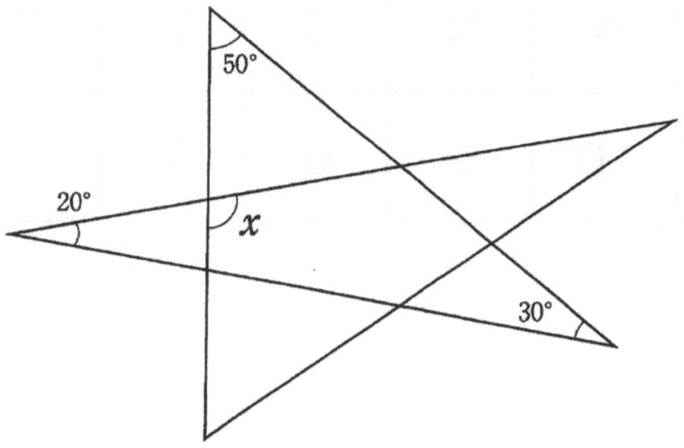

(2)　以下の図の∠xの大きさを求めなさい。ただし、点Oは円の中心である。

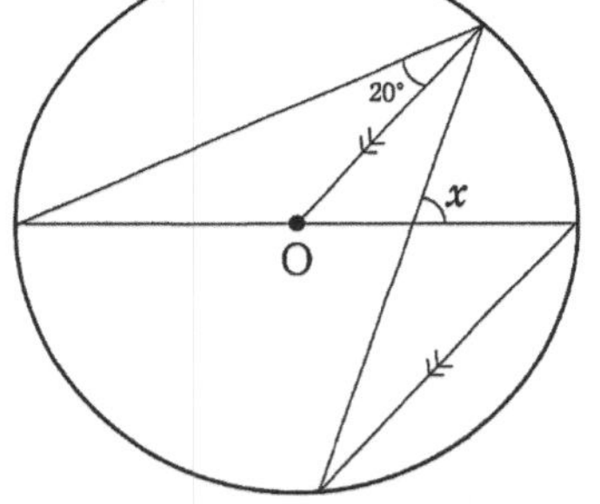

9　下の図は長方形ABCDである。点Eは辺BC上の点で、BE:EC=2:1であり、点Fは辺CD上の点でCF=FDである。線分ACと線分EFとの交点をPとするとき、AP:PCを求めなさい。

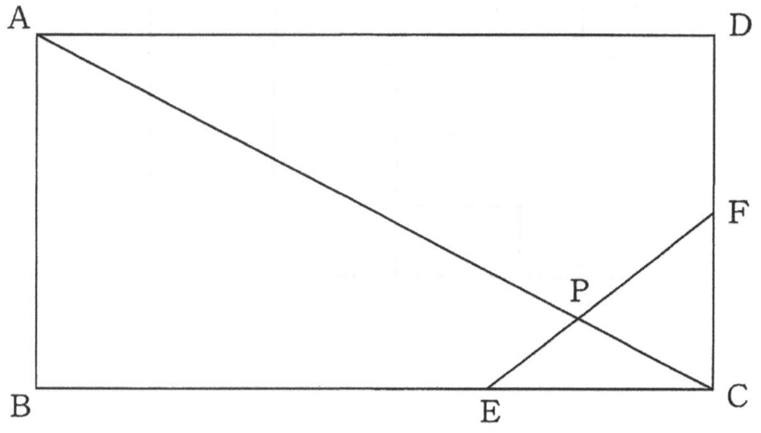

令和2年度　入学試験問題

至学館高等学校

英　語　1

答えはすべて別紙の解答用紙に記入しなさい。

※100点満点　解答用紙・配点非公表

(40分)

1 以下の英単語のクロスワードパズルには一マスにつき一つのアルファベットが当てはまる。カギの英文を頼りに、縦の1～6、横のア～ウに当てはまる英単語を答えなさい。

英単語のクロスワードパズル

※語注　*arithmetic：算数　*liquid：液体
*chew：かむ　*weather forecast：天気予報

縦のカギ

縦1：a drop of salty liquid that comes out of your eyes when you are sad or happy

縦2：the act of doing something repeatedly to improve your skill

縦3：a place where children are taught subjects like math, science, history and so on

縦4：to put food in your mouth and chew and swallow it

縦5：a large important town in which many people live

横のカギ

横ア：a group of valuable things such as gold, silver, jewels and so on

横イ：an electronic device which you can use to listen to music, news, road information, weather forecasts and so on

横ウ：the system by which money, goods, and products in a country are produced and used

2 以下の英単語はとある共通点をもつグループごとに分類されている。例を参考に各グループの共通点を考えて、(A)～(D) に入る語として最も適切なものを選択肢より選び、記号で答えなさい。

例1：目的語を2つ取ることができる動詞のグループ	例2：複数形を持たない名詞のグループ
teach	sheep
send	police
lend	water
bring	furniture
buy	news

グループA	グループB	グループC	グループD
often	give	easy	water
early	break	happy	book
yesterday	choose	heavy	visit
there	know	clever	smoke
(A)	(B)	(C)	(D)

選択肢

(ア) clear　(イ) careful　(ウ) learn　(エ) go
(オ) those　(カ) apple　(キ) watch　(ク) home

3 以下のそれぞれの英文の下線部には文法的に適切でない部分がある。文法的に誤っている箇所の番号を選んで答えなさい。

1. I ①looked forward to ②today's party. ③But she didn't ④come.
2. A strange man ①said to me, "②Do you go to ③school by ④a train?"
3. If it ①rains tomorrow, I ②am going to stay home and ③read some ④books.
4. Ken and I ①know ②the old man ③to sit on ④a bench in the park.
5. There ①were ②a lot of ③jewels in the showcase, but she ④hadn't any money.

4 以下の1～5の英文の (　) に入る語句として最も適切なものを選択肢より選び、記号で答えなさい。

1. A：Nice meeting you.
   B：(　　).
   (ア) Me too　(イ) You too　(ウ) No thanks　(エ) I am

2. A：Are you from around here?
   B：No. I (　　) a friend.
   (ア) visit　(イ) am visited　(ウ) am visiting　(エ) was visiting

3. It's (　　) cold this morning.
   (ア) often　(イ) great　(ウ) pretty　(エ) special

4. The ramen dining (　　) yesterday.
   (ア) closed　(イ) has closed
   (ウ) was closing　(エ) was closed

5. I like salty and spicy food, so I won't eat cookies (　　) chocolates.
   (ア) and　(イ) or　(ウ) but　(エ) either

英　語　2

5 以下の英文が文法的に正しく、意味が通るように（　　）内の語を並び替えたとき、2番目と5番目にくる語を記号で答えなさい。

1. This is the (ア. seen / イ. question / ウ. ever / エ. have / オ. I / カ. easiest).
2. He (ア. stopped / イ. suddenly / ウ. the / エ. see / オ. beautiful / カ. to) sky.
3. My (ア. wanted / イ. to / ウ. mother / エ. enter / オ. me / カ. not) that school.
4. The book (ア. difficult / イ. by / ウ. for / エ. written / オ. Osamu / カ. is) students.
5. Please tell (ア. I / イ. take / ウ. bus / エ. me / オ. should / カ. which) ?

6 新学期の身体測定が行われ、P、Q、R、S、Tの5人が参加した。次のことがわかっているとき、続く問いに記号で答えなさい。

・The average height of these students is 170cm.
・Q is 8cm smaller than R and 4cm taller than T.
・S is 16cm smaller than R.
・P is 18cm taller than T.

1. What is the height difference between P and R?
（ア） 4cm　（イ） 6cm　（ウ） 8cm　（エ） 10cm　（オ） 12cm　（カ） 14cm　（キ） 16cm

2. Choose two correct sentences below.
（ア） The tallest student is P.
（イ） The smallest student is T.
（ウ） The difference between the tallest and the smallest is 24cm.
（エ） Q is taller than average.
（オ） S is 156 centimeters tall.
（カ） R is 176 centimeters tall.

7 以下の英文を読み、続く問いに答えなさい。

Giovanni Maria Farina started a new life in Cologne, Germany. The climate in that town was cold and very different from his old home. There wasn't any place to smell the ① scent of his favorite plants. Because of his strong feelings of homesickness, he took to developing miracle water which had his favorite scent, the smell of his homeland, Italy.

In 1708, he wrote to his brother Jean Baptiste (which was probably everyone's name at that time) about his water: "I have found a fragrance that makes me remember an Italian spring morning, mountain flowers and orange blossoms after the rain." Farina was an inventor, and also a poet. He named the miracle water after his new hometown, Cologne. In a base of 70 to 90 percent alcohol, it had essential oils from citruses such as lemon, grapefruit, lime, bergamot, (　②　) and so on. He also used oils made from flowers like lavender, thyme, rosemary, and jasmine, and even from tobacco. In 1709, he founded his own company to sell this miracle water.

His invention became very popular among people in high society. In the 18th century, they didn't often take a bath, so they needed something to mask the smell of their body. It was said that the cost of a bottle of cologne could *feed an average person for more than half a year. It was difficult for most people to buy. Today, however, Eau de Cologne or "cologne" has become (　③　) for a lot of people. Many types of companies like clothing brands, pharmacies, and even auto manufacturers sell their own fragrances and we can easily enjoy various scents of them. What kinds of scents do you like?

※語注 *feed：…を養う　*inventor：発明　*poet：詩人　*essential oil：精油
*auto manufacturers：自動車会社　*pharmacies：薬局

1. 下線部①とほぼ同じ意味の英単語を以下の選択肢より選んで記号で答えなさい。
（ア） beauty （イ） view （ウ） warmness （エ） smell

2. (　②　) に入る語として適切なものを、本文中より探して一語で答えなさい。

3. (　③　)に入る語として最も適切なものを選択肢より選び、記号で答えなさい。
（ア） common （イ） enjoyable （ウ） special （エ） important

4. Which of the following is true about the passage?
（ア） The climate of his town was too cold for him.
（イ） The mood of his town was almost the same as his hometown.
（ウ） Farina was born in a town in Germany.
（エ） Farina missed the scent of natural things in Italy.

5. Which of the following is true about the passage?
（ア） People often heard the name Baptiste at that time.
（イ） Farina was the first person to make flower fragrances.
（ウ） Farina used common things in Germany to make his miracle water.
（エ） The name of his miracle water came from his new town in Italy.

6. Which of the following is true about most people in 18th century?
（ア） They couldn't get cologne at a low price.
（イ） They disliked taking a bath and didn't care about their smell.
（ウ） They wanted cologne to cover the smell of their body.
（エ） They had many choices of scents which they could use easily.

7. Which one is the best for the title of this passage?
（ア） The history of miracle water.
（イ） The citruses and flowers in Cologne.
（ウ） The story of Giovanni's lifework.
（エ） The best way to keep us smelling good.

理　科　1

答えはすべて別紙の解答用紙に記入しなさい。

(40分)　　　　※100点満点　解答用紙・配点非公表

[1] 次の文章について、あとの問いに答えなさい。

日本には四季が存在する。それには$_{a}$気団や北半球では冬に発達する(1)風が関係している。近年では、地球規模の気候変動により季節ごとの災害も被害が増大している。令和元年は台風被害が大きな問題となった。このような台風は、主に(2)で発生した(3)帯(4)気圧の中でも風速が高く、厚い雲を生じ大雨を降らせる。この中心には、台風の(5)と呼ばれる雲がほとんどない部分が存在する。日本では、この他にも天候が不安定となり雨が続く気候が発生する。6月頃に起こるものを$_{b}$(6)といい、10月頃に起こるものを(7)という。

(1) 空欄に当てはまる語の組合せとして適切なものを選び記号で答えなさい 。

	1	2	3	4	5	6	7
(ア)	季節	北太平洋	温	低	鼻	秋雨	梅雨
(イ)	偏西	南太平洋	温	高	鼻	梅雨	秋雨
(ウ)	偏西	北太平洋	熱	低	目	梅雨	秋雨
(エ)	季節	南太平洋	熱	高	目	秋雨	梅雨

(2) 下線部 a について、下の日本周辺の4つの気団の名称に対する説明文を下の（ア）～（エ）から選び記号で答えなさい。

名　称　①オホーツク海気団　②シベリア気団　③揚子江気団　④小笠原気団

説明文　(ア) 夏に発達する気団で、気温が高く、湿っている。
(イ) 梅雨や秋雨の頃に発達する気団で、気温が低く、湿っている。
(ウ) 冬に発達する気団で、気温が低く、乾燥している。
(エ) 春や秋に発達する気団で、気温が高く、乾燥している。

(3) 右図は気象庁が発表している、2019年10月9日15時の天気図である。これについて、以下の各問いに答えなさい。

(ⅰ) 図中ア～ウで、一番強い風がふいている地点を答えなさい。

(ⅱ) 図中ア～ウで、一番降水量が多い地点を答えなさい。

(ⅲ) 図中エでの気圧を答えなさい。

(ⅳ) 台風19号はこの後、図中オの地点まで速度を変えず一直線に通過したとする。台風19号がオを通過する日時を求め解答欄に合うように答えなさい。
ただし、この時点での台風と図中オの地点の距離は300kmとする。

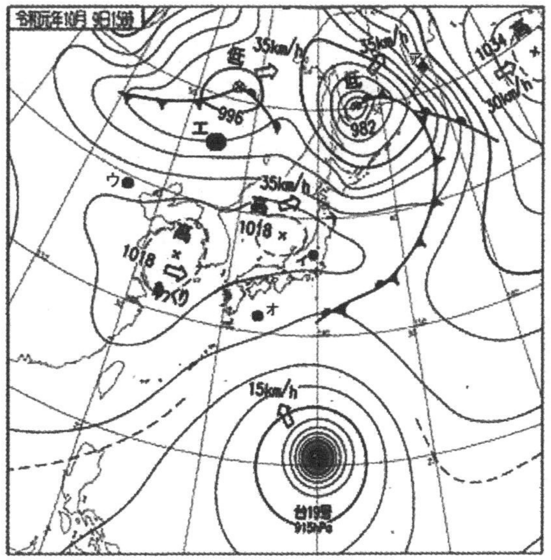

[2] Aくんは、ペットであるネズミが液体の上に立っているように見える写真を撮影しようとした。
大きな容器に液体を満たし、そこに重さ100gで体積が$200cm^3$の透明な物体Xを浮かべた。その物体の上にネズミをのせて、ネズミが液体の上に立っているように見える状態を作ろうとして、実験を行った。
実験は以下の図のように行った。あとの問いに答えなさい。

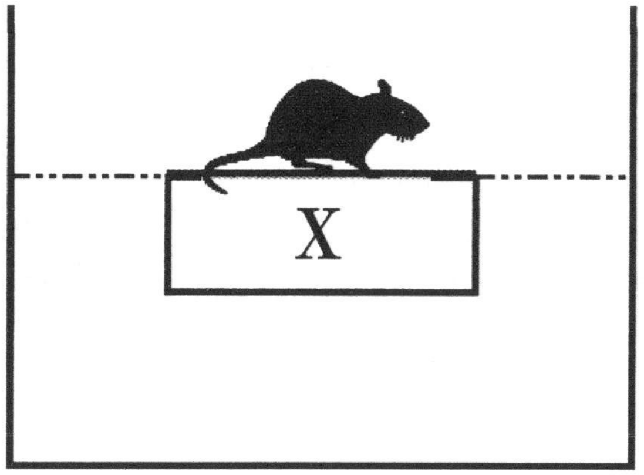

(1) 容器に水を満たした場合、物体Xの上には何グラムのネズミをのせることが出来るか答えなさい。
水の密度は1.0g/㎤とする。

(2) 容器に油を満たした場合、物体Xの上には何グラムのネズミをのせることが出来るか答えなさい。
油の密度は0.8g/㎤とする。

(3) Aくんが実際に飼育しているネズミの体重は150gである。このネズミを物体Xの上に立たせて液体の上に立って見えるようにするために必要な浮力を作り出す液体の密度の最小値を求めなさい。

(4) Aくんの自宅には液体は水しか存在しない。そのため、Aくんは天井からばねばかりを伸ばし、飼育しているネズミ(150g)を吊るし、物体Xの上にのせることにした。それによって、水の上で浮いているように見える写真を撮ることができた。この時、ばねばかりがネズミを引っ張る力は何N以上となるか、最小値を答えなさい。

理　科　2

3　実験のために次の水溶液を準備した。あとの問いに答えなさい。

(ア)水酸化ナトリウム水溶液	(イ)うすい硫酸	(ウ)水酸化バリウム水溶液
(エ)うすい塩酸	(オ)アンモニア水	(カ)食酢

(1)(ア)～(カ)のうち、2つを混ぜ合わせた。その水溶液を蒸発皿に取り、水を蒸発させたときに食塩が得られる組み合わせはどれとどれか。記号で答えなさい。

(2)BTB溶液を加えると黄色になるものを(ア)～(カ)の中からすべて答えなさい。

(3)(ア)～(カ)のうち、2つを混ぜ合わせると、白色沈殿が生じる組み合わせはどれとどれか。記号で答えなさい。

(4)右のような装置を組み立て、塩化ナトリウム水溶液でしめらせたリトマス紙の上に塩酸を染み込ませた糸を中央においた。下の①と②の問いに答えなさい。

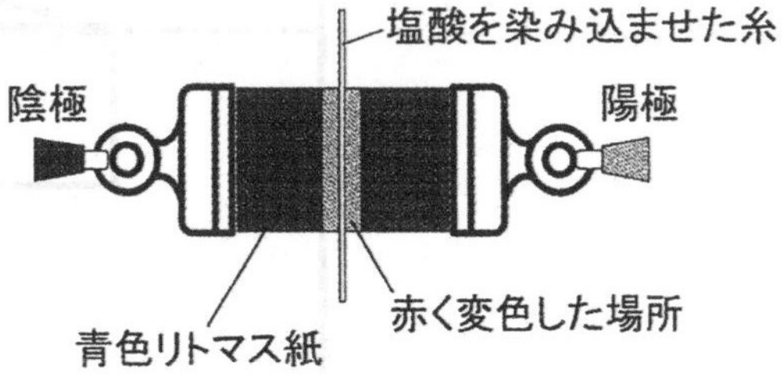

① この装置に電圧を加えると赤く変色した場所はどのように変化するか。次のA～Dからひとつ選び記号で答えなさい。

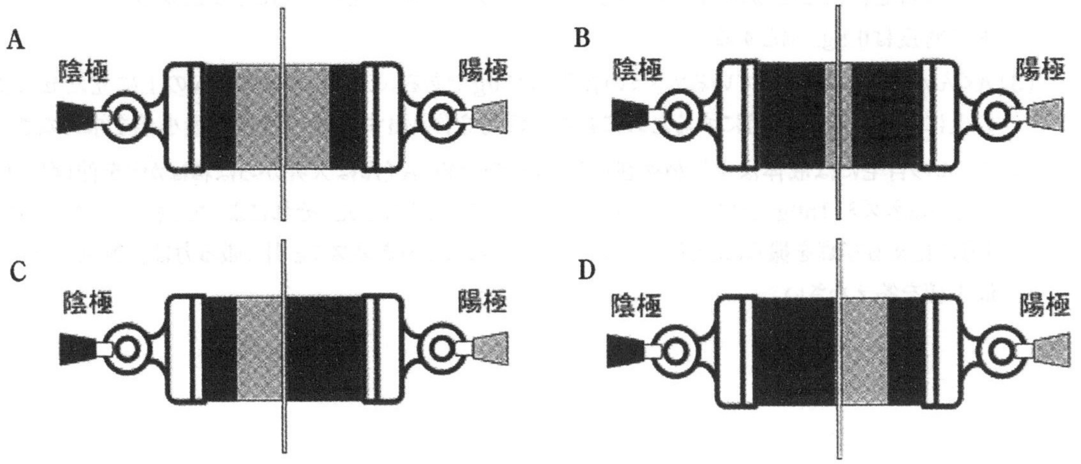

② 次の文章の(X)、(Y)に入る適切な語句を書きなさい。
塩化水素はその水溶液(塩酸)中で(X)イオンと(Y)イオンに電離している。この装置が、電圧を加えると赤く変色した場所が変化する理由は、(X)イオンが移動したためである。

4　ほ乳類の歯は、門歯、犬歯、臼歯に分かれており、さらに臼歯は大臼歯と小臼歯に分けられる。それぞれの歯の数は動物によって異なる。下に様々な動物の歯の数を表した表を示す。あとの問いに答えなさい。

名前	あご	門歯	犬歯	小臼歯	大臼歯
ウサギ	上あご	2	0	3	3
	下あご	1	0	2	3
ネコ	上あご	3	1	3	1
	下あご	3	1	2	1
ライオン	上あご	3	1	3	1
	下あご	3	1	3	1
ウマ(オス)	上あご	3	1	3	3
	下あご	3	1	3	3
ウシ	上あご	0	0	A	B
	下あご	3	1	3	C

(1)次の①～③の文章は上の表を見て考察したものである。それぞれの文章を読み、正しいといえるものには○、誤っているものには×、この表だけではどちらともいえないものには△を解答欄に書き入れなさい。

① 表中の草食動物には上あごの犬歯がない。
② 草食動物の臼歯は肉食動物より発達しているため臼歯の数が比較的多い。
③ 肉食動物は手前から奥に向かって歯の大きさが小さくなる。

(2)表のほ乳類の歯の数を参考に、A～Cに入る数字を考察し答えなさい。

(3)次の特徴に当てはまるのはシマウマとライオンのどちらか答えなさい。

① 目が前向きについている。
② 門歯がするどく発達している。
③ 腸は体長の4倍程(約7m)である。
④ 音を立てずに歩くことができる。

令和2年度　入学試験問題

至学館高等学校

社会 1

答えはすべて別紙の解答用紙に記入しなさい。

(40分)　※100点満点　解答用紙・配点非公表

1 次の地図を見て、以下の問いに答えなさい。

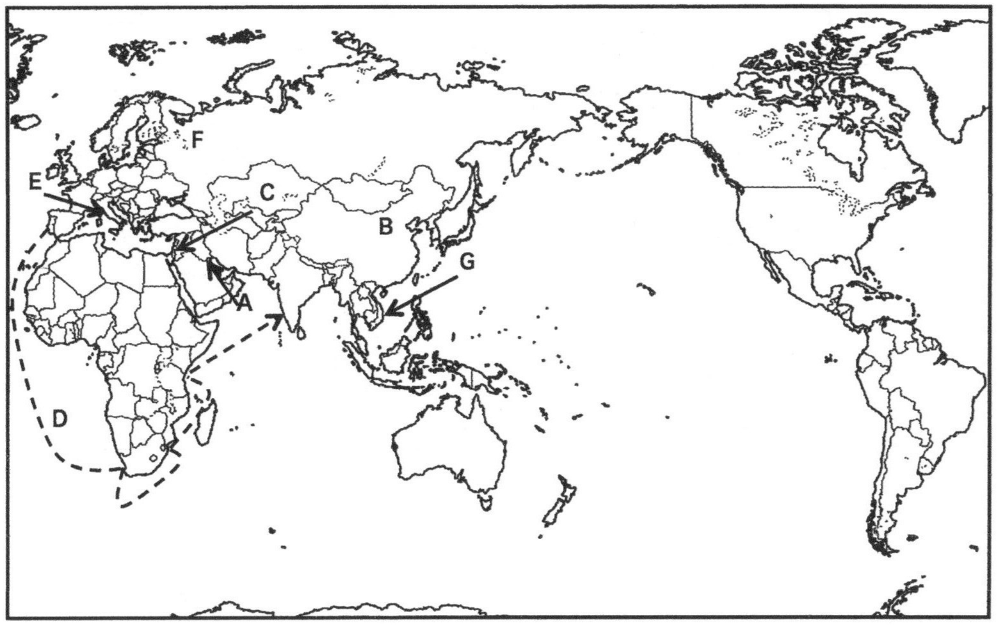

写真１

問1　地図中**A**の地域で成立した古代文明を何というか答えなさい。

問2　地図中**B**について、この地域の古代文明で使用された、写真１に示した文字を何というか答えなさい。

問3　地図中**B**について、写真２はある皇帝の墓を守るために作られたものと考えられている。この皇帝の名前を答えなさい。

写真２

問4　地図中**B**について、この地域で成立した次の王朝名を、古いものから順番に並びかえ、解答欄に記入しなさい。

【王朝名：漢　殷　隋　秦】

問5　地図中**C**について、この地域は、3つの宗教の聖地とされている。キリスト教とイスラム教と、あともう一つは何か答えなさい。

問6　地図中**C**について、この地域では現在イスラエルとパレスチナ人との間で問題が続いており、現状ではパレスチナ人の暫定自治を認めている状態である。パレスチナ解放機構の略称を**アルファベット**で答えなさい。

写真３

問7　地図中の点線**D**について、これは1498年にアフリカ南端を回ってインドに着く航路の概略を示したものである。この航路を発見した人物は誰か答えなさい。

問8　地図中**E**について、写真３はルネサンス期の代表的な彫刻作品である。この作者は誰か答えなさい。

写真４

問9　地図中**F**について、写真４の人物は1917年のロシア革命の時に、「すべての権力をソビエトに」と訴えた人物である。この人物は誰か答えなさい。

問10　地図中**G**では、1954年の休戦協定の時に将来の南北の統一が約束されていたが、南北間の対立は続いた。南ベトナム政府を支持し、ベトナム戦争の際も軍事的な支援や空爆を行った国はどこか答えなさい。

2 次の日本地図を見て、以下の問いに答えなさい。

問1　地図中**A**の地で、2019年に世界遺産に認定されたものとして正しいものを、次の写真ア～エより1つ選び、記号で答えなさい。

ア

イ

ウ

エ

問2　地図中**B**に関連して、この地の歴史について述べたものとして正しいものを、次の(ア)～(エ)の中から1つ選び、記号で答えなさい。

(ア) 縄文時代は狩猟や採集を中心とする生活文化が形成されていた。弥生時代になると、紀元前後には稲作が開始されていたことが、集落の遺跡から確認されている。

(イ) アイヌ民族はしだいに地域的なまとまりを強めていった。中世では、元寇の時に元軍と戦ったり、明に朝貢して毛皮などを納めたりするアイヌ民族もいた。

(ウ) 江戸時代の終わり頃には、ロシアのラクスマンが知床を訪れ、漂流民を送り届けることをきっかけに、江戸幕府との貿易を求めた。

(エ) 明治時代には、蝦夷地を北海道と改め、開拓使を設置した。その際、先住民のアイヌ民族の保護が重視され、漁や狩りの場の保全が行われた。

社 会 2

問3　地図中**C**に関連して、この地の歴史について述べたものとして正しいものを、次の(ア)～(エ)の中から1つ選び、記号で答えなさい。

(ア) 15世紀の初めに、北山王の尚巴志が、三つの王国を統一して琉球王国を築いた。本島北部の那覇が国際貿易港として栄え、独自の文化を発展させた。

(イ) 江戸時代の琉球は、日本と清、両国に服属していた。そのため、日清戦争後の下関条約で琉球を日本に編入し、沖縄県が設置された。

(ウ) 太平洋戦争の時は、本土の「防壁」とされ、激しい戦闘が行われた。1945年8月に日本が降伏を発表した後も、朝鮮戦争が開始されるまで組織的な抵抗が続いた。

(エ) 1971年の沖縄返還協定の議決の際に、核兵器を「持たず、つくらず、持ち込ませず」という非核三原則が決議されたが、沖縄に核兵器が持ち込まれた疑惑が現在でも残っている。

問4　地図中**D**の地に関連して、飛鳥時代から奈良時代の出来事を古いものから年代順に並べたものとして正しいものを、次の(ア)～(カ)の中から1つ選び、記号で答えなさい。

(ア) 大化の改新→墾田永年私財法→大宝律令の制定　(イ) 大化の改新→大宝律令の制定→墾田永年私財法
(ウ) 墾田永年私財法→大化の改新→大宝律令の制定　(エ) 墾田永年私財法→大宝律令の制定→大化の改新
(オ) 大宝律令の制定→墾田永年私財法→大化の改新　(カ) 大宝律令の制定→大化の改新→墾田永年私財法

問5　地図中**E**の地に関連して、平安京に都がうつされた時の天皇として正しいものを、次の(ア)～(オ)の中から1つ選び、記号で答えなさい。

(ア) 後醍醐天皇　(イ) 聖武天皇　(ウ) 推古天皇　(エ) 白河天皇　(オ) 桓武天皇

問6　地図中**F**の地に関連して、この地に幕府が設置されていたころ、後鳥羽上皇が承久の乱を起こした。結果上皇側の敗北となり、後鳥羽上皇は隠岐に追放された。その場所として正しいものを、地図中のア～エの中から1つ選び、記号で答えなさい。

問7　地図中**G**の地に関連して、この地から江戸幕府8代将軍が誕生した。彼の行った政策として正しいものを、(ア)～(オ)の中から1つ選び、記号で答えなさい。

(ア) 外国船打払令の制定　(イ) 朱印船貿易の展開　(ウ) 株仲間の解散
(エ) 公事方御定書の制定　(オ) 生類憐みの令の制定

問8　地図中**H**の地出身の歴史上有名な人物が行ったこととして**誤っているものを**、次の(ア)～(エ)の中から1つ選び、記号で答えなさい。

(ア) 安土城を築城した　(イ) 太閤検地を実施した　(ウ) 征夷大将軍に就任した　(エ) 本能寺の変で謀反を起こした

問9　地図中**I**の地に関連して、この地の歴史について述べたものとして**誤っているものを**、次の(ア)～(エ)の中から1つ選び、記号で答えなさい。

(ア) 1549年にイエズス会の宣教師フランシスコ＝ザビエルがこの地に来て、日本にキリスト教を伝えた。これをきっかけに、日本へ宣教師が次々と来日した。

(イ) 豊臣秀吉による天下統一過程のなかで、大名同士の争いを禁じる命令をだした。それに反抗した島津氏を滅ぼした。

(ウ) 江戸時代の終わり頃、薩摩藩士がイギリス人を殺傷した生麦事件の報復として、イギリス艦隊がこの地を砲撃する薩英戦争が起こった。

(エ) 明治政府の改革に不満をもっていた士族らは、西郷隆盛をかつぎ上げて、この地の士族ら約4万人が政府反対の兵をあげた。

問10　地図中**J**の地方の歴史について述べたものとして**誤っているものを**、次の(ア)～(エ)の中から1つ選び、記号で答えなさい。

(ア) 平安時代のはじめ、坂上田村麻呂は征夷大将軍に任命され、蝦夷が抵抗を続ける東北地方に大軍を送って、朝廷の支配を広げた。

(イ) 源義経をかくまった罪として、奥州藤原氏が源頼朝によって滅亡された。その後1192年に頼朝が征夷大将軍に任命され、全国の武士を従える地位に就いた。

(ウ) 津軽半島にある十三湊は安藤氏によって統治され、その後十三湊は北方の海上交通の中心地となり、鮭や昆布などが京都まで運ばれた。

(エ) 江戸時代に入ってからも、この地方ではかつて服属していなかった先住民である蝦夷の人々の差別は続いた。蝦夷の人々はコシャマインを指導者として立ち上がり、幕府に対して反発した。

[3]　アフリカについて、下の地図を見て、以下の問いに答えなさい。

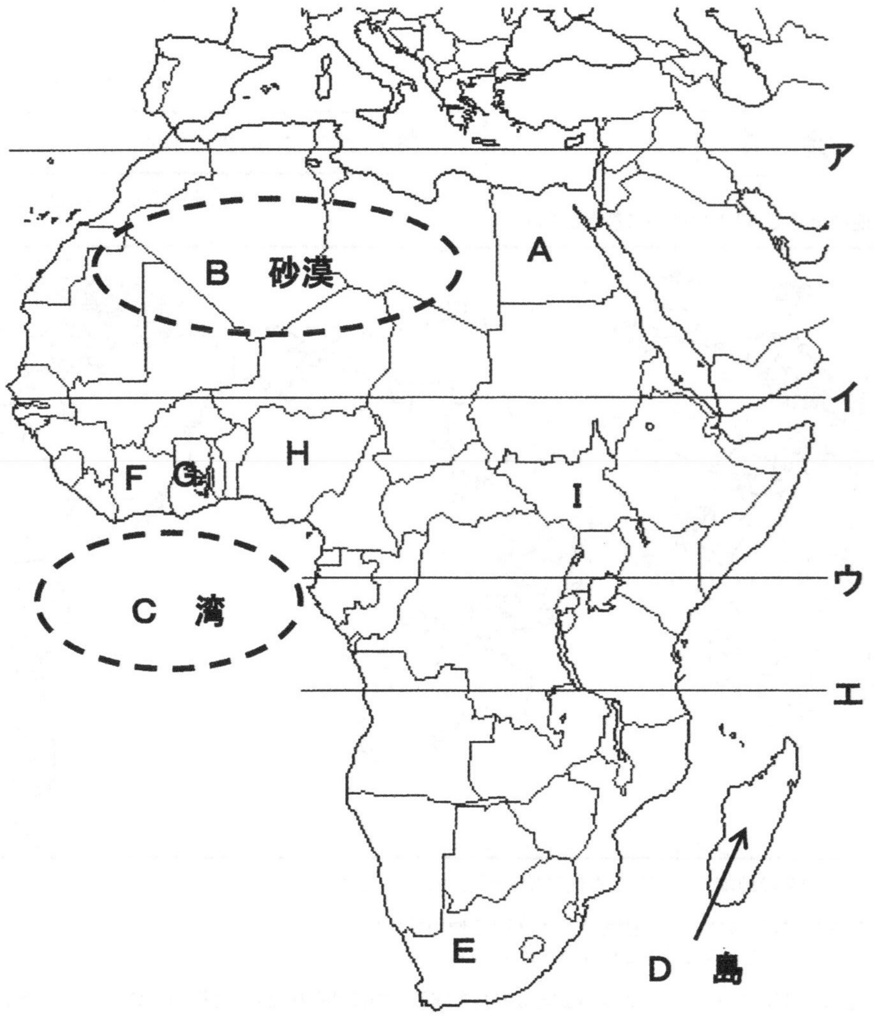

問1　地図中の**A～D**に当てはまる適当な語句を答えなさい。　＊**A**は国名を答えなさい。

問2　地図中の**E**について、この国では白人の政権によって白人以外の人々を差別する人種隔離政策を行っていたが、現在は廃止されている。この政策を何というか。**カタカナ**で答えなさい。

問3　右の表は、あるアフリカの国々の貿易品目である。この表を見てみると、これらの国々に共通しているのは、輸出に特定の鉱産資源を輸出し、機械類などを輸入していることである。これは特定の鉱産資源の輸出に、これらの国々が依存していることを示している。ちなみに、これは表中の3ヵ国に限定したことではなく、アフリカの多くの国でみられることである。このような経済構造を何というか答えなさい。

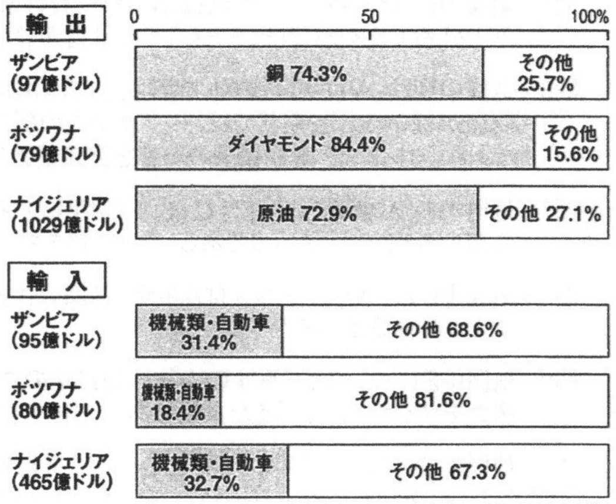

(2014年　国連資料)

社 会 3

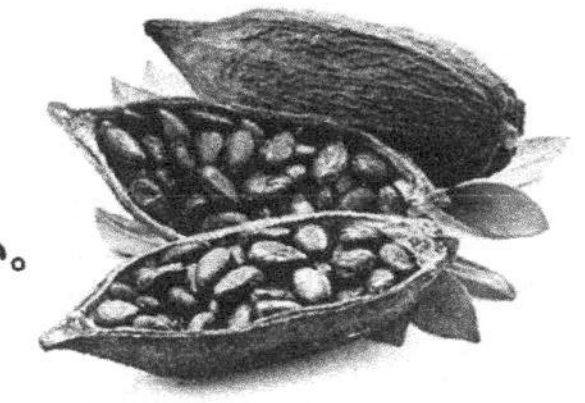

問4 右の写真について、以下の設問に答えなさい。

設問① これは15cmから30cmほどのラグビーボールのような形で、幹に直接ぶら下がって実る。殻を割ると、中から果肉に包まれた20～60個ほどの種子が出てくる。これを箱にいれ1週間ほど発酵させたものを、ヨーロッパなど世界各国に輸出している。これは何か答えなさい。

設問② この農作物の国際価格はニューヨークやロンドンの市場で決められ、利益の多くは、取引を行う先進国の企業が得るために、生産者の収入はわずかである。そのため、消費者側が公正な価格で買い取り、生産者の収入を増やす取り組みが行われている。これを何というか答えなさい。

設問③ 次の円グラフは、2013年国連資料に基づいて作成した、この農作物の国別生産量を表したものである（総生産量273万トン）。この円グラフの**F・G・H**にあてはまる適当な国名の組み合わせとして正しいものを、次の（ア）～（カ）より1つ選び、記号で答えなさい。なお、地図中の**F・G・H**と同じ国である。

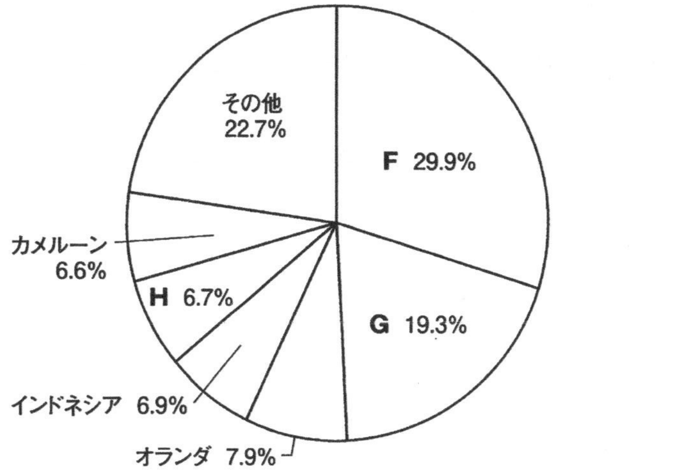

（ア）**F**：ガーナ　**G**：コートジボワール　**H**：ナイジェリア
（イ）**F**：ガーナ　**G**：ナイジェリア　**H**：コートジボワール
（ウ）**F**：コートジボワール　**G**：ナイジェリア　**H**：ガーナ
（エ）**F**：コートジボワール　**G**：ガーナ　**H**：ナイジェリア
（オ）**F**：ナイジェリア　**G**：コートジボワール　**H**：ガーナ
（カ）**F**：ナイジェリア　**G**：ガーナ　**H**：コートジボワール

問5 地図中の実線**ア～エ**のうち、赤道を示すものとして最も適当なものを選び、記号で答えなさい。

問6 地図中**I**の国は、2011年に独立した国である。この国の名称として正しいものを、次の（ア）～（エ）の中から1つ選び、記号で答えなさい。

（ア）南スーダン　（イ）中央アフリカ　（ウ）リビア　（エ）ソマリア

問7 地図中**I**の国が独立した背景には、政治や民族など、様々な要因による内紛があった。この国へは、日本も国連平和維持活動として自衛隊を派遣し、戦闘が起こっていたかどうかをめぐる日報問題が話題となった。国連平和維持活動の略称として正しいものを、次の（ア）～（オ）から1つ選び、記号で答えなさい。

（ア）ILO　（イ）PKO　（ウ）NPO　（エ）OECD　（オ）LLDC

問8 地図中**I**の国以外でも、アフリカでは様々な紛争が問題となっている。2010年代に入ってからは「アラブの春」とよばれるできごとが起こってから、多くの難民が地中海を渡ろうとし、亡くなった方も大勢いる。このように、母国を追われて難民となった人々に、国際的な保護を与える機関を国連難民高等弁務官事務所とよんでいる。この略称として正しいものを、次の（ア）～（オ）から1つ選び、記号で答えなさい。

（ア）GATT　（イ）APEC　（ウ）JICA　（エ）UNHCR　（オ）UNICEF

問9 下のグラフは「難民支援教会 2017年度 年次報告書」より抜粋した各国の難民認定数である。グラフ中の**あ～う**に当てはまる国名の組み合わせとして正しいものを、次の（ア）～（カ）の中から1つ選び、記号で答えなさい。

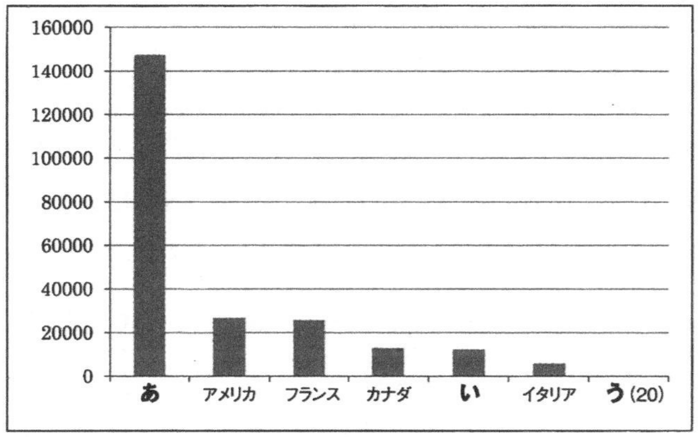

グラフ　各国の難民認定数　2017年　（人）

（ア）**あ**：イギリス　**い**：日本　**う**：ドイツ
（イ）**あ**：イギリス　**い**：ドイツ　**う**：日本
（ウ）**あ**：ドイツ　**い**：イギリス　**う**：日本
（エ）**あ**：ドイツ　**い**：日本　**う**：イギリス
（オ）**あ**：日本　**い**：ドイツ　**う**：イギリス
（カ）**あ**：日本　**い**：イギリス　**う**：ドイツ

問10 アフリカについて述べた文として正しいものを、次の（ア）～（エ）より1つ選び、記号で答えなさい。

（ア）アフリカの開発は、アフリカの中部が比較的過ごしやすい西岸海洋性気候や地中海性気候が多く、文明や国家の発展もアフリカの中部から起こっていった。

（イ）アフリカの言語は、多くの民族が住んでいるため、多くの言語が使用されている。しかし、公用語として英語・フランス・ポルトガル語を採用している国も多い。これは植民地支配の影響の1つである。

（ウ）アフリカの国々の国境に直線が多いのは、19世紀末の植民地開発における境界線が理由である。その際、民族や住民の生活を考慮されて引かれたため、現在はその境界から自国の領土を拡大しようとして紛争が多くなっている。

（エ）アフリカの農業は、狩猟や採集の他、いも類や雑穀などが焼畑農業で栽培されている。アマゾン川などの流域や各地のオアシスなどでは、小麦やナツメヤシなどが栽培されている。

4 下のグラフを見て、次の問いに答えなさい。

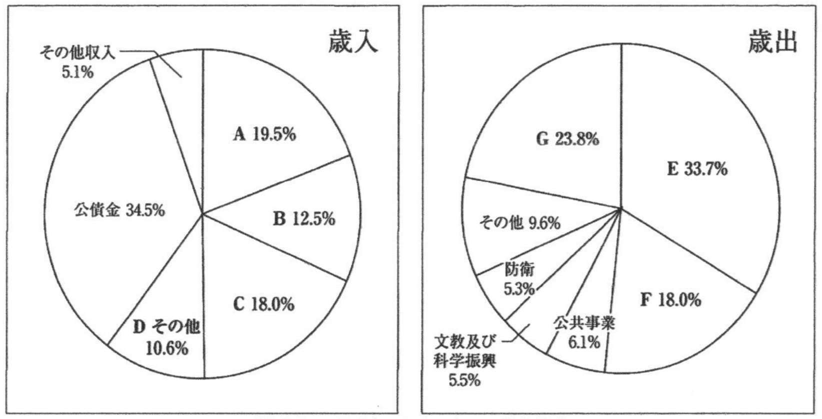

（財務省HP「平成30年度日本の一般会計」）

問1 歳入グラフ中のA～Cに当てはまる税の組み合わせとして正しいものを、次の（ア）～（カ）の中から1つ選び、記号で答えなさい。

（ア）**A**：法人税　**B**：消費税　**C**：所得税
（イ）**A**：法人税　**B**：所得税　**C**：消費税
（ウ）**A**：消費税　**B**：法人税　**C**：所得税
（エ）**A**：消費税　**B**：所得税　**C**：法人税
（オ）**A**：所得税　**B**：消費税　**C**：法人税
（カ）**A**：所得税　**B**：法人税　**C**：消費税

社 会 4

問2 歳入グラフ中のDについて、その他の税に当てはまらない税を、次の(ア)～(カ)の中から1つ選び、記号で答えなさい。

(ア)酒税　(イ)揮発油税　(ウ)固定資産税　(エ)たばこ税　(オ)関税　(カ)相続税

問3 所得税や相続税には、所得が多くなればなるほど高い税率が課せられる。この制度を何というか答えなさい。

問4 歳出グラフ中のE～Gに当てはまる組み合わせとして正しいものを、次の(ア)～(カ)の中から1つ選び、記号で答えなさい。

(ア) E：社会保障　F：地方交付税交付金　G：国債費
(イ) E：社会保障　F：国債費　G：地方交付税交付金
(ウ) E：国債費　F：社会保障　G：地方交付税交付金
(エ) E：国債費　F：地方交付税交付金　G：社会保障
(オ) E：地方交付税交付金　F：国債費　G：社会保障
(カ) E：地方交付税交付金　F：社会保障　G：国債費

問5 日本の消費税が2019年10月より、8%から10%へ引き上げられたが、消費税(付加価値税)が日本と同様の10%としている国を次の(ア)～(カ)の中から1つ選び、記号で答えなさい。

(ア)デンマーク　(イ)台湾　(ウ)タイ　(エ)韓国　(オ)イギリス　(カ)中国

5 次のⅠ～Ⅲの文を読んで、下記の問いに答えなさい。

Ⅰ　2017年現在、A 国際連合には193か国が加盟しており、戦争や紛争を防ぎ、世界の平和と安全を維持することを最大の目的にしている。さらに、諸国間の友好関係の発展や(B)の実現も重要な目的である。総会や C 安全保障理事会、D 経済社会理事会などの主な機関と専門機関が置かれている。

Ⅱ　第一次世界大戦の反省から、1920年に E 国際連盟が発足した国際組織で、総会、理事会、事務局で構成されている。しかし、アメリカが加盟せず、第二次世界大戦が起こるのを防げなかった。

Ⅲ　1993年に F ヨーロッパ連合(EU)が発足した。特に経済面で、EUの中央銀行が作られ一部の加盟国は、自国の通貨を廃止して、共通の通貨(ユーロ)を導入している。

問1 文章中の下線部A・E・Fについて、それぞれの本部が置かれている都市の組み合わせとして正しいものを、次の(ア)～(カ)の中から1つ選び、記号で答えなさい。

(ア) A：ジュネーブ　E：ニューヨーク　F：ブリュッセル
(イ) A：ジュネーブ　E：ブリュッセル　F：ニューヨーク
(ウ) A：ブリュッセル　E：ニューヨーク　F：ジュネーブ
(エ) A：ブリュッセル　E：ジュネーブ　F：ニューヨーク
(オ) A：ニューヨーク　E：ジュネーブ　F：ブリュッセル
(カ) A：ニューヨーク　E：ブリュッセル　F：ジュネーブ

問2 文章中の空欄Bにあてはまる語句を、次の(ア)～(オ)の中から1つ選び、記号で答えなさい。

(ア)平和主義　(イ)基本的人権の尊重　(ウ)集団安全保障　(エ)主権平等　(オ)国際原子力

問3 文章中の下線部Cについて、5か国の常任理事国に当てはまらない国を、次の(ア)～(カ)の中から1つ選び、記号で答えなさい。

(ア)イギリス　(イ)日本　(ウ)ロシア　(エ)アメリカ　(オ)フランス　(カ)中国

問4 文章中の下線部Dについて、活動している機関のうち、次の①・②に当てはまる機関名を、次の(ア)～(コ)の中からそれぞれ1つ選び、記号で答えなさい。

① 世界の人々の健康を守るための機関　② 世界遺産などの文化財の保護や識字教育などの活動機関

(ア)UNESCO　(イ)UNIDO　(ウ)IDA　(エ)IMF　(オ)WTO
(カ)UNCTAD　(キ)IAEA　(ク)UNDP　(ケ)WHO　(コ)UPU

6 下のグラフと年表を見て、次の問いに答えなさい。

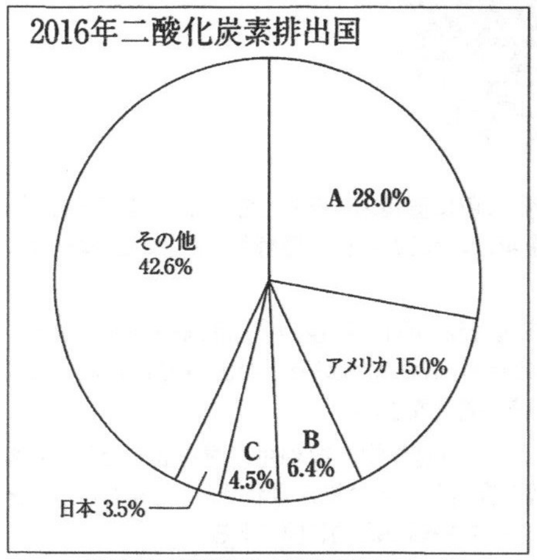

(全国地球温暖化防止活動推進センター)

地球環境問題関連年表

1971年	(①)採択 【湿地の保全】
1972年	国連人間環境会議開催
1973年	(②)採択 【野生動植物の保護】
1987年	(③)採択【フロンガスの排出規制】
1992年	A 国連環境開発会議(地球サミット)開催
1997年	地球温暖化防止京都会議開催 ⇒京都議定書採択(2005年発効)
2012年	改正京都議定書採択【削減義務の延長等】

問1 グラフ中のA～Cに当てはまる国名の組み合わせとして正しいものを、次の(ア)～(カ)の中から1つ選び、記号で答えなさい。

(ア) A：インド　B：中国　C：ロシア連邦
(イ) A：インド　B：ロシア連邦　C：中国
(ウ) A：中国　B：インド　C：ロシア連邦
(エ) A：中国　B：ロシア連邦　C：インド
(オ) A：ロシア連邦　B：インド　C：中国
(カ) A：ロシア連邦　E：中国　C：インド

問2 年表中の(①)～(③)に当てはまる組み合わせとして正しいものを、次の(ア)～(カ)の中から1つ選び、記号で答えなさい。

(ア) ①：ラムサール条約　②：モントリオール議定書　③：ワシントン条約
(イ) ①：ラムサール条約　②：ワシントン条約　③：モントリオール議定書
(ウ) ①：ワシントン条約　②：ラムサール条約　③：モントリオール議定書
(エ) ①：ワシントン条約　②：モントリオール議定書　③：ラムサール条約
(オ) ①：モントリオール議定書　②：ワシントン条約　③：ラムサール条約
(カ) ①：モントリオール議定書　②：ラムサール条約　③：ワシントン条約

問3 年表中の下線部Aについて、以下の問いに答えなさい。

① 開催された都市名を答えなさい。

② 会議の結果、調印された条約などに当てはまらないものを、次の(ア)～(エ)の中から1つ選び、記号で答えなさい。

(ア)気候変動枠組条約　(イ)アジェンダ21　(ウ)パリ協定　(エ)生物多様性条約

問4 下の図を見て、世界の国々が協力して、温室効果ガス削減のための仕組みを何というか答えなさい。

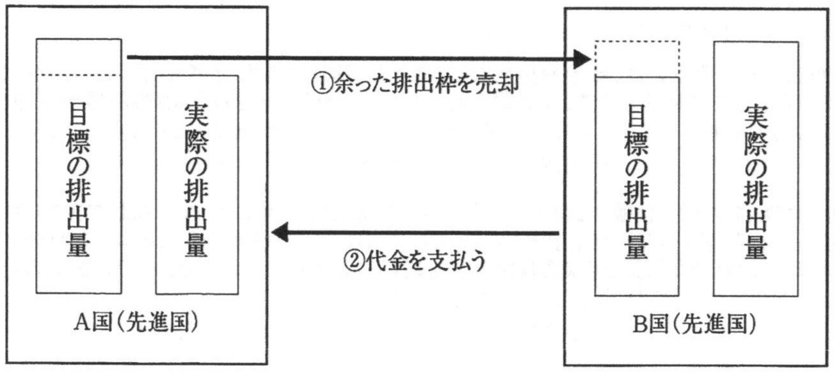